OEUVRES
COMPLÈTES
DE
J. J. ROUSSEAU

AVEC LES NOTES DE TOUS LES COMMENTATEURS.

NOUVELLE ÉDITION
ORNÉE DE QUARANTE-DEUX VIGNETTES,
GRAVÉES PAR NOS PLUS HABILES ARTISTES,

D'APRÈS LES DESSINS DE DEVÉRIA.

DICTIONNAIRE DE MUSIQUE.
TOME I.

A PARIS,
CHEZ DALIBON, LIBRAIRE
DE S. A. R. MONSEIGNEUR LE DUC DE NEMOURS,
RUE HAUTEFEUILLE, N°. 10.

M DCCC XXVI.

ŒUVRES

COMPLÈTES

DE

J. J. ROUSSEAU.

TOME XII.

les Italiens et les François pour savoir qui chantoit le mieux. L'affaire fut portée devant le roi, qui leur fit d'abord cette question : Dites-moi quelle est l'eau la plus claire et la plus pure? est-ce celle que l'on prend à la source d'une fontaine, ou celle des rigoles, qui n'en découle que de loin? Tous répondirent que c'étoit l'eau de source. Remontez donc, dit Charles, à la fontaine de saint Grégoire, dont vous avez altéré le chant. Le roi demanda des maîtres de musique au pape, pour redresser le chant françois. L'histoire a conservé le nom des deux maîtres de musique que le saint-père donna au roi de France: ce furent Théodore et Benoît: l'un fut envoyé à Metz, et l'autre à Soissons.

Il est une autre musique d'église, antérieure au plainchant, c'est celle des cantiques; le premier qu'on chanta et qu'on dansa tout ensemble fut sans doute le Cantique des cantiques. Les théologiens nous disent que cette pièce contient l'union de Jésus-Christ avec l'Église. L'abbé Cahusac mettoit le Cantique des cantiques au rang des meilleurs opéra de l'antiquité; il en admiroit le récitatif, les scènes, les ariettes, les duo et les chœurs. C'étoit une de ces visions qui finirent par aliéner entièrement son esprit. Cependant on ne connoissoit encore que le chant d'église, quand un essaim de troubadours, répandu dans les provinces du midi de la France, fit entendre d'autres paroles et d'autres accords; les Provençaux parcoururent l'Europe avec leur musique et leur poésie. Ces nouveaux maîtres firent partout des élèves, et ces élèves devinrent eux-mêmes de nouveaux guides : les Siciliens surtout se distinguèrent, soit qu'il dussent aux Provençaux la mélodie qu'ils donnoient à leurs chants, soit qu'ils l'eussent trouvée dans les inspirations du climat qui avoit échauffé le génie de Théocrite. Les Anglois notèrent les accents de cette première musique, et établirent ce que nous avons appelé depuis le contre-point; ainsi nous devons à cette nation les principes du chant. Les Flamands, peuples froids, comme les Allemands, furent les premiers maîtres des Italiens, quoique ceux-ci n'en conviennent pas. Leur musique étoit beaucoup moins avancée dans les quinzième et seizième siècles que celle des autres peuples de l'Europe; rien n'annonçoit qu'elle dût un jour servir à son tour de modèle. Le premier opéra qu'on vit sortir des débris du moyen âge fut donné à Florence. Il n'y a rien de plus absurde que cette composition; les Tartares feroient de meilleure musique : le contre-point, la partie instrumentale, le chant, les récitatifs, tout y est mauvais. C'étoit cependant au temps des Médicis, dans le siècle où les arts jetèrent un si vif éclat. On a lieu d'être surpris que des souverains qui accordèrent aux arts une protection si éclairée aient négligé celui-ci au point qu'il portoit l'empreinte des âges barbares. L'esprit philosophique avoit pourtant éclairé le genre humain. Galilée enseignoit aux hommes le chemin du ciel; son génie s'élevoit jusqu'au firmament, où il traçoit la marche des astres : Raphaël déployoit dans la peinture une supériorité qui plaçoit ses rivaux au rang de ses élèves; la musique vieillissoit seule dans une longue enfance. Le contre-point n'étoit encore que des points quand le génie de Lulli ouvrit une route nouvelle; on en fit des notes; et la musique, composée sur ses principes, acquit assez de crédit pour exciter l'émulation des étrangers.

Quand Lulli vint en France, il y fut regardé comme le dieu de la musique; on n'avoit aucune idée qui pût faire acquérir d'autre perfection que celle qu'on connoissoit. Lulli prit le parti que les artistes devroient toujours prendre lorsqu'ils sont appelés chez l'étranger;

il ne changea pas entièrement la musique françoise, il fondit les endroits foibles qui lui parurent susceptibles de réforme, laissant les autres comme il les avoit trouvés : par-là il concilia le génie des deux nations; au lieu de ne faire qu'une musique, il chercha à en perfectionner deux : mais il y avoit trop à faire pour que ce pût être l'ouvrage d'un seul homme ; Lulli laissa d'immenses lacunes à remplir. Déjà l'Italie commençoit à pressentir que la musique alloit lui donner un nouveau genre d'illustration. Naples élevoit des hôpitaux, que l'on appeloit conservatoires, où l'on apprenoit aux pauvres citoyens à chanter pour l'amour de Dieu. Les fondations de ces hôpitaux étoient des œuvres pies établies pour qu'on chantât la gloire du ciel, et c'est de là que sortirent tous ces musiciens qui exaltèrent si haut les gloires de la terre. Venise eut de semblables établissements. On peut regarder ces hôpitaux comme le berceau de la musique italienne : cependant elle ne fit pas de grands progrès; sa barbarie dura encore : ce ne fut guère qu'au commencement du dix-huitième siècle qu'elle sortit de ce chaos où l'ignorance des âges précédents l'avoit laissée. On peut regarder Perez, Rinaldo, Jumelli, Pulli, Hasse, Teradelias, Galuppi, Durante, Vinci, Porpora, Leonardo, Leo, et quelques autres maîtres qui les avoient précédés, comme les véritables créateurs de la musique italienne. Ils entrèrent facilement dans une carrière où le génie n'avoit rien à détruire pour refaire; c'étoit la première fois qu'on voyoit un art marcher à la perfection sans obstacles qui l'arrêtassent dans sa marche : il ne dégénéra plus tard qu'à force d'étude et de combinaison. Il y avoit près de cent ans qu'on avoit ouvert le théâtre d'opéra en Italie, mais on y chantoit sans musique, on y représentoit sans représentation : c'étoient de mauvaises pièces exécutées par de mauvais acteurs. Ces nouveaux fondateurs changèrent tout le plan du théâtre lyrique. Ce fut un spectacle nouveau de voir des professeurs, sans guide, entrer dans une carrière qu'ils créoient en même temps qu'ils en jetoient les premiers fondements : c'est peut-être parce qu'ils n'avoient pas de guide qu'ils ne s'égarèrent pas. Dans les arts d'imagination, plus on examine, et moins on approche de la perfection. Ces premiers bons maîtres s'attachèrent aux récitatifs : c'étoit là le fort de leur travail, parce que c'étoit là la pièce. Comme l'opéra n'est qu'une tragédie notée, chaque partie du récitatif a une expression analogue au sujet ; il varie selon les accidents : chacun de ses endroits étoit lent, vif, gai, pathétique, selon que les évènements de l'intrigue le portoient, de même qu'on le voit aujourd'hui dans la tragédie parlée. Quand il étoit question d'une catastrophe, l'acteur ou l'actrice, par le secours d'une musique simple et peu composée, agitoit les spectateurs, les touchoit, les passionnoit, et faisoit passer dans leur ame l'émotion dont il étoit lui-même rempli ; en un mot, le récitatif étoit l'opéra. De là vient cette expression dont les gens de théâtre se servent encore aujourd'hui en Italie : *Ho recitato a Milano, vado a recitare a Torino*. Ils ne se servent point du terme chanter, parce qu'on ne chantoit presque point, et qu'on ne faisoit que réciter : l'ariette ne vint qu'après ; je parle de la grande ariette, telle qu'on la chante aujourd'hui. L'acteur employoit tout son talent à dire bien le récitatif : le silence qui régnoit alors au théâtre l'y invitoit. La musique qui suivoit le récitatif étoit simple, dépouillée de notes ; l'acteur n'étoit point distrait par des sons étrangers. La partie instrumentale de l'ariette étoit composée d'une ritournelle qui en annonçoit le motif, et qui finissoit au moment que le chanteur commençoit. L'accompagnement étoit avec le clavecin, la basse, un ou deux violons; presque jamais avec le corps de l'orchestre, à moins que ce ne fût avec les sourdines. Il résultoit de ce silence que l'acteur, qui sentoit qu'on l'écoutoit, s'écoutoit lui-même, et s'observoit de près. Comme le compositeur ne sortoit point de la nature, et qu'il faisoit la musique pour des hommes, il les faisoit chanter en hommes et non en oiseaux; il n'empruntoit point leur gazouillement pour exprimer les passions humaines : les sons aigus étoient bannis de la scène. Il résultoit de cette méthode simple et naturelle que l'acteur, chantant commodément et sans efforts, tiroit des sons très-harmonieux. Ces sons se répandoient par tout le théâtre; chaque spectateur entendoit l'opéra : l'acteur n'étoit pas obligé de courir après les notes, il en étoit plus le maître de son sujet, ce qui lui donnoit la facilité d'y mettre toutes celles qu'il vouloit. Les compositeurs, qui n'avoient d'autre musique à faire que celle du chant, travailloient les airs dans leurs sujets; ils moduloient chacun par le caractère qui lui étoit propre. La musique de celui ou de celle qu'on appela depuis *il primo uomo, la prima donna*, n'étoit ni plus composée ni plus difficile que celle des autres. Le maître ne faisoit point la musique pour des noms, mais pour la pièce. Si, dans les derniers rôles, il y avoit des endroits qui demandassent une grande expression, il l'y mettoit; car l'opéra étoit pour tous les représentants, et non pour deux ou trois acteurs. Cette émulation de chacun faisoit que la tragédie mise en musique étoit chantée par tous ceux qui la composoient. La Faustina fut peut-être la première qui enfila huit notes d'un seul trait, et fit ce qu'on appela depuis la *volata*. Cette volade fut comme l'avant-coureur de la décadence de la musique : la Cozzoni tira des sons qui surprirent, mais qui ne touchèrent pas;

cependant elle acquit une haute réputation, car elle enfiloit aussi la volade. La Tesi rendit la scène intéressante ; elle donna de l'expression à la musique, en faisant passer dans l'ame des spectateurs ce qu'elle sentoit elle-même : avec une voix ingrate elle se rendit agréable. C'est la première actrice qui a récité bien en chantant mal. Quoique la nature l'eût privée de la beauté, elle forma de grandes passions ; ceux qui l'aimèrent furent attachés à elle invinciblement. Lorsqu'une femme laide se fait aimer, on l'aime long-temps, parce qu'elle a des qualités indépendantes de celles de la beauté. Plus de cent autres chanteurs et chanteuses du même temps, qui se surpassèrent les uns les autres, donnèrent une grande vogue à la musique italienne par l'endroit même qui la défiguroit. Leur manière de chanter eut la plus funeste influence : tout le monde voulut chanter comme Farinelli, mais personne ne chanta comme lui ; chaque femme voulut imiter la Faustina, et personne ne l'imita : il n'y a eu qu'un Egiptielli.

Un grand poète, qui parut alors, fit peut-être plus pour cet art, sans être musicien, que les maîtres mêmes qui le perfectionnèrent ; ce poète étoit Pietro Metastasio. Il est impossible de mettre plus de douceur, plus d'harmonie qu'il n'en a mis dans ses vers ; cette poésie est si heureusement cadencée, qu'on pourroit la chanter sans musique ; mais elle est combinée de manière à ce qu'il n'y ait que le module italien qui lui convienne. La musique d'église se perfectionna : le *Stabat Mater* de Pergolèse frappa par son harmonie et la douceur de ses accords ; le vénitien Marcello mit dans les psaumes de David une mélodie qui fit verser des larmes. La musique, n'ayant pas d'autre guide que la nature, dont elle suivoit les inspirations, tendoit à se perfectionner, lorsqu'un nouvel art l'éloigna de la perfection : on voulut la rendre plus composée, plus sonore, plus gaie, plus brillante; à force de vouloir élever l'édifice, on le renversa : on y ajouta des passages de roulades, de volades; on fit beaucoup de crômes, de semi-crômes. Après qu'on eut bien coupé les notes, il fallut faire couper les hommes qui les pussent chanter; on eut recours à l'art pour faire chanter la nature : c'étoit la gâter dans son principe. Les Italiens furent les seuls qui imaginèrent d'exercer la musique aux dépens de la nature; les autres nations aimèrent mieux avoir moins de voix et plus d'hommes. Les François ne voulurent pas se séparer d'eux-mêmes; mais dans l'état romain les chirurgiens devinrent des bourreaux, d'autant plus cruels qu'ils tuoient, d'un seul coup, des générations entières. Ces hommes, ainsi mutilés tout exprès pour chanter, s'appeloient *soprani*. En Angleterre, en Hollande, et partout où ils se montrèrent d'abord, ils causèrent une espèce de révolution; on eut de la peine à se faire à leur figure : ils avoient en général la taille gigantesque, leur visage étoit blême, sans poil au menton, avec des jambes longues et les genoux gros. Étonnés de voir des individus qui n'étoient ni hommes ni femmes, on les regarda d'abord comme des êtres d'un autre monde, puisqu'ils n'avoient rien à laisser après eux dans celui-ci; mais leur voix claire ne tarda pas à leur faire des admirateurs.

Le premier coup porté par la corruption à la musique se fit ressentir dans le récitatif théâtral; il devint monotone, sans goût, sans génie : l'acteur ne chanta plus, il parla, et parla mal. Cette première partie de la représentation de l'opéra perdit insensiblement tout son intérêt; elle ne tint ni à la tragédie par l'expression, ni à la musique par ses accents. La musique des ariettes fut encore plus vicieuse; on quitta cette heureuse simplicité qui en faisoit tout le mérite : on corrompit la nature à force d'art; il ne fut'plus question de chanter, mais de gazouiller : l'expression théâtrale se perdit dans un murmure de notes. Chaque ariette devint une sonate de violon, que l'acteur exécuta sur l'instrument de son gosier. La volade à l'octave prit le dessus, elle dirigea l'empire de l'opéra; la partie instrumentale étouffa la vocale; un opéra fut formé de seize sonates et de deux grands concerto, exécutés par *il primo uomo* et *la prima donna;* le tambour, les timbales, les trompettes, les cors de chasse, furent substitués au clavecin ; chaque ariette annonça un bruit de guerre semblable au tonnerre qui se fait entendre le jour d'une bataille : au milieu de ce tintamarre militaire, l'acteur put détonner tant qu'il voulut. Il ne fut plus question de mélodie, mais de faire du bruit. Le compositeur qui sut agiter l'air avec le plus de force fut regardé comme le plus habile. La scène fut changée en un bosquet peuplé d'oiseaux où chacun fit entendre son ramage; les tons aigus prévalurent : celui qui ne sut pas détonner ne sut pas chanter. L'acteur ne sembla plus occupé qu'à courir après la note qui lui échappoit, qu'à la prendre, pour ainsi dire, à la volée. Il n'y eut plus d'expression théâtrale, toute l'action fut réduite en roulades..

Le même désordre s'introduisit dans la musique d'église; les quatre hôpitaux ou conservatoires de Venise firent chorus à cette corruption. L'Émilie et la Polonia firent autant de bruit dans leur cloître que la Faustina en faisoit sur le théâtre d'Angleterre ou de Pologne; le *Salve, Regina,* le *Tantum ergò,* furent sur le ton des ariettes. La répétition de ces spectacles se faisoit le samedi; et le dimanche, qui étoit le grand jour de l'opéra, l'église, changée en parterre, étoit remplie de spectateurs, la plupart étrangers. Le billet qu'on prenoit à la porte ne coûtoit que *due soldetti;* ce qui faisoit que la salle étoit toujours pleine. Le violon, la flûte, le hautbois, le tympanon, l'orgue, le chalumeau, tout étoit du genre féminin; c'étoit toujours sur le ton d'un rigodon, d'un menuet, qu'on prioit Dieu. Les actrices de ce spectacle spirituel n'étoient vues qu'au travers d'une grille. La musique des églises ordinaires ne manqua pas de participer à cette nouvelle corruption. Une messe chantée devint un spectacle pour les fidèles; on y trouva toutes les ariettes à la mode : le *Kyrie* fut composé d'une kyrielle de notes, et il n'y eut rien de plus gai qu'une élévation. Le plain-chant n'osa plus se montrer devant cette musique brillante; il se réfugia dans quelques cloîtres, où il fut comme enseveli. Hasse, Jumelli, Polli, Galuppi, et quelques autres, firent de vains efforts pour soutenir l'ancien goût; entraînés eux-mêmes dans les volades et les passages, ils virent se multiplier d'une manière effrayante les notes dans les opéra : le seul David Perez ne se laissa point aller à ce mauvais goût; sa musique tint constamment de celle de Vinci.

L'Italie est de tous les pays celui où les femmes s'adonnent le plus à la musique théâtrale; elles apprennent par cœur une douzaine d'ariettes qui leur servent pour tous les opéra : ce magasin postiche de musique s'appelle, en termes de l'art, *il quaresimale*, nom qui a quelque analogie avec ces sermons de prédicateurs qui sont prêchés de ville en ville et qui paroissent toujours nouveaux parce qu'ils sont prononcés devant des auditeurs toujours nouveaux. Les plus célèbres virtuoses eurent aussi leur quaresimale. Pour leur laisser le champ libre, et qu'elles pussent placer à volonté leurs ariettes favorites, les compositeurs se virent obligés de donner des opéra à fragments, où chacun plaçoit ses airs. L'Italie se peupla de théâtres; chaque capitale, chaque ville, chaque village voulut avoir le sien; et tandis que la

France, que l'Angleterre, n'en avoient encore qu'un, Alexandrie, Bergame, Bologne, Brescia, Crémone, Ferrare, Florence, Gênes, Livourne, Lodi, Mantoue, Milan, Modène, Naples, Novarre, Parme, Pavie, Plaisance, Pise, Rome, Sienne, Turin, Trieste, Venise, Vérone, Rimini, Ancône, Pesaro, Reggio, etc., etc., avoient leur théâtre. Le pays du pape ouvrit lui-même vingt-quatre théâtres : c'étoit ouvrir une porte bien large à la débauche. Les compositeurs italiens s'étoient fait une manière expéditive d'écrire leurs opéra : il est rare qu'ils fassent eux-mêmes le récitatif, ils en abandonnent le soin à quelque subalterne; sur les quinze ou seize ariettes qui restent à faire, ils en travaillent trois, l'*aria cantabile*, l'*aria di bravura*, et *il duetto*; les autres ne sont que de petits menuets, des rondeaux ou autres bagatelles en musique, qui ne signifient rien : lorsqu'on dit que Boranello a fait cinquante opéra, cela veut dire qu'il a fait cent ariettes et autant de duo.

Il n'étoit permis qu'au *primo uomo* et à *la prima donna* de chanter dans un opéra; tout le reste devoit psalmodier : c'étoit une règle établie, et un compositeur qui l'auroit violée eût été regardé comme un ignorant. Il devoit travailler avant tout à faire briller ces deux personnages; si le second *soprano* s'avisoit par hasard de mieux chanter que le premier, ou qu'une troisième actrice montrât plus de talent que la première, c'étoit une dissonance en musique capable de ruiner l'opéra : les deux premiers acteurs, qui ne veulent jamais être comparés aux seconds, se croyoient déshonorés par cette comparaison. La seconde actrice de l'opéra du théâtre du Cocombre, à Florence, ayant mieux chanté que la première, cette licence causa une révolution dans le spectacle : la *prima donna* se plaignit amèrement à l'entrepreneur de la violation de ses droits; il y eut des factum imprimés à ce sujet : S'il est permis, disoit-on, à une seconde actrice de chanter aussi bien que la première, qui voudroit s'engager pour première chanteuse? Un étranger qui voyage en Italie court risque de faire deux cents lieues en entendant chaque soir le même opéra joué par des compagnies différentes. Un Anglois et un Italien qui s'étoient connus à Londres se rencontrent passé Turin ; ils alloient à petites journées ; en arrivant à Milan, l'Italien mène l'Anglois au spectacle ; on représentoit *la Frascatana* : à Bologne, c'est *la Frascatana* qu'on leur donne ; à Ferrare on jouoit *la Frascatana* ; à Venise ils entendent *la Frascatana* : l'Anglois, voyant que cette pièce le suivoit partout, s'imagine que l'Italien, son compagnon de voyage, entretient à ses gages une troupe de campagne qui le suit partout ; le soir, comme l'Italien l'invite encore à venir au spectacle, le Breton lui dit : *Signor, sempre Frascatanâ, sempre Frascatanâ! date mi questa sera la Serva padrona.*

L'école italienne est la meilleure qui ait existé tant pour la composition que pour le chant ; la mélodie de Italiens est simple et belle : jamais il n'est permis de la rendre dure et baroque ; un trait de chant n'est beau que lorsqu'il est placé de lui-même et sans aucun effort. Dans le genre sérieux comme dans le comique, leurs récitatifs obligés, les airs d'expression ou cantabile ; les duo, les cavatines, qui coupent si heureusement le récitatif ; les airs de bravoure, les finales, ont servi de modèle à toute l'Europe. Il est inutile de leur faire un mérite de la justesse de la prosodie, car il est presque impossible d'y manquer, tant leur langue est accentuée, et libre par les élisions fréquentes des voyelles. Le public, d'ailleurs, ne critique jamais le musicien sur ce point ; l'Italien aime trop la musique pour lui donner d'autres entraves que celles de ses règles : il sacrifie

2.

volontiers sa langue aux beautés du chant. La langue italienne est elle-même si amoureuse de la mélodie, qu'elle se prête à tout, même aux extravagances du musicien, sans que jamais ses grammairiens lui fassent le moindre reproche.

Le meilleur chanteur n'est pas toujours chargé du rôle le plus important dans l'action du drame, parce que souvent les airs de demi-caractère, par exemple, lui conviennent, et qu'ils se trouvent dans les rôles secondaires; cependant, soit par son talent, soit parce que le compositeur s'est plu à soigner son rôle, il répand un charme si puissant sur tout ce qu'il chante, qu'il devient rôle principal, contre l'intention du poëme : l'on comprend aisément que l'intérêt du drame ainsi renversé jette le spectateur dans une incertitude accablante, et que le meilleur chanteur cesse d'être acteur du moment qu'il intéresse aux dépens du rôle vraiment intéressant par ses situations. La tragédie offre sans doute moins de variétés aux musiciens que le comique, parce que tous les personnages sont nobles; mais il n'est pas nécessaire que le musicien n'ait que trois formules d'air dans la tête pour peindre toutes les passions d'un drame tragique : il existe tant de nuances pour différencier chaque caractère, sans s'assujettir à ne savoir produire qu'un air de bravoure, pathétique, ou de demi-caractère! Voyez d'ailleurs tous les airs de bravoure que renferme un opéra italien, et vous trouverez partout un même caractère, la même manière et presque les mêmes roulades, quoiqu'ils soient tous dans des situations différentes. Comment ne pas s'ennuyer de cette uniformité? et comment empêcher le public de se rejeter sur un excellent chanteur qui a le talent de lui faire oublier l'opéra?

L'on convient généralement que la musique instrumentale des Italiens est foible; comment pourroit-elle prétendre à tenir un rang parmi les bonnes compositions? Il n'y a presque jamais de mélodie parce qu'ils veulent, dans ce cas, courir après des effets d'harmonie, parce qu'ils ignorent l'art de moduler. Les chœurs sont nuls du côté des effets; leurs airs de danse sont pitoyables, en général, car ils ne sont ni dansants, ni chantants, ni harmonieux : le récitatif simple est pris de l'accent de la langue, mais la longueur des scènes et le peu d'énergie des hommes énervés qui le chantent le rendent soporifique et fatigant. Convenons ensuite qu'il y a de la sécheresse et peu de variété dans les compositions italiennes; ce défaut provient encore de l'oubli de l'harmonie. Cette reine de la musique est trop négligée par les élèves mêmes de Durante, qui la possédoit à un si haut degré. Quel effet doit produire la représentation d'un opéra dont le principal acteur quitte la scène pour sucer une orange pendant que son interlocuteur lui parle comme s'il étoit présent?

La musique n'ayant besoin pour être bien sentie que de cet heureux instinct que donne la nature, il sembleroit que l'esprit nuit à l'instinct, que l'on n'approche de l'un qu'en s'éloignant de l'autre, et qu'enfin plus vous aurez de facilité à combiner et à rapprocher des idées, plus vous affoiblirez le tact naturel, qui ne sent qu'une chose à la fois, et c'est assez pour bien sentir. L'homme livré à la simple nature reçoit sans résistance la douce émotion qu'on lui donne; l'homme d'esprit, au contraire, veut savoir d'où lui vient le plaisir; et avant qu'il parvienne à son cœur il est évanoui. Le sentiment est volatil comme l'essence renfermée dans un vase, que le contact de l'air fait évaporer; de même une sensation est perdue si elle frappe des organes habitués à analyser pour sentir. Tout le monde cependant veut avoir l'air d'aimer la musique; chacun sait qu'elle est un élan de l'ame, le langage du cœur. Convenir que cette langue nous est étrangère seroit faire un aveu d'insensibilité; l'on se donne donc pour connoisseur, l'on compare entre eux des talents qui n'ont que de légers rapports, et qui ne peuvent en avoir de plus intimes sans s'anéantir, en rentrant dans le tronc dont ils ne sont que les branches.

Si l'harmonie, pour être appréciée, exige une connoissance approfondie des règles, la mélodie ne demande qu'une oreille délicate, et surtout une ame tendre et sensible. Un beau chant, quoique vague pour bien des gens, ne le sera pas pour tout le monde; si le compositeur a été affecté, tôt ou tard il trouve une ame qui éprouve la même sensation. La musique donne des jouissances supérieures à celles des autres arts, parce que les sons toujours mélodieux dont se repaît le musicien agissent plus directement sur les nerfs. C'est en étudiant le poème, et non les paroles de chaque ariette, que le musicien parvient à varier ses tons; c'est surtout en saisissant le caractère des premiers morceaux que chante chaque acteur que l'on s'impose la loi de les suivre, en leur donnant à chacun une physionomie particulière. Sans cette étude on ne reconnoît partout que le musicien; ce sont toujours les mêmes traits de chant qui se représentent pour tout exprimer, avec la différence puérile d'une trompette désignant la fierté du guerrier, ou d'une flûte exprimant la tendresse de l'amour. Les anciens ont beaucoup parlé de l'empire du rhythme, ou du mouvement; il opère plus puissamment que la mélodie et l'harmonie, mais lorsqu'il y est réuni son empire est irrésistible. Lorsqu'un air marqué et symétrique s'empare d'un auditoire, on entend les pieds, les cannes frapper la mesure; tout est subjugué, et contraint de suivre le mouvement donné. Le symphoniste tire ses idées du néant ou d'un sentiment vague, le compositeur dramatique les trouve dans les paroles qu'il exprime. Le premier, il est vrai, a la liberté de créer au gré de son imagination ; tout est bon s'il forme un bel ensemble ; mais le compositeur dramatique est assujetti au genre, à l'acteur, à la prosodie, qui lui défend souvent une note d'expression qui donneroit la vie à un trait de chant. Toutes ces difficultés rendent son travail plus important. En s'unissant avec la parole, il peint d'après nature ; sa production est immuable comme elle, tandis que le langage de la symphonie est vague comme le sentiment qui la produit.

Les effets prodigieux que faisoit la musique chez les anciens provenoient sans doute de la différence marquée des modes, des tons et des modulations, et surtout du rhythme qu'on employoit scrupuleusement pour chaque genre : mais aujourd'hui le luxe règne partout. De même que l'on rassemble les productions des quatre parties du monde pour orner un salon, ou pour donner un repas, la poésie a forcé la musique d'accumuler tous les genres dans une même composition : dès l'ouverture d'un opéra, et dans presque tous les morceaux de force, on emploie timbales, trompettes, cors, hautbois, clarinettes, flûtes, petites flûtes, bassons, violes, basses et violons ; et dès qu'une occasion favorable demande essentiellement un de ces instruments, l'effet qu'il devroit produire n'est plus aussi sensible à beaucoup près que s'il n'avoit pas été entendu : l'on diroit qu'une ouverture est maigre si l'on n'y employoit la plus forte partie des instruments qui composent l'orchestre. Les Allemands, dès leur plus tendre jeunesse, étudient savamment l'harmonie ; les douze gammes que renferme l'octave chromatique leur sont présentées sous toutes les faces, c'est-à-dire qu'en tenant un accord sous ses doigts l'Allemand voit d'un coup d'œil à combien d'accords il conduit : leurs marches en sont souvent dures, mais ils s'y accoutument, et cessent de les trouver telles. L'Italien, au contraire, semble craindre de s'initier dans le secret des accords; la sensibilité lui donne ses chants, et il craint de les perdre dans le labyrinthe harmonique : il veut que l'expression aille chercher l'accord dissonant, et l'Allemand la trouve, au contraire, dans l'accord même. On a dit que Gluck avoit reculé les progrès de l'art; soyons plus justes : il créa un nouveau genre; son harmonie osa tout peindre, et les accents de sa déclamation exprimèrent les passions. Combien de temps les hommes n'ont-ils pas erré en musique, comme dans toutes les sciences, avant d'arriver au vrai beau! tantôt en se livrant à une simplicité puérile, tantôt à une complication fastueuse et désordonnée.

D'abord les chants les plus simples, formés de quatre ou cinq notes, ont suffi pour exprimer la joie ou la douleur des hommes simples et abandonnés à la nature : l'art naissant de la mélodie s'est enrichi; les chants se sont multipliés à mesure que les idées physiques ou morales se sont développées; la mélodie dut donner naissance à l'harmonie. On s'aperçut qu'après avoir monté sept notes la première renaissoit dans la huitième; les savants virent des rapports entre tel et tel son : l'harmonie une fois soumise au calcul dut augmenter les progrès de la mélodie, qui ne marchoit qu'à l'aide des nouvelles sensations qui l'inspiroient. Avant le règne de Pergolèze, Lulli, attiré de Florence à Paris, avoit quelques pressentiments de la musique déclamée; son récitatif le prouve; mais il ne sut que noter la déclamation, et non chanter en déclamant. Rameau lui succéda; il étoit moins sensible, mais plus savant, et plus riche d'harmonie. Il connoissoit la musique des Vinci, Pergolèze, Leo, Teradelias, Buranello; mais il avoit commencé fort tard à travailler pour le théâtre: il fut contraint de suivre sa manière, qu'il ne regardoit pas comme la meilleure. Rameau fut un des plus grands harmonistes de son siècle; il fit des chœurs magnifiques, où l'harmonie non seulement est savante, mais très-expressive: son monologue, *Tristes apprêts, pâles flambeau*, etc., dans Castor et Pollux, est vrai, surtout à l'endroit *je ne verrai plus*; ses airs de danse sont variés, fort adaptés à la chose, et surtout fort dansants. Les tournures de son chant ont vieilli; mais tel sera le sort de toute mélodie vague. Son harmonie a servi long-temps de modèle, parce que le cachet du maître y est empreint. Cependant l'Allemagne se fortifioit de plus en plus des ressources de l'harmonie. C'est alors que les bouffons italiens arrivèrent en France. Les gens de goût n'eurent qu'un cri pour approuver cette musique expressive et pittoresque, le reste de la nation résista; mais elle fut obligée de céder à l'empire de la raison et de l'ennui: la France, toujours accoutumée à perfectionner ce qui lui vient de ses voisins, tenant le milieu entre l'Italie et l'Allemagne, adopta la mélodie italienne qu'elle unit à l'harmonie allemande; c'est ce que Philidor exécuta dans plusieurs chefs-d'œuvre.

Jean-Jacques Rousseau a écrit plusieurs ouvrages sur la musique; il aima toute sa vie cet art avec passion: le *Devin du village* annonce même du talent pour la composition. Il vouloit faire adopter en France les mélodrames; il en donna *Pygmalion* pour exemple. Quand les paroles succèdent à la musique, et la musique aux paroles, l'effet des unes et de l'autre est plus grand; elles se servent mieux quand elles ne sont pas forcées d'aller ensemble: la musique exprime les situations, et les paroles les développent. La musique pourroit se charger de peindre les mouvements au-dessus des paroles, et les paroles des sentiments trop nuancés pour la musique. Mais quelle éloquence dans le monologue de *Pygmalion!* Comme l'on trouve vraisemblable que la statue s'anime à sa voix! comme l'on seroit tenté de croire que les dieux ne sont pour rien dans ce miracle! Jean-Jacques a fait pour plusieurs romances des airs simples et sensibles, de ces airs qui s'allient si bien avec la situation de l'ame, et que l'on peut chanter encore quand on est malheureux; il en est quelques-uns qui semblent nationaux; on se croit, en les entendant, transporté sur le sommet des montagnes de la Suisse lorsque le son de la flûte du berger se prolonge lentement au loin par les échos qui successivement le répètent : ils rappellent cette musique plutôt calme que sombre qui se prête au sentiment de celui qui l'écoute, et devient pour lui l'expression de ce qu'il éprouve. Quel est l'homme sensible que la musique n'a jamais ému? Rousseau n'aimoit que les airs mélancoliques : à la campagne c'est ce genre de musique que l'on souhaite; la nature entière semble accompagner les sons plaintifs d'une voix touchante. Il faut avoir une ame douce et pure pour sentir ces jouissances; un homme agité par le souvenir de ses fautes ne pourroit supporter la rêverie dans laquelle plonge une musique sensible; un homme tourmenté par des remords déchirants ne pourroit aimer à se rapprocher ainsi de lui-même, à distinguer tous ses sentiments, à les éprouver tous, lentement et successivement. On est porté à se confier à celui que la musique, les fleurs et la campagne ravissent.

Il s'est rencontré des gens qui ont voulu contester à Rousseau la gloire d'avoir composé la musique du *Devin du village;* on fut jusqu'à nommer les maîtres italiens auxquels Jean-Jacques l'avoit empruntée sans en mot dire : on ne vouloit pas absolument qu'il fût musicien. Vainement avoit-il composé, à la demande de Diderot, plusieurs articles sur la musique pour l'Encyclopédie ; vainement avoit-il consacré des années entières à rassembler les éléments d'un dictionnaire de musique, à les rédiger, à en former un corps d'ouvrage ; vainement y avoit-il dans ce dictionnaire plusieurs articles qui étoient, pris chacun séparément, des morceaux fort remarquables, on s'obstinoit à ne trouver dans ce dictionnaire de musique que celui de l'abbé Brossard, dont Rousseau s'étoit contenté de retoucher les articles, ou même le dictionnaire de Mende Montpas. On vouloit que Rousseau eût fait aux écrivains les plus obscurs le même honneur qu'à Plutarque, à Sénèque et à Montaigne. Quand il publia Émile, le bénédictin dom Cajot ne trouva rien dans ce livre qui ne fût dans un vieux poème latin de Scœvole de Sainte-Marthe ; sans Diderot, il auroit envisagé sous un tout autre point de vue la question proposée par l'académie de Dijon ; il devoit à la lecture d'un roman manuscrit qui lui étoit tombé dans les mains l'idée de la Nouvelle Héloïse : il n'avoit jamais eu que des pensées d'emprunt.

Voilà pourtant comment la calomnie se plaisoit à traiter celui de tous les écrivains qui a peut-être le plus travaillé sur ses propres idées ! Rousseau nous apprend lui-même, au IXe livre de ses Confessions, comment il composa son *Dictionnaire de Musique* : « J'avois eu, dit-il, la précaution de me pourvoir, en allant habiter l'Ermitage, d'un travail de cabinet pour les jours de pluie ; c'étoit mon *Dictionnaire de Musique*, dont les matériaux épars, mutilés, informes, rendoient l'ouvrage nécessaire à reprendre jusqu'à neuf. J'apportois quelques livres dont j'avois besoin pour cela : j'avois passé deux mois à faire l'extrait de beaucoup d'autres qu'on me prêtoit à la Bibliothèque du roi. » Le *Dictionnaire de Musique* fut imprimé pour la première fois en 1767, à Amsterdam, par Rey; il en parut dans la même année une édition à Paris, publiée par Duchesne, en un vol. in-4°. Rousseau ne voulut permettre la publication de cette nouvelle édition qu'après que l'ouvrage eut été de nouveau censuré : c'est lui-même qui nous apprend cette circonstance, dans une lettre à M. de Malesherbes du 9 septembre 1767.

Jean-Jacques s'est plaint de ce que d'Alembert avoit inséré dans ses Éléments de Musique des articles qu'il lui avoit donnés pour l'Encyclopédie : mais il faut remarquer que lorsque Rousseau faisoit ce reproche à d'Alembert, il croyoit avoir sujet de se plaindre de lui; il le regardoit comme un de ses ennemis les plus acharnés, l'un de ceux qui conspiroient contre lui, qui étoient armés contre sa gloire, et même contre sa vie. C'est dans une telle disposition d'esprit qu'il accuse d'Alembert de s'être approprié les articles sur la musique qu'il lui avoit confiés, et qu'il prétend ailleurs que le géomètre n'auroit fait qu'un Arlequin du grand duc, s'il élevoit ce petit garçon. Tant il est vrai qu'on ne sait pas toujours se défendre soi-même des défauts qu'on reproche aux autres. C'étoit parce que Jean-Jacques soutenoit que d'Alembert avoit refondu dans ses Éléments de Musique des articles qui lui avoient été remis pour l'Encyclopédie, que d'autres, et peut-être d'Alembert lui-même, avançoient que Jean-Jacques n'avoit point fait la musique du Devin du village. Il y avoit de part et d'autre injustice et désir de la vengeance. D'Alembert auroit voulu se relever du coup que Rousseau lui avoit porté dans sa Lettre sur les Spectacles; Jean-Jacques, de son côté, savoit que d'Alembert avoit trempé dans la briller de tout son éclat, quand la politique vint comprimer son essor. Il fut décidé dans le conseil des rois de marier un fils de France avec une princesse d'Autriche. Déjà la gamme entroit pour beaucoup dans l'éducation royale. L'impératrice Marie-Thérèse avoit fait apprendre la musique à toutes les princesses ses filles, et l'archiduchesse Marie-Antoinette donnoit la préférence à la musique italienne; c'étoit plus qu'il n'en falloit pour faire proscrire la musique françoise.

La musique italienne ne s'étoit pas bornée à l'opéra, en Angleterre; elle étoit descendue du théâtre, et s'étoit retirée dans les jardins et les concerts publics, où elle étoit mise à nouveau prix. On voyoit une femme, un homme, et plus souvent encore un demi-homme, exiger une somme considérable pour lire harmoniquement un papier qu'il tenoit à la main, en se dandinant : le spectateur ne payoit plus pour l'opéra, il achetoit l'ariette seule, qui, séparée de l'action et des agréments de la scène, étoit monotone, insipide et froide; et tandis que le chapitre de Saint-Paul ne donnoit à un professeur en théologie que cinquante schellings, le dimanche au matin, pour expliquer à son auditoire quelques passages de la Bible, un professeur de musique recevoit, le lundi, cent livres sterling pour quelques instants de sa soirée. J'ai laissé un bras et une jambe en Amérique, disoit un officier, et ma journée ne m'a valu que cinq schellings, tandis que celle du musicien que je viens d'entendre, qui n'a laissé que deux ariettes autour du clavecin, lui vaut cinquante livres sterling.

Après la destruction des grandes républiques on ne chanta plus, car les barbares qui conquirent l'empire romain n'étoient pas de grands musiciens. Ce peuple ne cherchoit qu'à détruire; il ne pouvoit même subsister qu'en détruisant : voilà la cause première de ces ténèbres musique italienne les mêmes frais que la cour de Vienne ; elle y dépensa près de vingt millions de florins : je ne parlerai point de ces petits princes allemands qui pour avoir une musique italienne se sont souvent couchés sans chandelle. Le théâtre de Hay-Market, en Angleterre, se forma; l'on y établit un Opéra. On fit venir des eunuques d'Italie, qu'on paya quinze cents livres sterling : c'étoit le moyen d'avoir la préférence sur les autres pays; et comme César, qui vint, vit et vainquit, ils vinrent, chantèrent, ramassèrent des guinées et s'en allèrent; et voilà comment, en moins de cent ans, ils emportèrent de l'Angleterre six cent mille livres sterling.

Anne d'Autriche fit venir de Florence un joueur de violon, pour apprendre à chanter aux Parisiens; ce joueur de violon s'appeloit Lulli. Ce Lulli trouva la musique françoise hurlante, et il la laissa braillante, ce qui la radoucit un peu, car il y a cette différence du hurlement au braillement, que les oreilles sont écorchées un peu plus doucement. Campra, qui vint après Lulli, continua de radoucir notre musique. Dans son opéra de *l'Europe galante*, il fit chanter le grand-Turc comme on chante en France. Mondonville, qui parut cinquante ans après, donna de très-beaux opéra d'église. Tout le parterre du théâtre du Palais-Royal accourut à ses messes et à ses motets. Ils étoient à grands chœurs et à symphonies brillantes : il n'y manquoit que les filles du magasin pour en faire un spectacle en plein. Rameau égaya la musique françoise plus que les autres; mais les lullistes prétendirent qu'il l'avoit rendue beaucoup trop gaie : ils l'appeloient par dérision le père aux rigodons. Jusquelà c'étoit de la musique françoise, et l'on étoit si éloigné d'adopter la musique italienne, qu'on la regardoit à Paris comme folle, extravagante, sans génie, sans jugement, en tout dépouillée de bon sens. La musique françoise alloit

En Portugal, Joseph Ier, qui aimoit beaucoup les ariettes, les payoit en prince qui a une mine d'or; il donnoit plus de cent vingt mille francs de notre monnoie à chaque musicien, et il en avoit six. Si l'on joint à cette première dépense celle des chanteurs et danseurs en sous-ordre, et autres dépenses en musique ordinaire, on trouve pour résultat la ruine de la monarchie entière. Mais le ciel vengea la finance; la terre s'ouvrit, elle engloutit le théâtre, la musique et la danse. Du temps de Pierre Ier les Russes ne connoissoient d'autre harmonie que celle du bruit du canon. C'étoient des barbares dont les organes n'étoient pas disposés à recevoir les impressions de cet art. Cependant ces sauvages du nord de l'Europe voulurent se mettre à l'unisson avec les nations policées du midi; les virtuoses d'Italie furent les premiers apôtres qui les convertirent à la foi des ariettes. Pour que leur conversion fît plus d'éclat, l'on composa de grands opéra. Quelques-uns coûtèrent cent mille roubles; il est vrai qu'il falloit payer les musiciens, non seulement pour le louage de leur voix, mais même pour la perte de leurs membres, car l'un perdoit le nez, l'autre la joue, le troisième une oreille, qui, sans se détacher de leur corps, restoient dans les glaces du Nord. Jamais prince ne consuma tant de trésors que le roi de Pologne pour acheter des accords; chaque opéra italien qu'il mettoit en scène lui coûtoit le revenu d'une province entière : ainsi on calcula que cinquante représentations lui coûtoient tout juste dix millions. La musique ne causa pas tant de dégât dans les finances à Berlin que dans les autres états de l'Europe. Cependant, comme les soprani et les tenori, avant de partir de Naples, Rome, Venise ou Milan, avoient mis un prix à leurs talents, il fallut que Frédéric, qui taxoit tous les autres états en politique, se taxât lui-même en musique. Mais aucune puissance ne fit pour la

N'est-il pas impossible d'établir un accord parfait en musique chez toutes les nations au milieu de tant de dissonances nationales ? Cependant le goût de la musique italienne ne se borna pas au peuple de l'Italie. Rome, qui, pendant seize siècles, avoit psalmodié tout bas pour que la politique ne l'entendît pas, eut ses théâtres et sa musique; sa mélodie, autrefois toute latine, prit un accent et des formes plus modernes; on donna plus d'argent à six ou sept acteurs pour représenter l'opéra d'*Alexandre dans les Indes* que la propagande n'en donnoit à douze missionnaires pour aller convertir tous les pays des Indes. Les papes, comme chefs de l'empire chrétien, défendirent aux femmes de paroître sur le théâtre romain; mais la réforme se fit à l'italienne, *mezzo, mezzo*, moitié eunuques et moitié hommes. Ce ne fut que sous le pontificat de Pie VI que la théologie décida que les droits de la nature avoient été assez long-temps outragés. Le théâtre de San-Carlo, à Naples, avoit coûté lui seul plus que six hôpitaux; jamais on n'avoit poussé si loin le luxe théâtral : l'édifice étoit rempli de glaces; du haut en bas ce n'étoit qu'un miroir où chaque spectateur pouvoit se voir. A Venise, les théâtres de San-Bennetto, San-Moïs, San-Angelo, étoient les trois saints en musique qui coûtoient le plus à la république. Saint-Chrysostôme, qui avoit été un grand musicien, devint le théâtre d'Arlequin. Long-temps les musiciens habiles se rendirent à Bologne, et don Philippe leur prodiguoit ses trésors pour les attirer à Parme; ils y chantèrent si bien, qu'ils ruinèrent son gouvernement: Emmanuel de Savoie dépensa de son côté deux millions en violons, hautbois, flûtes et bassons. A Madrid tout étoit italien; orchestre, acteurs, chanteurs, jusqu'aux moucheurs de chandelles : le premier eunuque fut décoré d'un ordre royal, auquel on ajouta une pension plus forte que celle d'un général.

Bacco! forment toujours un dièse très-aigu. Quoique le pleurer et le rire soient deux accents plus généraux dans la nature, ils ne sont pas les mêmes dans les différentes nations. Qu'on y fasse bien attention, et on trouvera qu'un Polonois ne pleure pas comme un Russe, et qu'un Suisse ne rit pas à l'unisson d'un Italien; et ainsi des autres, qui ont chacun leur accent, soit qu'ils pleurent, soit qu'ils rient.

C'est sur ces accents nationaux que le dialecte des théâtres s'est formé. La tragédie, qui est la grande scène de notre monde héroïque, en est une preuve convaincante. Garrick, sur le théâtre de Londres, ne chantoit pas Richard comme Lekain chantoit Oreste sur celui de Paris. La tragédie italienne a aussi un dialecte différent de l'allemand. Si quelque novateur hardi vouloit mettre toutes les tragédies de l'Europe à l'unisson, on ne s'entendroit plus au théâtre; il faudroit alors un interprète aux spectateurs, pour leur apprendre ce qui se passe sur la scène. C'est surtout dans cette musique parlante, qu'on cherche à rendre égale, qu'est le grand obstacle de l'uniformité. Mais, dira-t-on, indépendamment de l'accent vocal, qui n'est autre chose que l'inflexion de la voix plus ou moins forte, n'y a-t-il pas une expression musicale propre à émouvoir le cœur de toutes les nations? Non, il n'y en a point; chacune a besoin d'une musique particulière qui soit analogue à son ciel, parce que c'est de lui que dépend le degré de sensibilité des hommes qui habitent les différents climats de la terre : on a besoin d'une musique bruyante pour exciter les habitants du Nord, comme des cors de chasse, des trompettes, des tambours, des timbales; il faut lancer la foudre pour remuer le Russe; les Suédois et les Polonois demandent une musique forte et sonore : il suffit de vaudevilles aux François pour les exciter.

AVANT-PROPOS.

Ce qui empêche qu'une nation chante comme une autre est la différence de l'accent, ou du dialecte, que la nature a donné différent à chacune. La recherche de l'accent de chaque peuple seroit un morceau bien intéressant dans l'histoire parlante de l'humanité. On découvriroit la cause qui fait que, dans un certain pays de la terre, on s'exprime sur un ton plus haut ou plus bas que dans un autre. Il n'est pas question ici de l'accent grammatical, c'est-à-dire des règles de parler, qui sont les principes de chaque langue, mais de cette chanson que chaque nation chante en parlant. Vouloir réduire tous les peuples à la même harmonie, ce seroit prétendre que tous les peuples parlassent la même langue. Il ne seroit pas impossible de réduire toutes les nations au même idiome, ainsi qu'on voit aujourd'hui le françois être devenu la langue universelle ; c'est une affaire de climat, et qui ne change pas la nature. C'est surtout dans la douleur, la colère et la joie, qui sont les trois grandes ariettes de l'accent, que la différence est sensible : la douleur d'un François n'a presque rien de triste ; celle d'un Allemand est flegmatique ; celle de l'Anglois est sombre, et celle de l'Italien est furibonde. Il en est de même des premiers mouvements de colère : le *Potz himmel sacrement* d'un Allemand est ronflant, et ressemble au bruit du tonnerre ; le *God damn* de l'Anglois est monotone ; quand le François a dit *diable m'emporte!* il a fini l'oraison funèbre de sa colère ; celle d'un Italien est plus forte et plus déterminée : son *Cospetto di Dio! cospetto di*

PARIS. — IMPRIMERIE DE G. DOYEN,
RUE SAINT-JACQUES, N. 38.

AVANT-PROPOS.

épaisses qui se répandirent sur toute la terre. Ce ne fut point le hasard qui changea le système de l'univers ; il y a toujours une cause première qui dirige les évènements de ce monde. Nous ne parlerons point ici de la musique hébraïque, grecque, et romaine, dont le P. Martini a savamment écrit l'histoire : il y a du chant des anciens au nôtre la même différence que de nous aux anciens. D'où est donc venue la musique moderne? Elle tire son origine du sacerdoce, qui tient toujours aux mœurs, aux manières et aux usages de chaque peuple. Lorsqu'une religion s'établit, il faut en adorer la divinité, sans quoi son culte finiroit d'abord. Cette adoration forme une espèce de chant, plus ou moins composé, selon le génie du peuple qui établit la croyance. La religion chrétienne s'étant élevée sur les ruines du paganisme, ses sectateurs chantèrent, ou, pour mieux dire, psalmodièrent les louanges du Seigneur ; car c'est toujours la première musique d'un dogme nouveau : cette musique s'appela plain-chant. On ne sait point si le clergé chrétien, au moment de son établissement, éleva la voix vers le ciel par des cantiques, ou s'il attendit jusqu'au troisième siècle. Quoi qu'il en soit, s'il chanta, ce fut tout bas, de crainte que les empereurs ne l'entendissent. On sait les persécutions qu'éprouva cette Église naissante ; les fidèles se retirèrent dans les souterrains, ou se cachèrent dans les caves, pour prier Dieu : or, si elle eut une musique, elle resta ensevelie dans ces antres sombres et obscurs où elle fut chantée. Les arts sont détruits tout d'un coup, et ne se rétablissent que par degrés : cependant le plain-chant vient de plus loin que la naissance du Fils de Dieu ; les premiers chrétiens le tenoient des Grecs, comme nous le tenons des premiers chrétiens : c'est un reste précieux de la meilleure musique qui ait été chantée par des hommes, et qui, toute défigurée qu'elle est, a des endroits très-touchants pour ceux qui ont conservé quelque goût pour la belle nature. Comme l'Église grecque étoit différente de l'Église romaine, cette différence en a mis dans le plain-chant moderne; car on chante toujours comme on prie Dieu : il étoit impossible que ce chant ne dégénérât pas lorsqu'on l'employa à un idiome qui n'étoit pas celui pour lequel on l'avoit créé. Règle générale : toutes les fois qu'on fera passer une musique dans une langue étrangère, on affoiblira la musique et la langue. Le chant ayant été gâté, toute l'Église romaine psalmodia à peu près comme les capucins chantèrent depuis vêpres et complies. Ce mauvais goût ne fut pas universel; les prêtres prirent soin que tout ce qui restoit de ce chant ne pérît pas entièrement. C'est à eux que nous devons ces fragments précieux qui nous restent de cette mélodie. On croit qu'Ambroise, archevêque de Milan, en fut le premier restaurateur. Il est étonnant que l'histoire ecclésiastique, qui a ramassé tant de petites choses, ne nous ait pas conservé une des plus grandes. Il ne seroit pas indifférent pour les annales catholiques de connoître le nom de celui qui, le premier, apprit aux nations chrétiennes à prier Dieu à l'unisson. Le pape Grégoire acheva ce qu'Ambroise n'avoit fait que commencer; il n'éleva point l'édifice, il ne fit que mettre chaque pierre à sa place : ce chant d'église prit son nom; c'est qu'il y a des restaurateurs plus utiles que les fondateurs.

Lorsqu'un art reste dans sa première simplicité, on n'en parle point; dès qu'il se perfectionne, les disputes commencent. Les François ne voulurent pas chanter comme les Italiens; les choses étoient fort irritées quand Charlemagne parut. Ce prince décida la question, et jugea le procès. L'acte qui contient sa sentence se trouve dans une lettre latine; on y lit que Charles étant venu à Rome pour faire ses pâques, il s'éleva une guerre entre mystification de la lettre écrite par Horace Walpole, et donnée comme étant du roi de Prusse : d'Alembert avoit encore à ses yeux le tort d'être l'ami, le confident de Voltaire. C'en étoit assez pour ne voir en lui qu'un misérable plagiaire, qu'un homme infâme. D'Alembert, si on écoute le témoignage impartial des mathématiciens, étoit un génie du premier ordre, et il a laissé, dans cette carrière, des traces de son passage. Des juges moins instruits en cette matière ne s'étonneront pas de cette opinion, en lisant la portion du discours préliminaire de l'Encyclopédie qui a rapport aux sciences exactes. Peut-être n'a-t-on jamais porté dans l'examen de leurs principes et de leurs résultats plus de finesse et de bonne foi. L'analyse qu'il fait de leurs procédés, la manière dont il montre la vérité, acquérant d'autant plus de certitude qu'on fait abstraction d'un plus grand nombre de circonstances réelles, et n'étant vraiment complète que lorsqu'elle devient l'identité de deux signes, exprimant la même idée ; tout cela est d'un homme qui plane de haut sur la science qu'il professe. Mais l'autre partie du discours est loin de donner une aussi haute idée de d'Alembert. Quand il en vient à rechercher les sources et les principes des autres divisions des connoissances humaines, il se montre alors incomplet et superficiel. S'il avoit une connoissance approfondie des sciences qui classent et comparent nos perceptions, il étoit loin de connoître celles qui consistent à décrire les perceptions de l'ame : sans doute l'algèbre est la plus belle des langues, dans le même sens que les sciences mathématiques sont les plus vraies des sciences ; la vérité mathématique est le résultat de la comparaison et de la combinaison d'idées factices qui ne doivent leur naissance qu'à des abstractions faites par un travail de l'esprit humain ; ainsi l'algèbre est le langage qui convient le mieux pour rechercher ce genre de vérité : il rappelle continuellement que l'idée exprimée par un signe est telle qu'on l'a d'abord définie ; cette idée abstraite est la même pour tous, ne fait à aucun une impression différente de celle qu'un autre en pourroit recevoir. A l'aide de ce langage on marche d'un pas sûr dans le raisonnement mathématique et dans la découverte des vérités abstraites et artificielles ; mais dès qu'il s'agit de rendre des impressions qui ne sont pas les mêmes pour tous et qui diffèrent d'un instant à l'autre dans le même individu, dès qu'on sort de la sphère des idées mathématiques, de ces idées qu'on a rendues complètement pareilles pour chaque homme, il faut un langage flexible qui puisse recevoir de chacun le témoignage de ce qu'il éprouve ; qui puisse varier de forme et de puissance, suivant celui qui parle, pour retracer l'image de son ame et de son caractère. D'Alembert, ainsi que nous l'avons dit, a mérité une grande renommée par ses travaux mathématiques ; vivant dans un autre siècle, il se seroit sans doute contenté de cette gloire ; la société où il vivoit, le désir d'obtenir des succès plus populaires, l'envie de se montrer universel, firent de lui un littérateur assez froid. Quand le désir de briller est la cause pour laquelle on écrit, on se sent un égal besoin de s'occuper de toutes choses ; il n'y a que le génie qui, écrivant par la nécessité de produire, sache porter ses propres fruits : Voltaire avoit essayé les sciences exactes pour être universel ; d'Alembert étoit trop loin de la poésie pour chercher à y atteindre, mais il fit voir que son esprit s'appliquoit mal aux matières littéraires.

A la chaleur que met Rousseau à se défendre de ne pas être l'auteur de la musique du Devin du village, on sent qu'il tient plus à sa réputation de musicien qu'à celle d'écrivain. La musique avoit été la première occupation de sa vie; il lui avoit consacré les plus belles années de sa jeunesse; il n'avoit connu le bonheur que lorsqu'il n'avoit d'autre ambition que celle d'être un jour un musicien passable; il avoit pendant un moment nourri l'espoir qu'il opéreroit une révolution en musique; c'étoit par la musique qu'il comptoit arriver plus vite à la gloire; les lettres ne devoient composer que l'accessoire de sa renommée. C'est ainsi que de nos jours un peintre célèbre s'imaginoit qu'il manioit beaucoup mieux l'archet que le pinceau; qu'un habile musicien croit trouver en peignant des devants de cheminée la renommée qu'il s'est acquise en jouant de la flûte comme le dieu Pan; qu'un grand naturaliste a cessé de continuer la gloire de Buffon pour mettre Télémaque et la Jérusalem délivrée en musique.

On a remarqué que, dans le cours du dix-huitième siècle, plusieurs hommes de lettres ont écrit sur la musique avec un talent remarquable. La poétique de la musique, par M. de Lacépède, est restée un bon livre. Rousseau convient lui-même que Grimm avoit beaucoup de connoissances en musique, et en écrivoit en homme qui avoit étudié les principes de l'art, et pouvoit en apprécier les beautés. Le baron d'Holbach entendoit la composition musicale. La Harpe, Marmontel et Sicard, ont écrit avec succès sur la révolution de la musique en France. Ginguené et Framery ont prouvé qu'ils en connoissoient la théorie et l'histoire, en traitant la partie de la musique dans l'Encyclopédie méthodique; Rouget de Lille, en faisant lui-même la musique de sa Marseilloise. Nous avons parlé des Éléments de Musique de d'Alembert; et tandis que l'auteur du Contrat social écrivoit la partition du Devin du village, le compositeur qui avoit mis en musique Aucassin et Nicolette,

Zémire et Azor, et Barbe-Bleue, écrivoit un ouvrage politique sur l'état passé, présent et futur de la France, en trois volumes in-8°. C'est cette variété de connoissances qui compose la philosophie du dix-huitième siècle.

DICTIONNAIRE
DE MUSIQUE.

Ut psallendi materiem discerent.
MARTIAN. CAP.

A—L.

PRÉFACE.

La musique est de tous les beaux-arts celui dont le vocabulaire est le plus étendu, et pour lequel un dictionnaire est, par conséquent, le plus utile. Ainsi l'on ne doit pas mettre celui-ci au nombre de ces compilations ridicules que la mode ou plutôt la manie des dictionnaires multiplie de jour en jour. Si ce livre est bien fait, il est utile aux artistes; s'il est mauvais, ce n'est ni par le choix du sujet, ni par la forme de l'ouvrage. Ainsi l'on auroit tort de le rebuter sur son titre; il faut le lire pour en juger.

L'utilité du sujet n'établit pas, j'en conviens, celle du livre; elle me justifie seulement de l'avoir entrepris, et c'est aussi tout ce que je puis prétendre; car d'ailleurs je sens bien ce qui manque à l'exécution. C'est ici moins un dictionnaire en forme qu'un recueil de matériaux pour un dictionnaire, qui n'attendent qu'une meilleure main pour être employés. Les fondements de cet ouvrage furent jetés si à la hâte, il y a quinze ans, dans l'Encyclopédie, que, quand j'ai voulu le reprendre sous œuvre, je n'ai pu lui donner la solidité qu'il auroit eue si j'avois eu plus de temps pour en digérer le plan et pour l'exécuter.

Je ne formai pas de moi-même cette entreprise; elle me fut proposée: on ajouta que le manuscrit entier de l'Encyclopédie devoit être complet avant qu'il en fût imprimé une seule ligne ; on ne me donna que trois mois pour remplir ma tâche, et trois ans pouvoient me suffire à peine pour lire, extraire, comparer, et compiler les auteurs dont j'avois besoin : mais le zèle de l'amitié m'aveugla sur l'impossibilité du succès. Fidèle à ma parole, aux dépens de ma réputation, je fis vite et mal, ne pouvant bien faire en si peu de temps. Au bout de trois mois mon manuscrit entier fut écrit, mis au net, et livré. Je ne l'ai pas revu depuis. Si j'avois travaillé volume à volume comme les autres, cet essai, mieux digéré, eût pu rester dans l'état où je l'aurois mis. Je ne me repens pas d'avoir été exact, mais je me repens d'avoir été téméraire, et d'avoir plus promis que je ne pouvois exécuter.

Blessé de l'imperfection de mes articles, à mesure que les volumes de l'Encyclopédie paroissoient, je résolus de refondre le tout sur mon brouillon, et d'en faire à loisir un ouvrage à part traité avec plus de soin. J'étois, en recommençant ce travail, à portée de tous les secours nécessaires ; vivant au milieu des artistes et des gens de lettres, je pouvois consulter les uns et les autres. M. l'abbé Sallier me fournissoit, de la Bibliothèque du roi, les livres et manuscrits dont j'avois besoin, et souvent je tirois de ses entretiens des lumières plus sûres que de mes recherches. Je crois devoir à la mémoire de cet honnête et savant homme un tribut de reconnoissance que tous les gens de lettres qu'il a pu servir partageront sûrement avec moi.

Ma retraite à la campagne m'ôta toutes ces ressources au moment que je commençois d'en tirer parti. Ce n'est pas ici le lieu d'expliquer les raisons de cette retraite : on conçoit que, dans ma façon de penser, l'espoir de faire un bon livre sur la musique n'en étoit pas une pour me retenir. Éloigné des amusements de la ville, je perdis bientôt les goûts qui s'y rapportoient ; privé des communications qui pouvoient m'éclairer sur mon ancien objet, j'en perdis aussi toutes les vues ; et soit que depuis ce temps l'art ou sa théorie aient fait des progrès, n'étant pas même à portée d'en rien savoir, je ne fus plus en état de les suivre. Convaincu cependant de l'utilité du travail que j'avois entrepris, je m'y remettois de temps à autre, mais toujours avec moins de succès, et toujours éprouvant que les difficultés d'un livre de cette espèce demandent pour les vaincre des lumières que je n'étois plus en état d'acquérir, et une chaleur d'intérêt que j'avois cessé d'y mettre. Enfin, désespérant d'être jamais à portée de mieux faire, et voulant quitter pour toujours des idées dont mon esprit s'éloigne de plus en plus, je me suis occupé, dans ces montagnes, à rassembler ce que j'avois fait à Paris et à Montmorency, et de cet amas indigeste est sortie l'espèce de dictionnaire qu'on voit ici.

Cet historique m'a paru nécessaire pour expliquer comment les circonstances m'ont forcé de donner en si mauvais état un livre que j'aurois pu mieux faire avec les secours dont je suis privé. Car j'ai toujours cru que le respect qu'on doit au public n'est pas de lui dire des fadeurs, mais de ne lui dire rien que de vrai et d'utile, ou du moins qu'on ne juge tel; de ne lui rien présenter sans y avoir donné tous les soins dont on est capable, et de croire qu'en faisant de son mieux on ne fait jamais assez bien pour lui.

Je n'ai pas cru toutefois que l'état d'imperfection où j'étois forcé de laisser cet ouvrrge dût m'empêcher de le publier, parce qu'un livre de cette espèce étant utile à l'art, il est infiniment plus aisé d'en faire un bon sur celui que je donne que de commencer par tout créer. Les connoissances nécessaires pour cela ne sont peut-être pas fort grandes, mais elles sont fort variées, et se trouvent rarement réunies dans la même tête. Ainsi mes compilations peuvent épargner beaucoup de travail à ceux qui sont en état d'y mettre l'ordre nécessaire; et tel, marquant mes erreurs, peut faire un excellent livre, qui n'eût jamais rien fait de bon sans le mien.

J'avertis donc ceux qui ne veulent souffrir que des livres bien faits de ne pas entreprendre la lecture de celui-ci; bientôt ils en seroient rebutés: mais pour ceux que le mal ne détourne pas du bien, ceux qui ne sont pas tellement occupés des fautes, qu'ils comptent pour rien ce qui les rachète; ceux enfin qui voudront bien chercher ici de quoi compenser les miennes, y trouveront peut-être assez de bons articles pour tolérer les mauvais, et, dans les mauvais même, assez d'observations neuves et vraies pour valoir la peine d'être triées et choisies parmi le reste[1]. Les musiciens lisent peu, et cependant je

---

[1] * Dans une lettre à de Lalande, du mois de mars 1768 (t. XXVI),

connois peu d'arts où la lecture et la réflexion soient plus nécessaires. J'ai pensé qu'un ouvrage de la forme de celui-ci seroit précisément celui qui leur convenoit, et que, pour le leur rendre aussi profitable qu'il étoit possible, il falloit moins y dire ce qu'ils savent que ce qu'ils auroient besoin d'apprendre.

Si les manœuvres et les croque-notes relèvent souvent ici des erreurs, j'espère que les vrais artistes et les hommes de génie y trouveront des vues utiles dont ils sauront bien tirer parti. Les meilleurs livres sont ceux que le vulgaire décrie, et dont les gens à talent profitent sans en parler.

Après avoir exposé les raisons de la médiocrité de l'ouvrage, et celles de l'utilité que j'estime qu'on en peut tirer, j'aurois maintenant à entrer dans le détail de l'ouvrage même, à donner un précis du plan que je me suis tracé, et de la manière dont j'ai tâché de le suivre. Mais à mesure que les idées qui s'y rapportent se sont effacées de mon esprit, le plan sur lequel je les arrangeois s'est de même effacé de ma mémoire. Mon premier projet étoit d'en traiter si relativement les articles, d'en lier si bien les suites

---

et dans le premier de ses *Dialogues*, Rousseau indique spécialement comme dignes d'une attention particulière et comme n'appartenant qu'à lui seul les articles de ce Dictionnaire se rapportant aux mots *Accent, Consonnance, Dissonance, Expression, Fugue, Goût, Harmonie, Intervalle, Licence, Mode, Modulation, Opéra, Préparation, Récitatif, Son, Tempérament, Trio, Unité de mélodie, Voix*, et surtout l'article *Enharmonique*, dans lequel, dit-il, ce genre, jusqu'à présent très-mal entendu, est *mieux expliqué que dans aucun livre*.

par des renvois, que le tout, avec la commodité d'un dictionnaire, eût l'avantage d'un traité suivi : mais pour exécuter ce projet il eût fallu me rendre sans cesse présentes toutes les parties de l'art, et n'en traiter aucune sans me rappeler les autres ; ce que le défaut de ressources et mon goût attiédi m'ont bientôt rendu impossible, et que j'eusse eu même bien de la peine à faire au milieu de mes premiers guides, et plein de ma première ferveur. Livré à moi seul, n'ayant plus ni savants ni livres à consulter ; forcé, par conséquent, de traiter chaque article en lui-même, et sans égard à ceux qui s'y rapportoient, pour éviter des lacunes j'ai dû faire bien des redites. Mais j'ai cru que dans un livre de l'espèce de celui-ci, c'étoit encore un moindre mal de commettre des fautes que de faire des omissions.

Je me suis donc attaché surtout à bien compléter le vocabulaire, et non seulement à n'omettre aucun terme technique, mais à passer plutôt quelquefois les limites de l'art que de n'y pas toujours atteindre, et cela m'a mis dans la nécessité de parsemer souvent ce dictionnaire de mots italiens et de mots grecs : les uns, tellement consacrés par l'usage, qu'il faut les entendre même dans la pratique ; les autres, adoptés de même par les savants, et auxquels, vu la désuétude de ce qu'ils expriment, on n'a pas donné de synonymes en françois. J'ai tâché cependant de me renfermer dans ma règle, et d'éviter l'excès de Brossard, qui, donnant un dictionnaire françois, en fait le vocabulaire tout italien, et l'enfle de mots absolument étrangers à l'art qu'il traite. Car qui s'imaginera jamais que *la vierge, les apôtres, la messe, les morts,* soient des termes de musique, parce qu'il y a des musiques relatives à ce qu'ils expriment; que ces autres mots, *page, feuillet, quatre, cinq, gosier, raison, déjà,* soient aussi des termes techniques, parce qu'on s'en sert quelquefois en parlant de l'art?

Quant aux parties qui tiennent à l'art sans lui être essentielles, et qui ne sont pas absolument nécessaires à l'intelligence du reste, j'ai évité, autant que j'ai pu, d'y entrer. Telle est celle des instruments de musique, partie vaste, et qui rempliroit seule un dictionnaire, surtout par rapport aux instruments des anciens. M. Diderot s'étoit chargé de cette partie de l'Encyclopédie; et comme elle n'entroit pas dans mon premier plan, je n'ai eu garde de l'y ajouter dans la suite, après avoir si bien senti la difficulté d'exécuter ce plan tel qu'il étoit.

J'ai traité la partie harmonique dans le système de la basse fondamentale, quoique ce système, imparfait et défectueux à tant d'égards, ne soit point, selon moi, celui de la nature et de la vérité, et qu'il en résulte un remplissage sourd et confus, plutôt qu'une bonne harmonie : mais c'est un système enfin; c'est le premier, et c'étoit le seul, jusqu'à celui de M. Tartini, où l'on ait lié par des principes ces multitudes de règles isolées qui sembloient toutes arbitraires, et qui faisoient de l'art harmonique une étude de mémoire plutôt que de raisonnement. Le système de M. Tartini, quoique meilleur à mon avis, n'étant pas encore aussi généralement connu, et n'ayant pas, du moins en France, la même autorité que celui de M. Rameau, n'a pas dû lui être substitué dans un livre destiné principalement pour la nation françoise. Je me suis donc contenté d'exposer de mon mieux les principes de ce système dans un article de mon Dictionnaire, et du reste j'ai cru devoir cette déférence à la nation pour laquelle j'écrivois, de préférer son sentiment au mien sur le fond de la doctrine harmonique. Je n'ai pas dû cependant m'abstenir, dans l'occasion, des objections nécessaires à l'intelligence des articles que j'avois à traiter : c'eût été sacrifier l'utilité du livre au préjugé des lecteurs ; c'eût été flatter sans instruire, et changer la déférence en lâcheté.

J'exhorte les artistes et les amateurs de lire ce livre sans défiance, et de le juger avec autant d'impartialité que j'en ai mis à l'écrire. Je les prie de considérer que, ne professant pas, je n'ai d'autre intérêt ici que celui de l'art ; et quand j'en aurois, je devrois naturellement appuyer en faveur de la musique françoise, où je puis tenir une place, contre l'italienne, où je ne puis être rien. Mais cherchant sincèrement le progrès d'un art que j'aimois passionnément, mon plaisir a fait taire ma vanité. Les premières habitudes m'ont long-temps attaché à la musique françoise, et j'en étois enthousiaste ouvertement. Des comparaisons attentives et impartiales m'ont entraîné vers la musique italienne, et je m'y suis livré avec la même bonne foi. Si quelquefois j'ai plaisanté, c'est pour répondre aux autres sur leur propre ton ; mais je n'ai pas comme eux donné des bons mots pour toute preuve, et je n'ai plaisanté qu'après avoir raisonné. Maintenant que les malheurs et les maux m'ont enfin détaché d'un goût qui n'avoit pris sur moi que trop d'empire, je persiste, par le seul amour de la vérité, dans les jugements que le seul amour de l'art m'avoit fait porter. Mais, dans un ouvrage comme celui-ci, consacré à la musique en général, je n'en connois qu'une, qui n'étant d'aucun pays, est celle de tous; et je n'y suis jamais entré dans la querelle des deux musiques que quand il s'est agi d'éclaircir quelque point important au progrès commun. J'ai fait bien des fautes, sans doute, mais je suis assuré que la partialité ne m'en a pas fait commettre une seule. Si elle m'en fait imputer à tort par les lecteurs, qu'y puis-je faire? ce sont eux alors qui ne veulent pas que mon livre leur soit bon.

Si l'on a vu, dans d'autres ouvrages, quelques articles peu importants qui sont aussi dans celui-ci, ceux qui pourront faire cette remarque voudront bien se rappeler que, dès l'année 1750, le manuscrit est sorti de mes mains sans que je sache ce qu'il est devenu depuis ce temps-là. Je n'accuse personne d'avoir pris mes articles; mais il n'est pas juste que d'autres m'accusent d'avoir pris les leurs.

Motiers-Travers, le 20 décembre 1764.

AVERTISSEMENT.

Quand l'espèce grammaticale des mots pouvoit embarrasser quelque lecteur, on l'a désignée par les abréviations usitées : *v. n.*, VERBE NEUTRE; *s. m.*, SUBSTANTIF MASCULIN, etc. On ne s'est pas asservi à cette spécification pour chaque article, parce que ce n'est pas ici un dictionnaire de langue. On a pris un soin plus nécessaire pour des mots qui ont plusieurs sens, en les distinguant par une lettre majuscule quand on les prend dans le sens technique, et par une petite lettre quand on les prend dans le sens du discours. Ainsi, ces mots, *air* et *Air*, *mesure* et *Mesure*, *note* et *Note*, *temps* et *Temps*, *portée* et *Portée*, ne sont jamais équivoques, et le sens en est toujours déterminé par la manière de les écrire. Quelques autres sont plus embarrassants, comme *Ton*, qui a dans l'art deux acceptions toutes différentes. On a pris le parti de l'écrire en italique pour distinguer un intervalle, et en romain pour désigner une modulation. Au moyen de cette précaution, la phrase suivante, par exemple, n'a plus rien d'équivoque :

« Dans les tons majeurs, l'intervalle de la Tonique
« à la Médiante est composé d'un *Ton* majeur et d'un
« *Ton* mineur [1]. »

---

[1] * Tel est l'*Avertissement* mis en tête des deux éditions premières (in-4° et in-8°, 1767) de ce Dictionnaire, dans l'impression desquelles la règle qu'on annonce s'y être prescrite a été en effet rigoureusement suivie. Mais nous nous sommes bien convaincus qu'il ne résultoit autre chose de cette multiplication de majuscules qu'une bigarrure peu

agréable à l'œil, et sans utilité réelle pour le lecteur, dont l'intelligence n'a jamais nul effort à faire pour distinguer le cas où les mots *note*, *temps*, *mesure*, etc., sont employés dans le sens technique, de celui où ils sont à prendre dans le sens communément adopté. Nous n'avons donc pas hésité à suivre, dans cette édition, et pour ce Dictionnaire comme pour tous les autres ouvrages dont elle se compose, l'usage généralement reçu relativement à l'emploi des majuscules. — Quant à la manière différente d'imprimer le mot *ton* suivant les deux acceptions qui lui sont propres dans l'art musical, on s'est conformé avec soin aux intentions de l'auteur, à la majuscule près, qui n'a pas paru plus nécessaire pour ce mot-là que pour tous les autres. (*Note de M. Petitain.*)

DICTIONNAIRE
DE MUSIQUE.

A.

A *mi la*, A *la mi re*, ou simplement A, sixième son de la gamme diatonique et naturelle, lequel s'appelle autrement *la*. (Voyez GAMME.)

A battuta. (Voyez MESURÉ.)

A livre ouvert, ou à l'ouverture du livre. (Voyez LIVRE.)

A tempo. (Voyez MESURÉ.)

ACADÉMIE DE MUSIQUE. C'est ainsi qu'on appeloit autrefois en France, et qu'on appelle encore en Italie une assemblée de musiciens ou d'amateurs, à laquelle les François ont depuis donné le nom de *concert*. (Voyez CONCERT.)

ACADÉMIE ROYALE DE MUSIQUE. C'est le titre que porte encore aujourd'hui l'Opéra de Paris. Je ne dirai rien ici de cet établissement célèbre, sinon que, de toutes les académies du royaume et du monde, c'est assurément celle qui fait le plus de bruit. (Voyez OPÉRA.)

ACCENT. On appelle ainsi, selon l'acception la plus générale, toute modification de la voix parlante dans la durée ou dans le ton des syllabes et des mots dont le discours est composé ; ce qui montre un rapport très-exact entre les deux usages des *accents* et les deux parties de la mélodie, savoir le rhythme et l'intonation. *Accentus*, dit le grammairien Sergius dans Donat, *quasi ad cantus*. Il y a autant d'*accents* différents qu'il y a de manières de modifier ainsi la voix; et il y a autant de genres d'*accents* qu'il y a de causes générales de ces modifications.

On distingue trois de ces genres dans le simple discours : savoir, l'*accent* grammatical, qui renferme la règle des *accents* proprement dits, par lesquels le son des syllabes est grave ou aigu, et celle de la quantité, par laquelle chaque syllabe est brève ou longue : l'*accent* logique ou rationnel, que plusieurs confondent mal à propos avec le précédent; cette seconde sorte d'*accent*, indiquant le rapport, la connexion plus ou moins grande que les propositions et les idées ont entre elles, se marque en partie par la ponctuation : enfin l'*accent* pathétique ou oratoire, qui, par diverses inflexions de voix, par un ton plus ou moins élevé, par un parler plus vif ou plus lent, exprime les sentiments dont celui qui parle est agité, et les communique à ceux qui l'écoutent. L'étude de ces divers *accents* et de leurs effets dans la langue doit être la grande affaire du musicien ; et Denys d'Halicarnasse regarde avec raison l'*accent* en général comme la semence de toute musique.

Aussi devons-nous admettre pour une maxime incontestable que le plus ou moins d'*accent* est la vraie cause qui rend les langues plus ou moins musicales : car quel seroit le rapport de la musique au discours si les tons de la voix chantante n'imitoient les *accents* de la parole? D'où il suit que moins une langue a de pareils *accents*, plus la mélodie y doit être monotone, languissante et fade, à moins qu'elle ne cherche dans le bruit et la force des sons le charme qu'elle ne peut trouver dans la vérité.

Quant à l'*accent* pathétique et oratoire, qui est l'objet le plus immédiat de la musique imitative du théâtre, on ne doit pas opposer à la maxime que je viens d'établir que tous les hommes, étant sujets aux mêmes passions, doivent en avoir également le langage : car autre chose est l'*accent* universel de la nature, qui arrache à tout homme des cris inarticulés ; et autre chose l'*accent* de la langue, qui engendre la mélodie particulière à une nation. La seule différence du plus ou moins d'imagination et de sensibilité qu'on remarque d'un peuple à l'autre en doit introduire une infinie dans l'idiome accentué, si j'ose parler ainsi. L'Allemand, par exemple, hausse également et fortement la voix dans la colère ; il crie toujours sur le même ton. L'Italien, que mille mouvements divers agitent rapidement et successivement dans le même cas, modifie sa voix de mille manières : le même fonds de passion règne dans ses *accents* et dans son langage! Or, c'est à cette seule variété, quand le musicien sait l'imiter, qu'il doit l'énergie et la grâce de son chant.

Malheureusement tous ces *accents* divers, qui s'accordent parfaitement dans la bouche de l'orateur, ne sont pas si faciles à concilier sous la plume du musicien, déjà si gêné par les règles particulières de son art. On ne peut douter que la musique la plus parfaite ou du moins la plus expressive ne soit celle où tous les accents sont le plus exactement observés; mais ce qui rend ce concours si difficile est que trop de règles dans cet art sont sujettes à se contrarier mutuellement, et se contrarient d'autant plus que la langue est moins musicale; car nulle ne l'est parfaitement : autrement, ceux qui s'en servent chanteroient au lieu de parler.

Cette extrême difficulté de suivre à la fois les règles de tous les *accents* oblige donc souvent le compositeur à donner la préférence à l'une ou à l'autre, selon les divers genres de musique qu'il traite. Ainsi les airs de danse exigent surtout un accent rhythmique et cadencé dont en chaque nation le caractère est déterminé par la langue. L'*accent* grammatical doit être le premier consulté dans le récitatif, pour rendre plus sensible l'articulation des mots, sujette à se perdre par la rapidité du débit dans la résonnance harmonique :

mais l'*accent* passionné l'emporte à son tour dans les airs dramatiques ; et tous deux y sont subordonnés, surtout dans la symphonie, à une troisième sorte d'*accent*, qu'on pourroit appeler musical, et qui est en quelque sorte déterminé par l'espèce de mélodie que le musicien veut approprier aux paroles.

En effet, le premier et principal objet de toute musique est de plaire à l'oreille ; ainsi tout air doit avoir un chant agréable : voilà la première loi qu'il n'est jamais permis d'enfreindre. L'on doit donc premièrement consulter la mélodie et l'*accent* musical dans le dessein d'un air quelconque : ensuite, s'il est question d'un chant dramatique et imitatif, il faut chercher l'*accent* pathétique qui donne au sentiment son expression, et l'*accent* rationnel par lequel le musicien rend avec justesse les idées du poète ; car pour inspirer aux autres la chaleur dont nous sommes animés en leur parlant, il faut leur faire entendre ce que nous disons. L'*accent* grammatical est nécessaire par la même raison ; et cette règle, pour être ici la dernière en ordre, n'est pas moins indispensable que les deux précédentes, puisque le sens des propositions et des phrases dépend absolument de celui des mots ; mais le musicien qui sait sa langue a rarement besoin de songer à cet *accent*; il ne sauroit chanter son air sans s'apercevoir s'il parle bien ou mal, et il lui suffit de savoir qu'il doit toujours bien parler. Heureux toutefois quand une mélodie flexible et coulante ne cesse jamais de se prêter à ce qu'exige la langue! Les musiciens françois ont en particulier des secours qui rendent sur ce point leurs erreurs impardonnables, et surtout le *Traité de la Prosodie françoise* de M. l'abbé d'Olivet, qu'ils devroient tous consulter. Ceux qui seront en état de s'élever plus haut pourront étudier la *Grammaire de Port-Royal* et les savantes notes du philosophe qui l'a commentée; alors en appuyant l'usage sur les règles, et les règles sur les principes, ils seront toujours sûrs de ce qu'ils doivent faire dans l'emploi de l'*accent* grammatical de toute espèce.

Quant aux deux autres sortes d'*accents*, on peut moins les réduire en règles, et la pratique en demande moins d'étude et plus de talent. On ne trouve point de sang froid le langage des passions, et c'est une vérité rebattue qu'il faut être ému soi-même pour émouvoir les autres. Rien ne peut donc suppléer, dans la recherche de l'*accent* pathétique, à ce génie qui réveille à volonté tous les sentiments; et il n'y a d'autre art en cette partie que d'allumer en son propre cœur le feu qu'on veut porter dans celui des autres. (Voyez GÉNIE.) Est-il question de l'*accent* rationnel, l'art a tout aussi peu de prise pour le saisir, par la raison qu'on n'apprend point à entendre à des sourds. Il faut avouer aussi que cet *accent* est moins que les autres du ressort de la musique, parce qu'elle est bien plus le langage des sens que celui de l'esprit. Donnez donc au musicien beaucoup d'images ou de sentiments et peu de simples idées à rendre ; car il n'y a que les passions qui chantent, l'entendement ne fait que parler.

ACCENT. Sorte d'agrément du chant françois, qui se notoit autrefois sur la musique; mais que les maîtres de goût du chant marquent aujourd'hui seulement avec du crayon jusqu'à ce que les écoliers sachent le placer d'eux-mêmes. L'*accent* ne se pratique que sur une syllabe longue, et sert de passage d'une note appuyée à une autre note non appuyée, placée sur le même degré ; il consiste en un coup de gosier qui élève le son d'un degré, pour reprendre à l'instant sur la note suivante le même son d'où l'on est parti. Plusieurs donnoient le nom de *plainte* à l'*accent*. (Voyez le signe et l'effet de l'*accent*, *planche* 5, *figure* 5.)

ACCENTS. Les poètes emploient souvent ce mot au pluriel pour signifier le chant même, et l'accompagnent ordinairement d'une épithète, comme *doux, tendres, tristes accents* : alors ce mot reprend exactement le sens de sa racine ; car il vient de *canere, cantus*, d'où l'on a fait *accentus*, comme *concentus*.

ACCIDENT, ACCIDENTEL. On appelle *accidents* ou *signes accidentels* les bémols, dièses ou bécarres qui se trouvent par accident dans le courant d'un air, et qui par conséquent n'étant pas à la clef ne se rapportent pas au mode ou ton principal. (Voyez Dièse, Bémol, Ton, Mode, Clef transposée.)

On appelle aussi *lignes accidentelles* celles qu'on ajoute au-dessus ou au-dessous de la portée pour placer les notes qui passent son étendue. (Voyez Ligne, Portée.)

Accolade. Trait perpendiculaire aux lignes, tiré à la marge d'une partition, et par lequel on joint ensemble les portées de toutes les parties. Comme toutes ces parties doivent s'exécuter en même temps, on compte les lignes d'une partition non par les portées, mais par les *accolades*, et tout ce qui est compris sous une *accolade* ne forme qu'une seule ligne. (Voyez Partition.)

Accompagnateur. Celui qui dans un concert accompagne de l'orgue, du clavecin, ou de tout autre instrument d'accompagnement. (Voyez Accompagnement.)

Il faut qu'un bon *accompagnateur* soit grand musicien, qu'il sache à fond l'harmonie, qu'il connoisse bien son clavier, qu'il ait l'oreille sensible, les doigts souples et le goût sûr.

C'est à l'*accompagnateur* de donner le ton aux voix et le mouvement à l'orchestre. La première de ces fonctions exige qu'il ait toujours sous un doigt la note du chant pour la refrapper au besoin, et soutenir ou remettre la voix quand elle foiblit ou s'égare. La seconde exige qu'il marque la basse et son accompagnement par des coups fermes, égaux, détachés, et bien réglés à tous égards, afin de bien faire sentir la mesure aux concertants, surtout au commencement des airs.

On trouvera dans les trois articles suivants les détails qui peuvent manquer à celui-ci.

ACCOMPAGNEMENT. C'est l'exécution d'une harmonie complète et régulière sur un instrument propre à la rendre, tels que l'orgue, le clavecin, le téorbe, la guitare, etc. Nous prendrons ici le clavecin pour exemple, d'autant plus qu'il est presque le seul instrument qui soit demeuré en usage pour l'*accompagnement*.

On y a pour guide une des parties de la musique, qui est ordinairement la basse. On touche cette basse de la main gauche, et de la droite l'harmonie indiquée par la marche de la basse, par le chant des autres parties qui marchent en même temps, par la partition qu'on a devant les yeux, ou par les chiffres qu'on trouve ajoutés à la basse. Les Italiens méprisent les chiffres; la partition même leur est peu nécessaire; la promptitude et la finesse de leur oreille y supplée, et ils accompagnent fort bien sans tout cet appareil. Mais ce n'est qu'à leur disposition naturelle qu'ils sont redevables de cette facilité, et les autres peuples, qui ne sont pas nés comme eux pour la musique, trouvent à la pratique de l'*accompagnement* des obstacles presque insurmontables : il faut des huit et dix années pour y réussir passablement. Quelles sont donc les causes qui retardent ainsi l'avancement des élèves et embarrassent si long-temps les maîtres, si la seule difficulté de l'art ne fait point cela ?

Il y en a deux principales : l'une dans la manière de chiffrer les basses, l'autre dans la méthode de l'*accompagnement*. Parlons d'abord de la première.

Les signes dont on se sert pour chiffrer les basses sont en trop grand nombre : il y a si peu d'accords fondamentaux ! pourquoi faut-il tant de chiffres pour les exprimer ? Ces mêmes signes sont équivoques, obscurs, insuffisants : par exemple, ils ne déterminent presque jamais l'espèce des intervalles qu'ils expriment, ou, qui pis est, ils en indiquent d'une autre espèce. On barre les uns pour marquer des dièses ; on en barre d'autres pour marquer des bémols : les intervalles majeurs et les superflus, même les diminués, s'expriment souvent de la même manière : quand les chiffres sont doubles, ils sont trop confus ; quand ils sont simples, ils n'offrent presque jamais que l'idée d'un seul intervalle, de sorte qu'on en a toujours plusieurs à sous-entendre et à déterminer.

Comment remédier à ces inconvénients ? Faudra-t-il multiplier les signes pour tout exprimer ? mais on se plaint qu'il y en a déja trop. Faudra-t-il les réduire ? on laissera plus de choses à deviner à l'accompagnateur, qui n'est déjà que trop occupé; et dès qu'on fait tant que d'employer des chiffres, il faut qu'ils puissent tout dire. Que faire donc? Inventer de nouveaux signes, perfectionner le doigter, et faire des signes et du doigter deux moyens combinés qui concourent à soulager l'accompagnateur. C'est ce que M. Rameau a tenté avec beaucoup de sagacité dans sa Dissertation sur les différentes méthodes d'accompagnement. Nous exposerons aux mots *Chiffres* et *Doigter* les moyens qu'il propose. Passons aux méthodes.

Comme l'ancienne musique n'étoit pas si composée que la nôtre, ni pour le chant ni pour l'harmonie, et qu'il n'y avoit guère d'autres basses que la fondamentale, tout l'*accompagnement* ne consistoit qu'en une suite d'accords parfaits, dans lesquels l'accompagnateur substituoit de temps en temps quelque sixte à la quinte, selon que l'oreille le conduisoit : ils n'en savoient pas davantage. Aujourd'hui qu'on a varié les modulations, renversé les parties, surchargé, peut-être gâté l'harmonie par des foules de dissonances, on est contraint de suivre d'autres règles. Campion imagina, dit-on, celle qu'on appelle règle de l'octave (*Voyez* RÈGLE DE L'OCTAVE); et c'est par cette méthode que la plupart des maîtres enseignent encore aujourd'hui l'*accompagnement*.

Les accords sont déterminés par la règle de l'octave relativement au rang qu'occupent les notes de la basse et à la marche qu'elles suivent dans un ton donné. Ainsi le temps étant connu, la note de la basse-continue aussi connue, le rang de cette note dans le ton, le rang de la note qui la précède immédiatement, et le rang de la note qui la suit, on ne se trompera pas beaucoup en accompagnant par la règle de l'octave, si le compositeur a suivi l'harmonie la plus simple et la plus naturelle : mais c'est ce qu'on ne doit guère attendre de la musique d'aujourd'hui, si ce n'est peut-être en Italie, où l'harmonie paroît se simplifier à mesure qu'elle s'altère ailleurs. De plus, le moyen d'avoir toutes ces choses incessamment présentes ? et, tandis que l'accompagnateur s'en instruit, que deviennent les doigts ? A peine atteint-on un accord qu'il s'en offre un autre, et le moment de la réflexion est précisément celui de l'exécution. Il n'y a qu'une habitude consommée de musique, une expérience réfléchie, la facilité de lire une ligne de musique d'un coup d'œil, qui puissent aider en ce moment : encore les plus habiles se trompent-ils avec ce secours. Que de fautes échappent, durant l'exécution, à l'accompagnateur le mieux exercé !

Attendra-t-on, même pour accompagner, que l'oreille soit formée, qu'on sache lire aisément et rapidement toute musique, qu'on puisse débrouiller à livre ouvert une partition ? Mais en fût-on là, on auroit encore besoin d'une habitude du doigter fondée sur d'autres principes d'*accompagnement* que ceux qu'on a donnés jusqu'à M. Rameau.

Les maîtres zélés ont bien senti l'insuffisance de leurs règles : pour y suppléer ils ont eu recours à l'énumération et à la description des consonnances dont chaque dissonance se prépare, s'accompagne, et se sauve dans tous les différents cas : détail prodigieux que la multitude des dissonances et de leurs combinaisons fait assez sentir, et dont la mémoire demeure accablée.

Plusieurs conseillent d'apprendre la composition avant de passer à l'*accompagnement:* comme si l'*accompagnement* n'étoit pas la composition même, à l'invention près, qu'il faut de plus au compositeur ! c'est comme si l'on proposoit de commencer par se faire orateur pour apprendre à lire. Combien de gens, au contraire, veulent que l'on commence par l'*accompagnement* à apprendre la composition! et cet ordre est assurément plus raisonnable et plus naturel.

La marche de la basse, la règle de l'octave, la manière de préparer et de sauver les dissonances, la composition en général, tout cela ne concourt guère qu'à montrer la succession d'un accord à un autre; de sorte qu'à chaque accord, nouvel objet, nouveau sujet de réflexion. Quel travail continuel! quand l'esprit sera-t-il assez instruit, quand l'oreille sera-t-elle assez exercée pour que les doigts ne soient plus arrêtés?

Telles sont les difficultés que M. Rameau s'est

proposé d'aplanir par ses nouveaux chiffres et par ses nouvelles règles d'*accompagnement*.

Je tâcherai d'exposer en peu de mots les principes sur lesquels sa méthode est fondée.

Il n'y a dans l'harmonie que des consonnances et des dissonances; il n'y a donc que des accords consonnants et des accords dissonants.

Chacun de ces accords est fondamentalement divisé par tierces. (C'est le système de M. Rameau.) L'accord consonnant est composé de trois notes, comme *ut mi sol*; et le dissonant de quatre, comme *sol si re fa*; laissant à part la supposition et la suspension, qui, à la place des notes dont elles exigent le retranchement, en introduisent d'autres comme par licence; mais l'*accompagnement* n'en porte toujours que quatre. (Voyez Supposition et Suspension.)

Ou des accords consonnants se succèdent, ou des accords dissonants sont suivis d'autres accords dissonants, ou les consonnants et les dissonants sont entrelacés.

L'accord consonnant parfait ne convenant qu'à la tonique, la succession des accords consonnants fournit autant de toniques, et par conséquent autant de changements de ton.

Les accords dissonants se succèdent ordinairement dans un même ton, si les sons n'y sont point altérés. La dissonance lie le sens harmonique : un accord y fait désirer l'autre, et sentir que la phrase n'est pas finie. Si le ton change dans cette succession, ce changement est toujours annoncé par un dièse ou par un bémol. Quant à la troisième succession, savoir, l'entrelacement des accords consonnants et dissonants, M. Rameau la réduit à deux cas seulement; et il prononce en général qu'un accord consonnant ne peut être immédiatement précédé d'aucun autre accord dissonant que celui de septième de la dominante-tonique, ou de celui de sixte-quinte de la sous-dominante, excepté dans la cadence rompue et dans les suspensions ; encore prétend-il qu'il n'y a pas d'exception quant au fond. Il me semble que l'accord parfait peut encore être précédé de l'accord de septième diminuée, et même de celui de sixte-superflue; deux accords originaux, dont le dernier ne se renverse point.

Voilà donc trois textures différentes des phrases harmoniques : 1° des toniques qui se succèdent et forment autant de nouvelles modulations ; 2° des dissonances qui se succèdent ordinairement dans le même ton ; 3° enfin des consonnances et des dissonances qui s'entrelacent, et où la consonnance est, selon M. Rameau, nécessairement précédée de la septième de la dominante, ou de la sixte-quinte de la sous-dominante. Que reste-t-il donc à faire pour la facilité de l'*accompagnement*, sinon d'indiquer à l'accompagnateur quelle est celle de ces textures qui règne dans ce qu'il accompagne? Or, c'est ce que M. Rameau veut qu'on exécute avec des caractères de son invention.

Un seul signe peut aisément indiquer le ton, la tonique, et son accord.

De là se tire la connoissance des dièses et des bémols qui doivent entrer dans la composition des accords d'une tonique à une autre.

La succession fondamentale par tierces ou par quintes, tant en montant qu'en descendant, donne la première texture des phrases harmoniques, toute composée d'accords consonnants.

La succession fondamentale par quintes ou par tierces, en descendant, donne la seconde texture, composée d'accords dissonants, savoir des accords de septième; et cette succession donne une harmonie descendante.

L'harmonie ascendante est fournie par une succession de quintes en montant ou de quartes en descendant, accompagnées de la dissonance propre à cette succession, qui est la sixte-ajoutée; et c'est la troisième texture des phrases harmoniques. Cette dernière n'avoit jusqu'ici été observée par personne, pas même par M. Rameau, quoiqu'il en ait découvert le principe dans la cadence qu'il appelle *irrégulière*. Ainsi, par les règles ordinaires, l'harmonie qui naît d'une succession de dissonances descend toujours, quoique, selon les vrais principes et selon la raison, elle doive avoir en montant une progression tout aussi régulière qu'en descendant.

Les cadences fondamentales donnent la quatrième texture de phrases harmoniques, où les consonnances et les dissonances s'entrelacent.

Toutes les textures peuvent être indiquées par des caractères simples, clairs, peu nombreux, qui puissent en même temps indiquer quand il le faut la dissonance en général ; car l'espèce en est toujours déterminée par la texture même. On commence par s'exercer sur ces textures prises séparément ; puis on les fait succéder les unes aux autres sur chaque ton et sur chaque mode successivement.

Avec ces précautions, M. Rameau prétend qu'on apprend plus d'accompagnement en six mois qu'on n'en apprenoit auparavant en six ans, et il a l'expérience pour lui. (Voyez CHIFFRES et DOIGTER.)

A l'égard de la manière d'accompagner avec intelligence, comme elle dépend plus de l'usage et du goût que des règles qu'on en peut donner, je me contenterai de faire ici quelques observations générales que ne doit ignorer aucun accompagnateur.

I. Quoique dans les principes de M. Rameau l'on doive toucher tous les sons de chaque accord, il faut bien se garder de prendre toujours cette règle à la lettre. Il y a des accords qui seroient insupportables avec tout ce remplissage. Dans la plupart des accords dissonants, surtout dans les accords par supposition, il y a quelque son à retrancher pour en diminuer la dureté : ce son est quelquefois la septième, quelquefois la quinte; quelquefois l'une et l'autre se retranchent. On retranche encore assez souvent la quinte ou l'octave de la basse dans les accords dissonants, pour éviter des octaves ou des quintes de suite qui peuvent faire un mauvais effet, surtout aux extrémités. Par la même raison, quand la note sensible est dans la basse, on ne la met pas dans l'*accompagnement;* et l'on double au lieu de cela la tierce ou la sixte de la main droite. On doit éviter aussi les intervalles de seconde, et d'avoir deux doigts joints, car cela fait une dissonance fort dure, qu'il faut garder pour quelques occasions où l'expression la demande. En général on doit penser en accompagnant que, quand M. Rameau veut qu'on remplisse tous les accords, il a bien plus d'égard à la mécanique des doigts et à son système particulier d'*accompagnement* qu'à la pureté de l'harmonie. Au lieu du bruit confus que fait un pareil *accompagnement*, il faut chercher à le rendre agréable et sonore, et faire qu'il nourrisse et renforce la basse; au lieu de la couvrir et de l'étouffer.

Que si l'on demande comment ce retranchement de sons s'accorde avec la définition de l'*accompagnement* par une harmonie complète, je réponds que ces retranchements ne sont, dans le vrai, qu'hypothétiques, et seulement dans le système de M. Rameau; que, suivant la nature, ces accords, en apparence ainsi mutilés, ne sont pas moins complets que les autres, puisque les sons qu'on y suppose ici retranchés les rendroient choquants et souvent insupportables; qu'en effet les accords dissonants ne sont point remplis dans le système de M. Tartini comme dans celui de M. Rameau; que par conséquent des accords défectueux dans celui-ci sont complets dans l'autre; qu'enfin le bon goût dans l'exécution demandant qu'on s'écarte souvent de la règle générale, et l'*accompagnement* le plus régulier n'étant pas toujours le plus agréable, la définition doit dire la règle, et l'usage apprendre quand on s'en doit écarter.

II. On doit toujours proportionner le bruit de l'*accompagnement* au caractère de la musique et à celui des instruments ou des voix que l'on doit accompagner. Ainsi dans un chœur on frappe de la main droite les accords pleins; de la gauche on redouble l'octave ou la quinte, quelquefois tout l'accord. On en doit faire autant dans le récitatif italien; car les sons de la basse n'y étant pas soutenus, ne doivent se faire entendre qu'avec toute leur harmonie, et de manière à rappeler fortement et pour long-temps l'idée de la modulation. Au contraire, dans un air lent et doux, quand on n'a qu'une voix foible ou un seul instrument à accompagner, on retranche des sons, on arpège doucement, on prend le petit clavier. En un mot on a toujours attention que l'*accompagnement*, qui n'est fait que pour soutenir et embellir le chant, ne le gâte et ne le couvre pas.

III. Quand on frappe les mêmes touches pour prolonger le son dans une note longue ou une tenue, que ce soit plutôt au commencement de la mesure ou du temps fort, que dans un autre moment : on ne doit rebattre qu'en marquant bien la mesure. Dans le récitatif italien, quelque durée que puisse avoir une note de basse, il ne faut jamais la frapper qu'une fois et fortement avec tout son accord ; on refrappe seulement l'accord quand il change sur la même note : mais quand un accompagnement de violons règne sur le récitatif, alors il faut soutenir la basse et en arpéger l'accord.

IV. Quand on accompagne de la musique vocale, on doit par l'*accompagnement* soutenir la voix, la guider, lui donner le ton à toutes les rentrées, et l'y remettre quand elle détonne : l'accompagnateur, ayant toujours le chant sous les yeux et l'harmonie présente à l'esprit, est chargé spécialement d'empêcher que la voix ne s'égare. (Voyez Accompagnateur.)

V. On ne doit pas accompagner de la même manière la musique italienne et la françoise. Dans celle-ci, il faut soutenir les sons, les arpéger gracieusement et continuellement de bas en haut, remplir toujours l'harmonie autant qu'il se peut, jouer proprement la basse, en un mot se prêter à tout ce qu'exige le genre. Au contraire, en accompagnant de l'italien, il faut frapper simplement et détacher les notes de la basse, n'y faire ni trilles ni agréments, lui conserver la marche égale et simple qui lui convient : l'*accompagnement* doit être plein, sec et sans arpéger, excepté le cas dont j'ai parlé numéro III, et quelques tenues ou points-d'orgue. On y peut sans scrupule retrancher des sons; mais alors il faut bien choisir ceux qu'on fait entendre : en sorte qu'ils se fondent dans l'harmonie et se marient bien avec la voix. Les Italiens ne veulent pas qu'on n'entende rien dans l'*accompagnement* ni dans la basse qui puisse distraire un moment l'oreille du chant ; et leurs *accompagnements* sont toujours dirigés sur ce principe que le plaisir et l'attention s'évaporent en se partageant.

VI. Quoique l'*accompagnement* de l'orgue soit le même que celui du clavecin, le goût en est très-différent. Comme les sons de l'orgue sont soutenus, la marche en doit être plus liée et moins sautillante : il faut lever la main entière le moins qu'il se peut, glisser les doigts d'une touche à l'autre, sans ôter ceux qui, dans la place où ils sont, peuvent servir à l'accord où l'on passe. Rien n'est si désagréable que d'entendre hacher sur l'orgue cette espèce d'*accompagnement* sec, arpégé, qu'on est forcé de pratiquer sur le clavecin. (Voyez le mot Doigter.) En général l'orgue, cet instrument si sonore et si majestueux, ne s'associe avec aucun autre, et ne fait qu'un mauvais effet dans l'*accompagnement*, si ce n'est tout au plus pour fortifier les rippiènes et les chœurs.

M. Rameau, dans ses *Erreurs sur la musique*, vient d'établir ou du moins d'avancer un nouveau principe dont il me censure fort de n'avoir pas parlé dans l'Encyclopédie; savoir que l'*accompagnement représente le corps sonore*. Comme j'examine ce principe dans un autre écrit, je me dispenserai d'en parler dans cet article, qui n'est déjà que trop long. Mes disputes avec M. Rameau sont les choses du monde les plus inutiles au progrès de l'art, et par conséquent au but de ce Dictionnaire.

Accompagnement est encore toute partie de basse ou d'autre instrument, qui est composée sous un chant pour y faire harmonie. Ainsi un *solo* de violon s'accompagne du violoncelle ou du clavecin, et un *accompagnement* de flûte se marie fort bien avec la voix. L'harmonie de l'*accompagnement* ajoute à l'agrément du chant, en rendant les sons plus sûrs, leur effet plus doux, la modulation plus sensible, et portant à l'oreille un témoignage de justesse qui la flatte. Il y a même, par rapport aux voix, une forte raison de les faire toujours accompagner de quelque instrument, soit en partie, soit à l'unisson; car quoique plusieurs prétendent qu'en chantant la voix se modifie naturellement selon les lois du tempérament (voy. TEMPÉRAMENT), cependant l'expérience nous dit que les voix les plus justes et les mieux exercées ont bien de la peine à se maintenir long-temps dans la justesse du ton, quand rien ne les y soutient. A force de chanter on monte ou l'on descend insensiblement, et il est très-rare qu'on se trouve exactement en finissant dans le ton d'où l'on étoit parti. C'est pour empêcher ces variations que l'harmonie d'un instrument est employée; elle maintient la voix dans le même diapason, ou l'y rappelle aussitôt quand elle s'égare. La basse est de toutes les parties la plus propre à l'*accompagnement*, celle qui soutient le mieux la voix et satisfait le plus l'oreille, parce qu'il n'y en a point dont les vibrations soient si fortes, si déterminantes, ni qui laisse moins d'équivoque dans le jugement de l'harmonie fondamentale.

ACCOMPAGNER, *v. a.* et *n.* C'est en général jouer les parties d'accompagnement dans l'exécution d'un morceau de musique; c'est plus particulièrement, sur un instrument convenable, frapper avec chaque note de la basse les accords qu'elle doit porter; et qui s'appellent l'accompagnement. J'ai suffisamment expliqué dans les précédents articles en quoi consiste cet accompagnement.

J'ajouterai seulement que ce mot même avertit celui qui *accompagne* dans un concert qu'il n'est chargé que d'une partie accessoire, qu'il ne doit s'attacher qu'à en faire valoir d'autres, que sitôt qu'il a la moindre prétention pour lui-même, il gâte l'exécution, et impatiente à la fois les concertants et les auditeurs; plus il croit se faire admirer, plus il se rend ridicule; et sitôt qu'à force de bruit ou d'ornements déplacés il détourne à soi l'attention due à la partie principale, tout ce qu'il montre de talent et d'exécution montre à la fois sa vanité et son mauvais goût. Pour *accompagner* avec intelligence et avec applaudissement, il ne faut songer qu'à soutenir et faire valoir les parties essentielles, et c'est exécuter fort habilement la sienne que d'en faire sentir l'effet sans la laisser remarquer.

Accord, *s. m.* Union de deux ou plusieurs sons rendus à la fois, et formant ensemble un tout harmonique.

L'harmonie naturelle produite par la résonnance d'un corps sonore est composée de trois sons différents, sans compter leurs octaves, lesquels forment entre eux l'*accord* le plus agréable et le plus parfait que l'on puisse entendre : d'où on l'appelle par excellence *accord parfait*. Ainsi pour rendre complète l'harmonie, il faut que chaque *accord* soit au moins composé de trois sons. Aussi les musiciens trouvent-ils dans le trio la perfection harmonique, soit parce qu'ils y emploient les *accords* en entier, soit parce que, dans les occasions où ils ne les emploient pas en entier, ils ont l'art de donner le change à l'oreille, et de lui persuader le contraire, en lui présentant les sons principaux des *accords* de manière à lui faire oublier les autres. (Voyez Trio.) Cependant l'octave du son produisant de nouveaux rapports et de nouvelles consonnances par les compléments des intervalles (voyez Complément), on ajoute ordinairement cette octave pour avoir l'ensemble de toutes les consonnances dans un même *accord*. (Voyez Consonnance.) De plus, l'addition de la dissonance (voyez Dissonance) produisant un quatrième son ajouté à l'*accord* parfait, c'est une nécessité, si l'on veut remplir l'*accord*, d'avoir une quatrième partie pour exprimer cette dissonance. Ainsi la suite des *accords* ne peut être complète et liée qu'au moyen de quatre parties.

On divise les *accords* en parfaits ou imparfaits. L'*accord* parfait est celui dont nous venons de parler, lequel est composé du son fondamental au grave, de sa tierce, de sa quinte, et de son octave; il se subdivise en majeur ou mineur, selon l'espèce de sa tierce. (Voyez Majeur, Mineur.) Quelques auteurs donnent aussi le nom de *parfaits* à tous les *accords*, même dissonants, dont le son fondamental est au grave. Les *accords* imparfaits sont ceux où règne la sixte au lieu de la quinte, et en général tous ceux dont le son grave n'est pas le fondamental. Ces dénominations, qui ont été données avant que l'on connût la basse fondamentale, sont fort mal appliquées : celles d'*accords* directs ou renversés sont beaucoup plus convenables dans le même sens. (Voyez Renversement.)

Les *accords* se divisent encore en consonnants et dissonants. Les *accords* consonnants sont l'*accord* parfait et ses dérivés : tout autre *accord* est dissonant. Je vais donner une table des uns et des autres selon le système de M. Rameau.

…ACC

TABLE
DE TOUS LES ACCORDS
REÇUS DANS L'HARMONIE.

ACCORDS FONDAMENTAUX.

ACCORD PARFAIT, ET SES DÉRIVÉS.

| Le son fondamental au grave. | Sa tierce au grave. | Sa quinte au grave. |

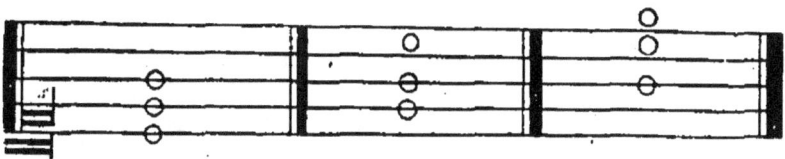

| Accord parfait. | Accord de sixte. | Accord de sixte-quarte. |

Cet *accord* constitue le ton, et ne se fait que sur la tonique : sa tierce peut être majeure ou mineure, et c'est elle qui constitue le mode.

ACCORD SENSIBLE OU DOMINANT, ET SES DÉRIVÉS.

| Le son fondamental au grave. | Sa tierce au grave. | Sa quinte au grave. | Sa septième au grave. |

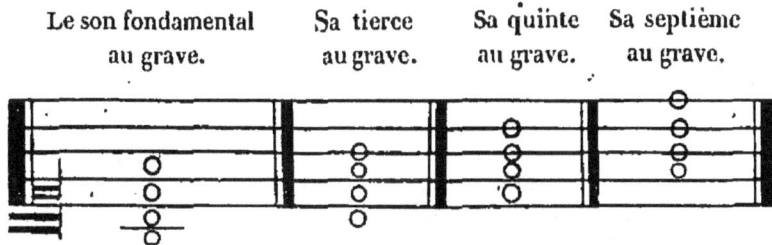

| Accord sensible. | De fausse-quinte. | De petite-sixte majeure. | De triton. |

Aucun des sons de cet *accord* ne peut s'altérer.

ACCORD DE SEPTIÈME, ET SES DÉRIVÉS.

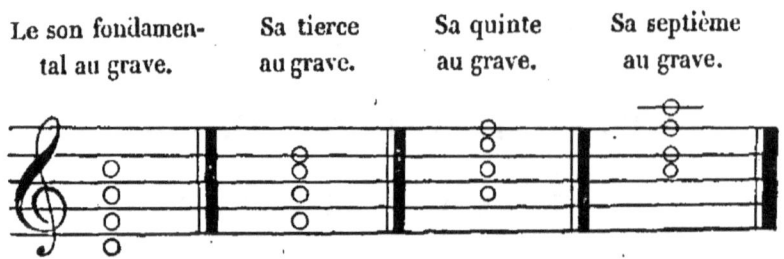

La tierce, la quinte, et la septième, peuvent s'altérer dans cet *accord*.

ACCORD DE SEPTIÈME DIMINUÉE, ET SES DÉRIVÉS.

Aucun des sons de cet *accord* ne peut s'altérer.

ACCORD DE SIXTE AJOUTÉE, ET SES DÉRIVÉS.

Je joins ici partout le mot *ajoutée* pour distinguer cet *accord* et ses renversés des productions semblables de l'*accord* de septième.

Ce dernier renversement de septième ajoutée n'est pas admis par M. Rameau, parce que ce renversement forme un *accord* de septième, et que l'*accord* de septième est fondamental. Cette raison paroît peu solide. Il ne faudroit donc pas non plus admettre la grande sixte comme un renversement, puisque, dans les propres principes de M. Rameau, ce même *accord* est souvent fondamental. Mais la pratique des plus grands musiciens, et la sienne même, dément l'exclusion qu'il voudroit établir.

ACCORD DE SIXTE SUPERFLUE.

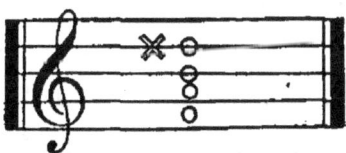

Cet *accord* ne se renverse point, et aucun de ses sons ne peut s'altérer. Ce n'est proprement qu'un *accord* de petite-sixte majeure, diésée par accident, et dans lequel on subtitue quelquefois la quinte à la quarte.

ACCORDS PAR SUPPOSITION.

(Voyez Supposition.)

ACCORD DE NEUVIÈME, ET SES DÉRIVÉS.

C'est un *accord* de septième auquel on ajoute un cinquième son à la tierce au-dessous du fondamental.

On retranche ordinairement la septième, c'est-à-dire la quinte du son fondamental, qui est ici la note marquée en noir ; dans cet état l'*accord* de neuvième peut se renverser en retranchant encore de l'accompagnement l'octave de la note qu'on porte à la basse.

ACCORD DE QUINTE SUPERFLUE.

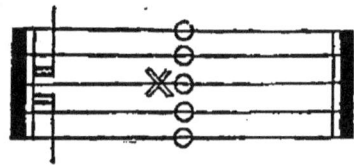

C'est l'*accord* sensible d'un ton mineur au-dessous duquel on fait entendre la médiante : ainsi c'est un véritable *accord* de neuvième; mais il ne se renverse point, à cause de la quarte diminuée que donneroit avec la note sensible le son supposé porté à l'aigu, laquelle quarte est un intervalle banni de l'harmonie.

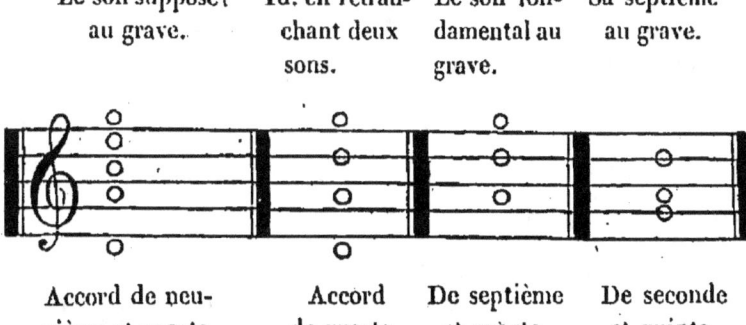

ACCORD D'ONZIÈME, OU QUARTE.

Le son supposé au grave.	Id. en retranchant deux sons.	Le son fondamental au grave.	Sa septième au grave.
Accord de neuvième et quarte.	Accord de quarte.	De septième et quarte.	De seconde et quinte.

C'est un *accord* de septième au-dessous duquel on ajoute un cinquième son à la quinte du fondamental. On ne frappe guère cet *accord* plein à cause de sa dureté; on en retranche ordinairement la neuvième et la septième, et, pour le renverser, ce retranchement est indispensable.

ACCORD DE SEPTIÈME SUPERFLUE.

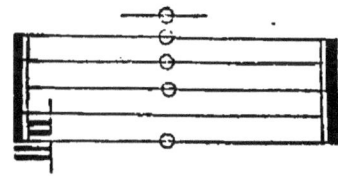

C'est l'*accord* dominant sous lequel la basse fait la tonique.

ACCORD DE SEPTIÈME DIMINUÉE, ET SIXTE MINEURE.

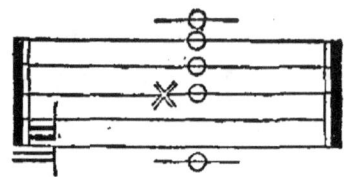

C'est l'*accord* de septième diminuée sur la note sensible, sous lequel la basse fait la tonique.

Ces deux derniers *accords* ne se renversent point, parce que la note sensible et la tonique s'entendroient ensemble dans les parties supérieures ; ce qui ne peut se tolérer.

Quoique tous les *accords* soient pleins et complets dans cette table, comme il le falloit pour montrer tous leurs éléments, ce n'est pas à dire qu'il faille les employer tels; on ne le peut pas toujours et on le doit très-rarement. Quant aux sons qui doivent être préférés selon la place et l'usage des *accords*, c'est dans ce choix exquis et nécessaire que consiste le plus grand art du compositeur. (Voyez COMPOSITION, MÉLODIE, EFFET, EXPRESSION, etc.)

FIN DE LA TABLE DES ACCORDS.

Nous parlerons, aux mots Harmonie, Basse-fondamentale, Composition, etc., de la manière d'employer tous ces *accords* pour en former une harmonie régulière. J'ajouterai seulement ici les observations suivantes.

I. C'est une grande erreur de penser que le choix des renversements d'un même *accord* soit indifférent pour l'harmonie ou pour l'expression. Il n'y a pas un de ces renversements qui n'ait son caractère propre. Tout le monde sent l'opposition qui se trouve entre la douceur de la fausse-quinte et l'aigreur du triton ; et cependant l'un de ces intervalles est renversé de l'autre. Il en est de même de la septième diminuée et de la seconde superflue, de la seconde ordinaire et de la septième. Qui ne sait combien la quinte est plus sonore que la quarte ? L'*accord* de grande-sixte et celui de petite-sixte mineure sont deux faces du même *accord* fondamental ; mais de combien l'une n'est-elle pas plus harmonieuse que l'autre ! L'*accord* de petite-sixte majeure, au contraire, n'est-il pas plus brillant que celui de fausse quinte ? Et, pour ne parler que du plus simple de tous les *accords*, considérez la majesté de l'*accord* parfait, la douceur de l'*accord* de sixte, et la fadeur de celui de sixte-quarte, tous cependant composés des mêmes sons. En général les intervalles superflus, les dièses dans le haut, sont propres par leur dureté à exprimer l'emportement, la colère, et les passions aiguës : au contraire les bémols à l'aigu et les intervalles diminués forment une harmonie plaintive qui attendrit le cœur. C'est une multitude d'observations semblables qui, lorsqu'un habile musicien sait s'en prévaloir, le rendent maître des affections de ceux qui l'écoutent.

II. Le choix des intervalles simples n'est guère moins important que celui des *accords* pour la place où l'on doit les employer. C'est, par exemple, dans le bas qu'il faut placer les quintes et les octaves par préférence, dans le haut les tierces et les sixtes. Tranposez cet ordre, vous gâterez l'harmonie en laissant les mêmes *accords*.

III. Enfin, l'on rend les *accords* plus harmonieux encore en les rapprochant par de petits intervalles plus convenables que les grands à la capacité de l'oreille. C'est ce qu'on appelle resserrer l'harmonie, et que si peu de musiciens savent pratiquer. Les bornes du diapason des voix sont une raison de plus pour resserrer les chœurs. On peut assurer qu'un chœur est mal fait lorsque les *accords* divergent, lorsque les parties crient, sortent de leur diapason, et sont si éloignées les unes des autres qu'elles semblent n'avoir plus de rapport entre elles.

On appelle encore *accords* l'état d'un instrument dont les sons fixes sont entre eux dans toute la justesse qu'ils doivent avoir. On dit en ce sens qu'un instrument est *d'accord*, qu'il n'est pas d'*accord*, qu'il garde ou ne garde pas son *accord*. La même expression s'emploie pour deux voix qui chantent ensemble, pour deux sons qui se font entendre à la fois, soit à l'unisson, soit en contre-partie.

Accord dissonant, Faux accord, Accord faux, sont autant de différentes choses qu'il ne faut pas confondre. *Accord dissonant* est celui qui contient quelque dissonance; *Accord faux*, celui dont les sons sont mal accordés et ne gardent pas entre eux la justesse des intervalles; *faux accord*, celui qui choque l'oreille, parce qu'il est mal composé, et que les sons, quoique justes, n'y forment pas un tout harmonique.

Accorder des instruments, c'est tendre ou lâcher les cordes, alonger ou raccourcir les tuyaux, augmenter ou diminuer la masse du corps sonore, jusqu'à ce que toutes les parties de l'instrument soient au ton qu'elles doivent avoir.

Pour *accorder* un instrument, il faut d'abord fixer un son qui serve aux autres de terme de comparaison. C'est ce qu'on appelle prendre ou donner le ton. (Voyez Ton.) Ce son est ordinairement l'*ut* pour l'orgue et le clavecin; le *la* pour le violon et la basse, qui ont ce *la* sur une corde à vide et dans un *medium* propre à être aisément saisi par l'oreille.

A l'égard des flûtes, hautbois, bassons et autres instruments à vent, ils ont leur ton à peu près fixé, qu'on ne peut guère changer qu'en changeant quelque pièce de l'instrument. On peut encore les alonger un peu à l'emboîture des pièces, ce qui baisse le ton de quelque chose; mais il doit nécessairement résulter des tons faux de ces variations, parce que la juste proportion est rompue entre la longueur totale de l'instrument et les distances d'un trou à l'autre.

Quand le ton est déterminé, on y fait rapporter tous les autres sons de l'instrument, lesquels doivent être fixés par l'accord selon les intervalles qui leur conviennent. L'orgue et le clavecin s'*accordent* par quintes jusqu'à ce que la partition soit faite, et par octaves pour le reste du clavier : la basse et le violon, par quintes; la viole et la guitare, par quartes et par tierces, etc. En général on choisit toujours des intervalles consonnants et harmonieux, afin que l'oreille en saisisse plus aisément la justesse.

Cette justesse des intervalles ne peut, dans la pratique, s'observer à toute rigueur, et pour qu'ils puissent tous s'*accorder* entre eux, il faut que chacun en particulier souffre quelque altération. Chaque espèce d'instrument a pour cela ses règles particulières et sa méthode d'*accorder*. (Voyez TEMPÉRAMENT.)

On observe que les instruments dont on tire le son par inspiration, comme la flûte et le hautbois, montent insensiblement quand on a joué quelque temps, ce qui vient, selon quelques-uns, de l'humidité qui, sortant de la bouche avec l'air, les renfle et les raccourcit ; ou plutôt, suivant la doctrine de M. Euler, c'est que la chaleur et la réfraction que l'air reçoit pendant l'inspiration rendent ses vibrations plus fréquentes, diminuent son poids, et, augmentant ainsi le poids relatif de l'atmosphère, rendent le son un peu plus aigu.

Quoi qu'il en soit de la cause, il faut, en *accordant*, avoir égard à l'effet prochain, et forcer un peu le vent quand on donne ou reçoit le ton sur ces instruments ; car, pour rester d'accord durant le concert, ils doivent être un peu trop bas en commençant.

ACCORDEUR, *s. m.* On appelle *accordeurs* d'orgue ou de clavecin, ceux qui vont dans les églises ou dans les maisons accommoder et accorder ces instruments, et qui, pour l'ordinaire, en sont aussi les facteurs.

ACOUSTIQUE, *s. f.* Doctrine ou théorie des sons. (Voyez SON.) Ce mot est de l'invention de M. Sauveur, et vient du grec ακρύω, j'entends.

L'*acoustique* est proprement la partie théorique de la musique ; c'est elle qui donne ou doit donner les raisons du plaisir que nous font l'harmonie et le chant ; qui détermine les rapports des intervalles harmoniques ; qui découvre les affections ou propriétés des cordes vibrantes, etc. (Voyez CORDES, HARMONIE.)

Acoustique est aussi quelquefois adjectif : on dit l'organe *acoustique*, un phénomène *acoustique*, etc.

Acte, *s. m.* Partie d'un opéra séparée d'une autre dans la représentation par un espace appelé entr'acte. (Voyez Entr'acte.)

L'unité de temps et de lieu doit être aussi rigoureusement observée dans un *acte* d'opéra que dans une tragédie entière du genre ordinaire, et même plus à certains égards ; car le poète ne doit point donner à un acte d'opéra une durée hypothétique plus longue que celle qu'il a réellement, parce qu'on ne peut supposer que ce qui se passe sous nos yeux dure plus long-temps que nous ne le voyons durer en effet ; mais il dépend du musicien de précipiter ou ralentir l'action jusqu'à un certain point, pour augmenter la vraisemblance ou l'intérêt ; liberté qui l'oblige à bien étudier la gradation des passions théâtrales, le temps qu'il faut pour les développer, celui où le progrès est au plus haut point, et celui où il convient de s'arrêter pour prévenir l'inattention, la langueur, l'épuisement du spectateur. Il n'est pas non plus permis de changer de décoration et de faire sauter le théâtre d'un lieu à un autre au milieu d'un *acte*, même dans le genre merveilleux, parce qu'un pareil saut choque la raison, la vérité, la vraisemblance, et détruit l'illusion, que la première loi du théâtre est de favoriser en tout. Quand donc l'action est interrompue par de tels changements, le musicien ne peut savoir ni comment il les doit marquer, ni ce qu'il doit faire de son orchestre pendant qu'ils durent, à moins d'y représenter le même chaos qui règne alors sur la scène.

Quelquefois le premier *acte* d'un opéra ne tient point à l'action principale et ne lui sert que d'introduction : alors il s'appelle *prologue*. (Voyez ce mot.) Comme le prologue ne fait pas partie de la pièce, on ne le compte point dans le nombre des *actes* qu'elle contient, et qui est souvent de cinq dans les opéra françois, mais toujours de trois dans les italiens. (Voyez OPÉRA.)

ACTE DE CADENCE est un mouvement dans une des parties, et surtout dans la basse, qui oblige toutes les autres parties à concourir à former une cadence ou à l'éviter expressément. (Voyez CADENCE, ÉVITER.)

ACTEUR, *s. m.* Chanteur qui fait un rôle dans la représentation d'un opéra. Outre toutes les qualités qui doivent lui être communes avec l'*acteur* dramatique, il doit en avoir beaucoup de particulières pour réussir dans son art. Ainsi il ne suffit pas qu'il ait un bel organe pour la parole, s'il ne l'a tout aussi beau pour le chant; car il n'y a pas une telle liaison entre la voix parlante et la voix chantante, que la beauté de l'une suppose toujours celle de l'autre. Si l'on pardonne à un acteur le défaut de quelque qualité qu'il a pu se flatter d'acquérir, on ne peut lui pardonner d'oser se destiner au théâtre, destitué des qualités naturelles qui y sont nécessaires, telles entre autres que la voix dans un chanteur. Mais par ce mot *voix*, j'entends moins la force du timbre que l'étendue, la justesse et la flexibilité. Je pense qu'un théâtre dont l'objet est d'émouvoir le cœur par les chants doit être interdit à ces voix dures et bruyantes qui ne font qu'étourdir les oreilles; et que, quelque peu de voix que puisse avoir un *acteur*, s'il l'a juste, touchante, facile, et suffisamment étendue, il en a tout autant qu'il faut : il saura toujours bien se faire entendre s'il sait se faire écouter.

Avec une voix convenable, l'*acteur* doit l'avoir cultivée par l'art; et quand sa voix n'en auroit pas besoin, il en auroit besoin lui-même pour saisir et rendre avec intelligence la partie musicale de ses rôles. Rien n'est plus insupportable et plus dégoûtant que de voir un héros, dans les transports des passions les plus vives, contraint et gêné dans son rôle, peiner, et s'assujettir en écolier qui répète mal sa leçon, montrer, au lieu des combats de l'amour et de la vertu, ceux d'un mauvais chanteur avec la mesure et l'orchestre, et plus incertain sur le ton que sur le parti qu'il doit prendre. Il n'y a ni chaleur ni grâce sans facilité, et l'*acteur* dont le rôle lui coûte ne le rendra jamais bien.

Il ne suffit pas à l'*acteur* d'opéra d'être un

excellent chanteur, s'il n'est encore un excellent pantomime ; car il ne doit pas seulement faire sentir ce qu'il dit lui-même, mais aussi ce qu'il laisse dire à la symphonie.

L'orchestre ne rend pas un sentiment qui ne doive sortir de son ame ; ses pas, ses regards, son geste, tout doit s'accorder sans cesse avec la musique, sans pourtant qu'il paroisse y songer ; il doit intéresser toujours, même en gardant le silence : et, quoique occupé d'un rôle difficile, s'il laisse un instant oublier le personnage pour s'occuper du chanteur, ce n'est qu'un musicien sur la scène ; il n'est plus *acteur*. Tel excella dans les autres parties, qui s'est fait siffler pour avoir négligé celle-ci. Il n'y a point d'*acteur* à qui l'on ne puisse à cet égard donner le célèbre *Chassé* pour modèle. Cet excellent pantomime, en mettant toujours son art au-dessus de lui, et s'efforçant toujours d'y exceller, s'est ainsi mis lui-même fort au-dessus de ses confrères : acteur unique et homme estimable, il laissera l'admiration et le regret de ses talents aux amateurs de son théâtre, et un souvenir honorable de sa personne à tous les honnêtes gens.

ADAGIO, *adv.* Ce mot écrit à la tête d'un air désigne le second, du lent au vite, des cinq principaux degrés de mouvement distingués dans la musique italienne. (Voyez MOUVEMENT.) *Adagio* est un adverbe italien, qui signifie *à l'aise*, *posément*, et c'est aussi de cette manière qu'il faut battre la mesure des airs auxquels il s'applique.

Le mot *adagio* se prend quelquefois substantivement, et s'applique par métaphore aux morceaux de musique dont il détermine le mouvement; il en est de même des autres mots semblables. Ainsi l'on dira un *adagio* de Tartini, un *andante* de San-Martino, un *allegro* de Locatelli, etc.

AFFETTUOSO, *adj. pris adverbialement*. Ce mot, écrit à la tête d'un air, indique un mouvement moyen entre l'*andante* et l'*adagio*, et dans le caractère du chant une expression affectueuse et douce.

AGOGÉ. Conduite. Une des subdivisions de l'ancienne mélopée, laquelle donne les règles de la marche du chant par degrés alternativement conjoints ou disjoints, soit en montant, soit en descendant. (Voyez MÉLOPÉE.)

Martianus Capella donne, après Aristide Quintilien, au mot *agogé* un autre sens que j'expose au mot TIRADE.

AGRÉMENTS DU CHANT. On appelle ainsi dans la musique françoise certains tours de gosier et autres ornements affectés aux notes qui sont dans telle ou telle position, selon les règles prescrites par le goût du chant. (Voyez GOUT DU CHANT.)

Les principaux de ces *agréments* sont l'ACCENT, le COULÉ, le FLATTÉ, le MARTELLEMENT, la CA-

DENCE PLEINE, la CADENCE BRISÉE, et le PORT-DE-VOIX. (Voyez ces articles chacun en son lieu, et la *Planche* 5, *fig.* 5.)

AIGU, *adj.* Se dit d'un son perçant ou élevé par rapport à quelque autre son. (Voyez SON.)

En ce sens le mot *aigu* est opposé au mot *grave*. Plus les vibrations du corps sonore sont fréquentes, plus le son est *aigu*.

Les sons considérés sous les rapports d'*aigus* et de *graves* sont le sujet de l'harmonie. (Voyez HARMONIE, ACCORD.)

AJOUTÉE, ou *acquise*, ou *surnuméraire*, *adj.* pris *substantivement*. C'étoit dans la musique grecque la corde ou le son qu'ils appeloient PROSLAMBANOMENOS. (Voyez ce mot.)

Sixte ajoutée est une sixte qu'on ajoute à l'accord parfait, et de laquelle cet accord ainsi augmenté prend le nom. (Voyez ACCORD et SIXTE.)

AIR. Chant qu'on adapte aux paroles d'une chanson ou d'une petite pièce de poésie propre à être chantée, et par extension l'on appelle *air* la chanson même.

Dans les opéra l'on donne le nom d'*airs* à tous les chants mesurés, pour les distinguer du récitatif, et généralement on appelle *air* tout morceau complet de musique vocale ou instrumentale formant un chant, soit que ce morceau fasse lui seul une pièce entière, soit qu'on puisse le détacher du tout dont il fait partie, et l'exécuter séparément.

Si le sujet ou le chant est partagé en deux parties, l'*air* s'appelle *duo*; si en trois, *trio*, etc.

Saumaise croit que ce mot vient du latin *æra*; et Burette est de son sentiment, quoique Ménage le combatte dans ses étymologies de la langue françoise.

Les Romains avoient leurs signes pour le rhythme, ainsi que les Grecs avoient les leurs, et ces signes, tirés aussi de leurs caractères, se nommoient non-seulement *numerus*, mais encore *æra*, c'est-à-dire nombre, ou la marque du nombre: *numeri nota*, dit Nonnius Marcellus. C'est en ce sens que le mot *æra* se trouve employé dans ce vers de Lucile:

Hæc est ratio? Perversa æra! Summa subducta improbe!

Et Sextus Rufus s'en est servi de même.

Or, quoique ce mot ne se prît originairement que pour le nombre ou la mesure du chant, dans la suite on en fit le même usage qu'on avoit fait du mot *numerus*, et l'on se servit du mot *æra* pour désigner le chant même; d'où est venu, selon les deux auteurs cités, le mot françois *air*, et l'italien *aria*, pris dans le même sens.

Les Grecs avoient plusieurs sortes d'*airs* qu'ils appeloient *nomes* ou *chansons*. (Voyez Chanson.) Les nomes avoient chacun leur caractère et leur usage, et plusieurs étoient propres à quelque instrument particulier, à peu près comme ce que nous appelons aujourd'hui *pièces* ou *sonates*.

La musique moderne a diverses espèces d'*airs* qui conviennent chacune à quelque espèce de danse dont ces airs portent le nom. (Voyez Menuet, Gavotte, Musette, Passe-pied, etc.)

Les *airs* de nos opéra sont, pour ainsi dire, la toile ou le fond sur quoi se peignent les tableaux de la musique imitative ; la mélodie est le dessin ; l'harmonie est le coloris ; tous les objets pittoresques de la belle nature, tous les sentiments réfléchis du cœur humain sont les modèles que l'artiste imite ; l'attention, l'intérêt, le charme de l'oreille, et l'émotion du cœur, sont la fin de ces imitations. (Voyez Imitation.) Un *air* savant et agréable, un *air* trouvé par le génie et composé par le goût, est le chef-d'œuvre de la musique ; c'est là que se développe une belle voix, que brille une belle symphonie ; c'est là que la passion vient insensiblement émouvoir l'ame par le sens. Après un bel *air* on est satisfait, l'oreille ne désire plus rien ; il reste dans l'imagination, on l'emporte avec soi, on le répète à volonté sans pouvoir en rendre une seule note, on l'exécute dans son cerveau tel qu'on l'entendit au spectacle ; on voit la scène, l'acteur, le théâtre ; on entend l'accompagnement, l'applaudissement ; le véritable amateur ne perd jamais les beaux *airs* qu'il entendit en sa vie; il fait recommencer l'opéra quand il veut.

Les paroles des *airs* ne vont point toujours de suite, ne se débitent point comme celles du récitatif; quoique assez courtes pour l'ordinaire, elles se coupent, se répètent, se transposent au gré du compositeur; elles ne font pas une narration qui passe; elles peignent ou un tableau qu'il faut voir sous divers points de vue, ou un sentiment dans lequel le cœur se complaît, duquel il ne peut, pour ainsi dire, se détacher, et les différentes phrases de l'*air* ne sont qu'autant de manières d'envisager la même image. Voilà pourquoi le sujet doit être un. C'est par ces répétitions bien entendues, c'est par ces coups redoublés qu'une expression qui d'abord n'a pu vous émouvoir, vous ébranle enfin, vous agite, vous transporte hors de vous; et c'est encore par le même principe que les roulades qui, dans les *airs* pathétiques, paroissent si déplacées, ne le sont pourtant pas toujours: le cœur, pressé d'un sentiment très-vif, l'exprime souvent par des sons inarticulés plus vivement que par des paroles. (Voyez NEUME.)

La forme des *airs* est de deux espèces. Les petits *airs* sont ordinairement composés de deux reprises qu'on chante chacune deux fois; mais les grands *airs* d'opéra sont le plus souvent en rondeau. (Voyez RONDEAU.)

AL SEGNO. Ces mots écrits à la fin d'un *air* en

rondeau marquent qu'il faut reprendre la première partie, non tout-à-fait au commencement, mais à l'endroit où est marqué le renvoi.

ALLA BREVE. Terme italien qui marque une sorte de mesure à deux temps fort vive, et qui se note pourtant avec une ronde ou semi-brève par temps. Elle n'est plus guère d'usage qu'en Italie, et seulement dans la musique d'église. Elle répond assez à ce qu'on appeloit en France du *gros-fa*.

ALLA ZOPPA. Terme italien qui annonce un mouvement contraint et syncopant entre deux temps sans syncoper entre deux mesures; ce qui donne aux notes une marche inégale et comme boiteuse. C'est un avertissement que cette même marche continue ainsi jusqu'à la fin de l'air.

ALLEGRO, *adj. pris adverbialement*. Ce mot italien, écrit à la tête d'un air, indique, du vite au lent, le second des cinq principaux degrés de mouvement distingués dans la musique italienne. *Allegro* signifie *gai*; et c'est aussi l'indication d'un mouvement gai; le plus vif de tous après le *presto*. Mais il ne faut pas croire pour cela que ce mouvement ne soit propre qu'à des sujets gais : il s'applique souvent à des transports de fureur, d'emportement et de désespoir, qui n'ont rien moins que de la gaieté. (Voyez MOUVEMENT.)

Le diminutif *allegretto* indique une gaieté plus modérée, un peu moins de vivacité dans la mesure.

ALLEMANDE, *s. f.* Sorte d'air ou de pièce de musique dont la mesure est à quatre temps et se bat gravement. Il paroît par son nom que ce caractère d'air nous est venu d'Allemagne, quoiqu'il n'y soit point connu du tout. L'*allemande* en sonate est partout vieillie, et à peine les musiciens s'en servent-ils aujourd'hui : ceux qui s'en servent encore lui donnent un mouvement plus gai.

ALLEMANDE est aussi l'air d'une danse fort commune en Suisse et en Allemagne. Cet air, ainsi que la danse, a beaucoup de gaieté : il se bat à deux temps.

ALTUS. (Voyez HAUTE-CONTRE.)

AMATEUR. Celui qui, sans être musicien de profession, fait sa partie dans un concert pour son plaisir et par amour pour la musique.

On appelle encore *amateurs* ceux qui, sans savoir la musique, ou du moins sans l'exercer, s'y connoissent, ou prétendent s'y connoître, et fréquentent les concerts.

Ce mot est traduit de l'italien *dilettante*.

AMBITUS, *s. m.* Nom qu'on donnoit autrefois à l'étendue de chaque ton ou mode du grave à l'aigu ; car quoique l'étendue d'un mode fût en quelque manière fixée à deux octaves, il y avoit des modes irréguliers dont l'*ambitus* excédoit cette étendue, et d'autres imparfaits où il n'y arrivoit pas.

Dans le plain-chant, ce mot est encore usité ;

mais l'*ambitus* des modes parfaits n'y est que d'une octave : ceux qui la passent s'appellent *modes superflus;* ceux qui n'y arrivent pas, *modes diminués*. (Voyez Modes, Tons de l'église.)

Amoroso. (Voyez Tendrement.)

Anacamptos. Terme de la musique grecque, qui signifie une suite de notes rétrogrades, ou procédant de l'aigu au grave ; c'est le contraire de l'*euthia*. Une des parties de l'ancienne mélopée portoit aussi le nom d'*anacamptosa*. (Voyez Mélopée.)

Andante, *adj. pris substantivement*. Ce mot, écrit à la tête d'un air, désigne, du lent au vite, le troisième des cinq principaux degrés de mouvement distingués dans la musique italienne. *Andante* est le participe du verbe italien *andare*, aller. Il caractérise un mouvement marqué sans être gai, et qui répond à peu près à celui qu'on désigne en françois par le mot *gracieusement*. (Voyez Mouvement.)

Le diminutif Andantino indique un peu moins de gaieté dans la mesure; ce qu'il faut bien remarquer, le diminutif *larghetto* signifiant tout le contraire. (Voyez Largo.)

Anonner, *v. n.* C'est déchiffrer avec peine et en hésitant la musique qu'on a sous les yeux.

Antienne, *s. f.* En latin *antiphona*. Sorte de chant usité dans l'Église catholique.

Les *antiennes* ont été ainsi nommées parce que

dans leur origine on les chantoit à deux chœurs qui se répondoient alternativement, et l'on comprenoit sous ce titre les psaumes et les hymnes que l'on chantoit dans l'Église. Ignace, disciple des apôtres, a été, selon Socrate, l'auteur de cette manière de chanter parmi les Grecs; et Ambroise l'a introduite dans l'Église latine. Théodoret en attribue l'invention à Diodore et à Flavien.

Aujourd'hui la signification de ce terme est restreinte à certains passages courts tirés de l'Écriture, qui conviennent à la fête qu'on célèbre, et qui, précédant les psaumes et les cantiques, en règlent l'intonation.

L'on a aussi conservé le mot d'*antiennes* à quelques hymnes qu'on chante en l'honneur de la Vierge, telles que *Regina cœli*, *Salve regina*, etc.

ANTIPHONIE, *s. f.* Nom que donnoient les Grecs à cette espèce de symphonie qui s'exécutoit par diverses voix, ou par divers instruments à l'octave ou à la double octave, par opposition à celle qui s'exécutoit au simple unisson, et qu'ils appeloient *homophonie*. (Voyez SYMPHONIE, HOMOPHONIE.)

Ce mot vient d'ἀντι, contre, et de φωνή, voix, comme qui diroit, *opposition de voix*.

ANTIPHONIER ou ANTIPHONAIRE, *s. m.* Livre qui contient en notes les antiennes et autres chants dont on use dans l'Église catholique.

APOPHETUS, *s. m.* Ce qui reste d'un ton majeur

après qu'on en a retranché un *limma*, qui est un intervalle moindre d'un comma que le semi-ton majeur. Par conséquent l'*apotome* est d'un comma plus grand que le semi-ton moyen. (Voyez Comma, Semi-Ton.)

Les Grecs, qui n'ignoroient pas que le ton majeur ne peut, par des divisions rationnelles, se partager en deux parties égales, le partageoient inégalement de plusieurs manières. (Voyez Intervalle.)

De l'une de ces divisions, inventée par Pythagore, ou plutôt par Philolaüs son disciple, résultoit le dièse ou limma d'un côté, et de l'autre l'*apotome*, dont la raison est de 2048 à 2187.

La génération de cet *apotome* se trouve à la septième quinte *ut* dièse en commençant par *ut* naturel; car la quantité dont cet *ut* dièse surpasse l'*ut* naturel le plus rapproché est précisément le rapport que je viens de marquer.

Les anciens donnoient encore le même nom à d'autres intervalles; ils appeloient *apotome majeur* un petit intervalle que M. Rameau appelle quart de ton harmonique, lequel est formé de deux sons, en raison de 125 à 128.

Et ils appeloient *apotome mineur* l'intervalle de deux sons, en raison de 2025 à 2048, intervalle encore moins sensible à l'oreille que le précédent.

Jean de Muris et ses contemporains donnent

partout le nom d'*apotome* au semi-ton mineur, et celui de dièse au semi-ton majeur.

APPRÉCIABLE, *adj*. Les sons *appréciables* sont ceux dont on peut trouver ou sentir l'unisson et calculer les intervalles. M. Euler donne un espace de huit octaves depuis le son le plus aigu jusqu'au son le plus grave *appréciables* à notre oreille; mais ces sons extrêmes n'étant guère agréables, on ne passe pas communément dans la pratique les bornes de cinq octaves, telles que les donne le clavier à ravalement. Il y a aussi un degré de force au-delà duquel le son ne peut plus *s'apprécier*. On ne sauroit *apprécier* le son d'une grosse cloche dans le clocher même; il faut en diminuer la force en s'éloignant pour le distinguer. De même les sons d'une voix qui crie cessent d'être *appréciables*; c'est pourquoi ceux qui chantent fort sont sujets à chanter faux. A l'égard du bruit, il ne *s'apprécie* jamais, et c'est ce qui fait sa différence d'avec le son. (Voyez BRUIT et SON.)

APYCNI, *adj. plur*. Les anciens appeloient ainsi dans les genres épais trois des huit sons stables de leur système ou diagramme, lesquels ne touchoient d'aucun côté les intervalles serrés, savoir : la proslambanomène, la nète synnéménon, et la nète hyberboléon.

Ils appeloient aussi *apycnos* ou *nom épais* le genre diatonique, parce que dans les tétracordes de ce genre la somme des deux premiers intervalles étoit plus grande que le troisième. (Voyez Épais, Genre, Son, Tétracorde.)

Arbitrio. (Voyez Cadenza.)

Arco, *archet*, s. m. Ces mots italiens, *con l'arco*, marquent qu'après avoir pincé les cordes il faut reprendre l'*archet* à l'endroit où ils sont écrits.

Ariette, s. f. Ce diminutif, venu de l'italien, signifie proprement *petit air*; mais le sens de ce mot est changé en France, et l'on y donne le nom d'*ariette* à de grands morceaux de musique d'un mouvement pour l'ordinaire assez gai et marqué, qui se chantent avec des accompagnements de symphonie, et qui sont communément en rondeau. (Voyez Air, Rondeau.)

Arioso, *adjectif pris adverbialement*. Ce mot italien, à la tête d'un air, indique une manière de chant soutenue, développée, et affectée aux grands airs.

Aristoxéniens. Secte qui eut pour chef Aristoxène de Tarente, disciple d'Aristote, et qui étoit opposée aux pythagoriciens sur la mesure des intervalles et sur la manière de déterminer les rapports des sons; de sorte que les *aristoxéniens* s'en rapportoient uniquement au jugement de l'oreille, et les pythagoriciens à la précision du calcul. (Voyez Pythagoriciens.)

Armer la clef. C'est y mettre le nombre de dièses ou de bémols convenables au ton et au mode dans lequel on veut écrire la musique. (Voyez BÉMOL, CLEF, DIÈSE.)

ARPÉGER, *v. n.* C'est faire une suite d'arpèges. (*Voyez l'article suivant.*)

ARPEGGIO, ARPÈGE ou ARPÉGEMENT, *s. m.* Manière de faire entendre successivement et rapidement les divers sons d'un accord, au lieu de les frapper tous à la fois.

Il y a des instruments sur lesquels on ne peut former un accord plein qu'en arpégeant: tels sont le violon, le violoncelle, la viole, et tous ceux dont on joue avec l'archet; car la convexité du chevalet empêche que l'archet ne puisse appuyer à la fois sur toutes les cordes. Pour former donc des accords sur ces instruments, on est contraint d'arpéger, et comme on ne peut tirer qu'autant de sons qu'il y a de cordes, l'*arpège* du violoncelle ou du violon ne sauroit être composé de plus de quatre sons. Il faut pour arpéger que les doigts soient arrangés chacun sur la corde, et que l'*arpège* se tire d'un seul et grand coup d'archet qui commence fortement sur la plus grosse corde, et vienne finir en tournant et adoucissant sur la chanterelle. Si les doigts ne s'arrangeoient sur les cordes que successivement, ou qu'on donnât plusieurs coups d'archet, ce ne seroit plus arpéger, ce seroit passer très-vite plusieurs notes de suite.

Ce qu'on fait sur le violon par nécessité, on le pratique par goût sur le clavecin. Comme on ne peut tirer de cet instrument que des sons qui ne tiennent pas, on est obligé de les refrapper sur des notes de longue durée. Pour faire durer un accord plus long-temps, on le frappe en arpégeant, commençant par les sons bas, et observant que les doigts qui ont frappé les premiers ne quittent point leurs touches que tout l'*arpège* ne soit achevé, afin que l'on puisse entendre à la fois tous les sons de l'accord. (Voyez ACCOMPAGNEMENT.)

Arpeggio est un mot italien qu'on a francisé dans celui d'*arpège*. Il vient du mot *arpa*, à cause que c'est du jeu de la harpe qu'on a tiré l'idée de l'*arpègement*.

ARSIS et THÉSIS. Terme de musique et de prosodie. Ces deux mots sont grecs. *Arsis* vient du verbe αἴρω, *tollo*, j'élève, et marque l'élévation de la voix ou de la main; l'abaissement qui suit cette élévation est ce qu'on appelle θέσις, *depositio*, *remissio*.

Par rapport donc à la mesure, *per arsin* signifie *en levant*, ou *durant le premier temps; per thesin, en baissant,* ou *durant le dernier temps*. Sur quoi l'on doit observer que notre manière de marquer la mesure est contraire à celle des anciens; car nous frappons le premier ton, et levons le dernier. Pour ôter toute équivoque, on peut dire qu'*arsis* indique le *temps fort*, et *thesis* le *temps foible*. (Voyez MESURE, TEMPS, BATTRE LA MESURE.)

Par rapport à la voix, on dit qu'un chant, un contre-point, une fugue, sont *per thesin*, quand les notes montent du grave à l'aigu; *per arsin*, quand elles descendent de l'aigu au grave. Fugue *per arsin et thesin* est celle qu'on appelle aujourd'hui fugue renversée ou contre-fugue, dans laquelle la réponse se fait en sens contraire, c'est-à-dire en descendant si la guide a monté, et en montant si la guide a descendu. (Voyez Fugue.)

Assai. Adverbe augmentatif qu'on trouve assez souvent joint au mot qui indique le mouvement d'un air. Ainsi *presto assai*, *largo assai* signifient *fort vite*, *fort lent*. L'abbé Brossard a fait sur ce mot une de ses bévues ordinaires, en substituant à son vrai et unique sens celui d'*une sage médiocrité de lenteur* ou *de vitesse*. Il a cru qu'*assai* signifioit *assez*. Sur quoi l'on doit admirer la singulière idée qu'a eue cet auteur de préférer, pour son vocabulaire, à sa langue maternelle une langue étrangère qu'il n'entendoit pas.

Aubade, *s. f.* Concert de nuit en plein air sous les fenêtres de quelqu'un. (Voyez Sérénade.)

Authentique ou Authente, *adj.* Quand l'octave se trouve divisée harmoniquement, comme dans cette proportion 6, 4, 3, c'est-à-dire quand la quinte est au grave, la quarte à l'aigu, le mode ou le ton s'appelle *authentique* ou *authente*, à la différence du ton *plagal*, où l'octave est divisée arithmétiquement, comme dans cette proportion

4, 3, 2; ce qui met la quarte au grave et la quinte à l'aigu.

A cette explication adoptée par tous les auteurs, mais qui ne dit rien, j'ajouterai la suivante; le lecteur pourra choisir.

Quant la finale d'un chant en est aussi la tonique, et que le chant ne descend pas jusqu'à la dominante au-dessous, le ton s'appelle *authentique* : mais si le chant descend ou finit à la dominante, le ton est *plagal*. Je prends ici ces mots de *tonique* et de *dominante* dans l'acception musicale.

Ces différences d'*authente* et de *plagal* ne s'observent plus que dans le plain-chant; et, soit qu'on place la finale au bas du diapason, ce qui rend le ton *authentique*, soit qu'on la place au milieu, ce qui le rend *plagal*, pourvu qu'au surplus la modulation soit régulière, la musique moderne admet tous les chants comme *authentiques* également en quelque lieu du diapason que puisse tomber la finale. (Voyez Mode.)

Il y a dans les huit tons de l'église romaine quatre tons *authentiques*, savoir, le premier, le troisième, le cinquième, et le septième. (Voyez Ton de l'Église.).

On appeloit autrefois *fugue authentique* celle dont le sujet procédoit en montant, mais cette dénomination n'est plus d'usage.

B.

B *fa si*, ou B *fa b mi*, ou simplement B. Nom du septième son de la gamme de l'Arétin, pour lequel les Italiens et les autres peuples de l'Europe répètent le B, disant B *mi* quand il est naturel, B *fa* quand il est bémol; mais les François l'appellent *si*. (Voyez Si.)

B *mol*. (Voyez Bémol.)

B *quarre*. (Voyez Béquarre.)

Ballet, *s. m.* Action théâtrale qui se représente par la danse guidée par la musique. Ce mot vient du vieux françois *baller*, danser, chanter, se réjouir.

La musique d'un *ballet* doit avoir encore plus de cadence et d'accent que la musique vocale, parce qu'elle est chargée de signifier plus de choses, que c'est à elle seule d'inspirer au danseur la chaleur et l'expression que le chanteur peut tirer des paroles, et qu'il faut de plus qu'elle supplée, dans le langage de l'ame et des passions, tout ce que la danse ne peut dire aux yeux du spectateur.

Ballet est encore le nom qu'on donne en France à une bizarre sorte d'opéra, où la danse n'est guère mieux placée que dans les autres, et n'y fait pas un meilleur effet. Dans la plupart de ces *ballets* les actes forment autant d'objets différents, liés seulement entre eux par quelques rapports généraux étrangers à l'action, et que le spectateur n'apercevroit jamais si l'auteur n'avoit soin de l'en avertir par le prologue.

Ces *ballets* contiennent d'autres *ballets* qu'on appelle autrement *divertissements* ou *fêtes*. Ce sont des suites de danses qui se succèdent sans sujet ni liaison entre elles, ni avec l'action principale, et où les meilleurs danseurs ne savent vous dire autre chose sinon qu'ils dansent bien. Cette ordonnance, peu théâtrale, suffit pour un bal où chaque acteur a rempli son objet lorsqu'il s'est amusé lui-même, et où l'intérêt que le spectateur prend aux personnes le dispense d'en donner à la chose; mais ce défaut de sujet et de liaison ne doit jamais être souffert sur la scène, pas même dans la représentation d'un bal, où le tout doit être lié par quelque action secrète qui soutienne l'attention et donne de l'intérêt au spectateur. Cette adresse d'auteur n'est pas sans exemple, même à l'Opéra françois, et l'on en peut voir un très-agréable dans les *Fêtes vénitiennes*, acte du bal.

En général, toute danse qui ne peint rien qu'elle-même, et tout *ballet* qui n'est qu'un bal, doivent être bannis du théâtre lyrique. En effet l'action de la scène est toujours la représentation d'une autre action, et ce qu'on y voit n'est que l'image de ce qu'on y suppose; de sorte que ce ne doit jamais être un tel ou un tel danseur qui se présente à vous, mais le personnage dont il est revêtu. Ainsi quoique la danse de société puisse ne rien présenter qu'elle-même, la danse théâtrale doit nécessairement être l'imitation de quelque autre chose, de même que l'acteur chantant représente un homme qui parle, et la décoration d'autres lieux que ceux qu'elle occupe.

La pire sorte de *ballets* est celle qui roule sur des sujets allégoriques, et où par conséquent il n'y a qu'imitation d'imitation. Tout l'art de ces sortes de drames consiste à présenter sous des images sensibles des rapports purement intellectuels, et à faire penser au spectateur tout autre chose que ce qu'il voit, comme si, loin de l'attacher à la scène, c'étoit un mérite de l'en éloigner. Ce genre exige d'ailleurs tant de subtilité dans le dialogue, que le musicien se trouve dans un pays perdu parmi les pointes, les allusions et les épigrammes, tandis que le spectateur ne s'oublie pas un moment : comme qu'on fasse, il n'y aura jamais que le sentiment qui puisse amener celui-ci sur la scène, et s'identifier pour ainsi dire avec les acteurs; tout ce qui n'est qu'intellectuel l'arrache à la pièce, et le rend à lui-même. Aussi voit-on que les peuples qui veulent et mettent le plus d'esprit au théâtre sont ceux qui se soucient le moins de l'illusion. Que fera donc le musicien sur des drames qui ne donnent aucune prise à son art? Si la musique ne peint que des sentiments ou des images, comment rendra-t-elle des idées purement métaphysiques, telles que les allégories, où l'esprit est sans cesse occupé du rapport des objets qu'on lui présente avec ceux qu'on veut lui rappeler?

Quand les compositeurs voudront réfléchir sur les vrais principes de leur art, ils mettront, avec plus de discernement dans le choix des drames dont ils se chargent, plus de vérité dans l'expression de leurs sujets; et quand les paroles des opéra diront quelque chose, la musique apprendra bientôt à parler.

Barbare, *adj.* Mode barbare. (Voyez Lydien.)

Barcarolles, *s. f.* Sorte de chansons en langue vénitienne que chantent les gondoliers à Venise. Quoique les airs de *barcarolles* soient faits pour le peuple, et souvent composés par les gondoliers mêmes, ils ont tant de mélodie et un accent si agréable, qu'il n'y a pas de musicien dans toute l'Italie qui ne se pique d'en savoir et d'en chanter. L'entrée gratuite qu'ont tous les gondoliers à tous les théâtres les met à portée de se former sans frais l'oreille et le goût, de sorte qu'ils composent et chantent leurs airs en gens qui, sans ignorer les finesses de la musique, ne veulent point altérer le genre simple et naturel de leurs *barcarolles*. Les paroles de ces chansons sont communément plus que naturelles, comme les conversations de ceux qui les chantent; mais ceux à qui les peintures fidèles des mœurs du peuple peuvent plaire, et qui aiment d'ailleurs le dialecte vénitien, s'en passionnent facilement, séduits par la beauté des airs; de sorte que plusieurs curieux en ont de très-amples recueils.

N'oublions pas de remarquer, à la gloire du Tasse, que la plupart des gondoliers savent par cœur une grande partie de son poème de la *Jérusalem délivrée*, que plusieurs le savent tout entier, qu'ils passent les nuits d'été sur leurs barques à le chanter alternativement d'une barque à l'autre, que c'est assurément une belle *barcarolle* que le poème du Tasse, qu'Homère seul eut avant lui l'honneur d'être ainsi chanté, et que nul autre poème épique n'en a eu depuis un pareil.

BARDES. Sorte d'hommes très-singuliers et très-respectés jadis dans les Gaules, lesquels étoient à la fois prêtres, prophètes, poètes et musiciens.

Bochard fait dériver ce nom de *parat*, chanter, et Camden convient avec Festus que *barde* signifie un chanteur, en celtique *bard.*

BARIPYCNI, *adj.* Les anciens appeloient ainsi cinq des huit sons ou cordes stables de leur système ou diagramme; savoir, l'hypaté-hypaton, l'hypaté-méson, la mèse, la paramèse, et la nété-diézeugnémon. (Voyez PYCNI, SON, TÉTRACORDE.)

BARYTON. Sorte de voix entre la taille et la basse. (Voyez CONCORDANT.)

BAROQUE. Une musique *baroque* est celle dont l'harmonie est confuse, chargée de modulations et dissonances, le chant dur et peu naturel, l'intonation difficile, et le mouvement contraint.

Il y a bien de l'apparence que ce terme vient du *baroco* des logiciens.

BARRÉ. C *barré*, sorte de mesure. (Voyez C.)

BARRES. Traits tirés perpendiculairement à la fin de chaque mesure, sur les cinq lignes de la portée, pour séparer la mesure qui finit de celle qui recommence. Ainsi les notes contenues entre deux *barres* forment toujours une mesure complète, égale en valeur et en durée à chacune des autres mesures comprises entre deux autres *barres*, tant que le mouvement ne change pas ; mais comme il y a plusieurs sortes de mesures qui diffèrent considérablement en durée, les mêmes différences se trouvent dans les valeurs contenues entre deux *barres* de chacune de ces espèces de mesures. Ainsi dans le grand triple, qui se marque par ce signe $\frac{3}{2}$, et qui se bat lentement, la somme des notes comprises entre deux *barres* doit faire une ronde et demie ; et dans le petit triple $\frac{3}{8}$, qui se bat vite, les deux *barres* n'enferment que trois croches ou leur valeur ; de sorte que quatre fois la valeur contenue entre deux *barres* de cette dernière mesure ne font qu'une fois la valeur contenue entre deux *barres* de l'autre.

Le principal usage des *barres* est de distinguer les mesures, et d'en indiquer le *frappé*, lequel se fait toujours sur la note qui suit immédiatement la *barre*. Elles servent aussi dans les partitions à montrer les mesures correspondantes dans chaque portée. (Voyez Partition.)

Il n'y a pas plus de cent ans qu'on s'est avisé de tirer des *barres* de mesure en mesure. Auparavant la musique étoit simple ; on n'y voyoit guère que des rondes, des blanches et des noires, peu de croches, presque jamais de doubles croches. Avec des divisions moins inégales, la mesure en étoit plus aisée à suivre. Cependant j'ai vu nos meilleurs musiciens embarrassés à bien exécuter l'ancienne musique d'Orlande et de Claudin. Ils se perdoient dans la mesure faute de *barres* auxquelles ils étoient accoutumés, et ne suivoient qu'avec peine des parties chantées autrefois couramment par les musiciens de Henri III et de Charles IX.

Bas, en musique, signifie la même chose que *grave*, et ce terme est opposé à *haut* ou *aigu*. On dit ainsi que le ton est trop *bas*, qu'on chante trop *bas*, qu'il faut renforcer les sons dans le *bas*. *Bas* signifie aussi quelquefois doucement, à demi-voix ; en ce sens il est opposé à *fort*. On dit *parler bas*, chanter ou psalmodier à *basse-voix* : il chantoit ou parloit si *bas* qu'on avoit peine à l'entendre.

Coulez si lentement, et murmurez si bas,
Qu'Issé ne vous entende pas.
La Motte.

Bas se dit encore, dans la subdivision des dessus

chantants, de celui des deux qui est au-dessous de l'autre ; ou pour mieux dire, *bas*-dessus est un dessus dont le diapason est au-dessous du *medium* ordinaire. (Voyez Dessus.)

Basse. Celle des quatre parties de la musique qui est au-dessous des autres, la plus basse de toutes ; d'où lui vient le nom de *basse*. (Voyez Partition.)

La *basse* est la plus importante des parties, c'est sur elle que s'établit le corps de l'harmonie ; aussi est-ce une maxime chez les musiciens que quand la *basse* est bonne, rarement l'harmonie est mauvaise.

Il y a plusieurs sortes de *basses*. *Basse-fondatale*, dont nous ferons un article ci-après.

Basse continue, ainsi appelée parce qu'elle dure pendant toute la pièce ; son principal usage, outre celui de régler l'harmonie, est de soutenir la voix et de conserver le ton. On prétend que c'est un *Ludovico Viana*, dont il en reste un traité, qui, vers le commencement du dernier siècle, la mit le premier en usage.

Basse-figurée, qui, au lieu d'une seule note, en partage la valeur en plusieurs autres notes, sous un même accord. (Voyez Harmonie figurée.)

Basse-contrainte, dont le sujet ou le chant, borné à un petit nombre de mesures, comme quatre ou huit, recommence sans cesse, tandis que les parties supérieures poursuivent leur chant et leur harmonie, et les varient de différentes manières. Cette *basse* appartient originairement aux couplets de la chaconne, mais on ne s'y asservit plus aujourd'hui. La *basse-contrainte*, descendant diatoniquement ou chromatiquement et avec lenteur de la tonique ou de la dominante dans les tons mineurs, est admirable pour les morceaux pathétiques. Ces retours fréquents et périodiques affectent insensiblement l'ame, et disposent à la langueur et à la tristesse. On en voit des exemples dans plusieurs scènes des opéra françois. Mais si ces *basses* font un bon effet à l'oreille, il en est rarement de même des chants qu'on leur adapte, et qui ne sont pour l'ordinaire qu'un véritable accompagnement. Outre les modulations dures et mal amenées qu'on y évite avec peine, ces chants, retournés de mille manières, et cependant monotones, produisent des renversements peu harmonieux, et sont eux-mêmes assez peu chantants, en sorte que le dessus s'y ressent beaucoup de la contrainte de la *basse*.

Basse-chantante est l'espèce de voix qui chante la partie de la basse. Il y a des *basses-récitantes* et des *basses-de-chœur*; des concordants ou *basses-tailles*, qui tiennent le milieu entre la taille et la basse; des *basses proprement dites*, que l'usage fait appeler *basses-tailles*, et enfin des *basses-contre*, les plus graves de toutes les voix, qui chantent la *basse* sous la *basse* même, et qu'il ne faut pas confondre avec les *contre-basses*, qui sont des instruments.

BASSE-FONDAMENTALE est celle qui n'est formée que des sons fondamentaux de l'harmonie; de sorte qu'au-dessous de chaque accord elle fait entendre le vrai son fondamental de cet accord, c'est-à-dire celui duquel il dérive par les règles de l'harmonie. Par où l'on voit que la *basse-fondamentale* ne peut avoir d'autre contexture que celle d'une succession régulière et fondamentale, sans quoi la marche des parties supérieures seroit mauvaise.

Pour bien entendre ceci, il faut savoir que, selon le système de M. Rameau, que j'ai suivi dans cet ouvrage, tout accord, quoique formé de plusieurs sons, n'en a qu'un qui lui soit fondamental, savoir, celui qui a produit cet accord et qui lui sert de *basse* dans l'ordre direct et naturel. Or, la basse qui règne sous toutes les autres parties n'exprime pas toujours les sons fondamentaux des accords : car entre tous les sons qui forment un accord, le compositeur peut porter à la *basse* celui qu'il croit préférable, eu égard à la marche de cette *basse*, au beau chant, et surtout à l'expression, comme je l'expliquerai dans la suite. Alors le vrai son fondamental, au lieu d'être à sa place naturelle, qui est la *basse*, se transporte dans les autres parties, ou même ne s'exprime point du tout; un tel accord s'appelle accord renversé. Dans le fond un accord renversé ne diffère point de l'accord direct qui l'a produit, car ce sont toujours les mêmes sons; mais ces sons formant des combinaisons différentes, on a long-temps pris toutes ces combinaisons pour autant d'accords fondamentaux, et on leur a donné différents noms qu'on peut voir au mot ACCORD, et qui ont achevé de les distinguer, comme si la différence des noms en produisoit réellement dans l'espèce.

M. Rameau a montré dans son *Traité de l'Harmonie*, et M. d'Alembert, dans ses *Éléments de Musique*, a fait voir encore plus clairement que plusieurs de ces prétendus accords n'étoient que des renversements d'un seul. Ainsi l'accord de sixte n'est qu'un accord parfait dont la tierce est transportée à la *basse*; en y portant la quinte, on aura l'accord de sixte-quarte. Voilà donc trois combinaisons d'un accord qui n'a que trois sons: ceux qui en ont quatre sont susceptibles de quatre combinaisons, chaque son pouvant être porté à la *basse*. Mais en portant au-dessous de celle-ci une autre *basse*, qui sous toutes les combinaisons d'un même accord présente toujours le son fondamental, il est évident qu'on réduit au tiers le nombre des accords consonnants, et au quart le nombre des dissonants. Ajoutez à cela tous les accords par supposition, qui se réduisent encore aux mêmes fondamentaux; vous trouverez l'harmonie simplifiée à un point qu'on n'eût jamais espéré dans l'état de confusion où étoient ces règles avant M. Rameau. C'est certainement, comme l'observe cet auteur, une chose étonnante, qu'on ait pu pousser la pratique de cet art au point où elle est parvenue sans en connoître le fondement, et qu'on ait exactement trouvé toutes les règles sans avoir découvert le principe qui les donne.

Après avoir dit ce qu'est la *basse-fondamentale* sous les accords, parlons maintenant de sa marche et de la manière dont elle lie ces accords entre eux. Les préceptes de l'art sur ce point peuvent se réduire aux six règles suivantes.

I. La *basse-fondamentale* ne doit jamais sonner d'autre note que celle de la gamme du ton où l'on est, ou de celui où l'on veut passer : c'est la première et la plus indispensable de toutes ces règles.

II. Par la seconde, sa marche doit être tellement soumise aux lois de la modulation, qu'elle ne laisse jamais perdre l'idée d'un ton qu'en prenant celle d'un autre; c'est-à-dire que la *basse-fondamentale* ne doit jamais être errante ni laisser oublier un moment dans quel ton l'on est.

III. Par la troisième, elle est assujettie à la liaison des accords et à la préparation des dissonances; préparation qui n'est, comme je le ferai voir, qu'un des cas de la liaison, et qui par conséquent n'est jamais nécessaire quand la liaison peut exister sans elle. (Voyez Liaison, Préparer.)

IV. Par la quatrième, elle doit, après toute dissonance, suivre le progrès qui lui est prescrit par la nécessité de la sauver. (Voyez Sauver.)

V. Par la cinquième, qui n'est qu'une suite des précédentes, la *basse-fondamentale* ne doit marcher que par intervalles consonnants, si ce n'est seulement dans un acte de cadence rompue, ou après un accord de septième diminuée qu'elle monte diatoniquement : toute autre marche de la *basse-fondamentale* est mauvaise.

VI. Enfin, par la sixième, la *basse-fondamentale* ou l'harmonie ne doit pas syncoper, mais marquer la mesure et les temps par des changements d'accords bien cadencés; en sorte, par exemple, que les dissonances qui doivent être préparées le soient sur le temps foible, mais surtout que tous les repos se trouvent sur le temps fort. Cette sixième règle souffre une infinité d'exceptions : mais le compositeur doit pourtant y songer, s'il veut faire une musique où le mouvement soit bien marqué, et dont la mesure tombe avec grâce.

Partout où ces règles seront observées, l'harmonie sera régulière et sans faute; ce qui n'empêchera pas que la musique n'en puisse être détestable. (Voyez Composition.)

Un mot d'éclaircissement sur la cinquième règle ne sera peut-être pas inutile. Qu'on retourne comme on voudra une *basse-fondamentale*, si elle est bien faite, on n'y trouvera jamais que ces deux choses, ou des accords parfaits sur des mouvements consonnants, sans lesquels ces accords n'auroient point de liaison, ou des accords dissonants dans des actes de cadence ; en tout autre cas la dissonance ne sauroit être ni bien placée ni bien sauvée.

Il suit de là que la *basse-fondamentale* ne peut marcher régulièrement que d'une de ces trois manières : 1° monter ou descendre de tierce ou de sixte ; 2° de quarte ou de quinte ; 3° monter diatoniquement au moyen de la dissonance qui forme la liaison, ou par licence sur un accord parfait. Quant à la descente diatonique, c'est une marche absolument interdite à la *basse-fondamentale*, ou tout au plus tolérée dans le cas de deux accords parfaits consécutifs, séparés par un repos exprimé ou sous-entendu : cette règle n'a point d'autre exception, et c'est pour n'avoir pas démêlé le vrai fondement de certains passages que M. Rameau a fait descendre diatoniquement la *basse-fondamentale* sous des accords de septième ; ce qui ne se peut en bonne harmonie. (Voyez CADENCE, DISSONANCE.)

La *basse-fondamentale*, qu'on n'ajoute que pour servir de preuve à l'harmonie, se retranche dans l'exécution, et souvent elle y feroit un fort mauvais effet ; car elle est, comme dit très-bien M. Rameau, pour le jugement et non pour l'oreille.

Elle produiroit tout au moins une monotonie très-ennuyeuse par les retours fréquents du même accord, qu'on déguise et qu'on varie plus agréablement en le combinant en différentes manières sur la basse-continue; sans compter que les divers renversements d'harmonie fournissent mille moyens de prêter de nouvelles beautés au chant, et une nouvelle énergie à l'expression. (Voyez Accord., Renversement.)

Si la *basse-fondamentale* ne sert pas à composer de bonne musique, me dira-t-on, si même on doit la retrancher dans l'exécution, à quoi donc est-elle utile ? Je réponds qu'en premier lieu elle sert de règle aux écoliers pour apprendre à former une harmonie régulière, et à donner à toutes les parties la marche diatonique et élémentaire qui leur est prescrite par cette *basse-fondamentale*; elle sert de plus, comme je l'ai déjà dit, à prouver si une harmonie déjà faite est bonne et régulière; car toute harmonie qui ne peut être soumise à une *basse-fondamentale* est régulièrement mauvaise : elle sert enfin à trouver une basse-continue sous un chant donné ; quoiqu'à la vérité celui qui ne saura pas faire directement une basse-continue ne fera guère mieux une *basse-fondamentale*, et bien moins encore saura-t-il transformer cette *basse-fondamentale* en une bonne basse-continue. Voici toutefois les principales règles que donne M. Rameau pour trouver la *basse-fondamentale* d'un chant donné.

I. S'assurer du ton et du mode par lesquels on commence, et de tous ceux par où l'on passe. Il y a aussi des règles pour cette recherche des tons, mais si longues, si vastes, si incomplètes, que l'oreille est formée à cet égard long-temps avant que les règles soient apprises, et que le stupide qui voudra tenter de les employer n'y gagnera que l'habitude d'aller toujours note à note sans jamais savoir où il est.

II. Essayer successivement sous chaque note les cordes principales du ton, commençant par les plus analogues, et passant jusqu'aux plus éloignées, lorsque l'on s'y voit forcé.

III. Considérer si la corde choisie peut cadrer avec le dessus, dans ce qui précède et dans ce qui suit; par une bonne succession fondamentale, et quand cela ne se peut, revenir sur ses pas.

IV. Ne changer la note de *basse-fondamentale* que lorsqu'on a épuisé toutes les notes consécutives du dessus qui peuvent entrer dans son accord, ou que quelque note syncopant dans le chant peut recevoir deux ou plusieurs notes de basse, pour préparer des dissonances sauvées ensuite régulièrement.

V. Étudier l'entrelacement des phrases, les successions possibles de cadences, soit pleines, soit évitées, et surtout les repos, qui viennent ordinairement de quatre en quatre mesures ou de deux en deux, afin de les faire tomber toujours sur les cadences parfaites ou irrégulières.

VI. Enfin observer toutes les règles données ci-devant pour la composition de la *basse-fondamentale*. Voilà les principales observations à faire pour en trouver une sous un chant donné; car il y en a quelquefois plusieurs de trouvables : mais, quoi qu'on en puisse dire, si le chant a de l'accent et du caractère, il n'y a qu'une bonne *basse-fondamentale* qu'on lui puisse adapter.

Après avoir exposé sommairement la manière de composer une *basse-fondamentale*, il resteroit à donner les moyens de la transformer en basse-continue; et cela seroit facile s'il ne falloit regarder qu'à la marche diatonique et au beau chant de cette basse : mais ne croyons pas que la basse, qui est le guide et le soutien de l'harmonie, l'ame, et, pour ainsi dire, l'interprète du chant, se borne à des règles si simples; il y en a d'autres qui naissent d'un principe plus sûr et plus radical, principe fécond, mais caché, qui a été senti par tous les artistes de génie, sans avoir été développé par personne. Je pense en avoir jeté le germe dans ma Lettre sur la Musique françoise. J'en ai dit assez pour ceux qui m'entendent; je n'en dirois jamais assez pour les autres. (Voyez toutefois UNITÉ DE MÉLODIE.)

Je ne parle point ici du système ingénieux de M. de Serre de Genève, ni de sa double *basse-*

fondamentale, parce que les principes qu'il avoit entrevus avec une sagacité digne d'éloges ont été depuis développés par M. Tartini dans un ouvrage dont je rendrai compte avant la fin de celui-ci. (Voyez Système.)

Batard, *nothus*. C'est l'épithète donnée par quelques-uns au mode hypophrygien, qui a sa finale en *si*, et conséquemment sa quinte fausse, ce qui le retranche des modes authentiques; et au mode éolien, dont la finale est en *fa*, et la quarte superflue, ce qui l'ôte du nombre des modes plagaux.

Baton. Sorte de barre épaisse qui traverse perpendiculairement une ou plusieurs lignes de la portée, et qui, selon le nombre des lignes qu'il embrasse, exprime une plus grande ou moindre quantité de mesures qu'on doit passer en silence.

Anciennement il y avoit autant de sortes de *bâtons* que de différentes valeurs de notes; depuis la ronde, qui vaut une mesure, jusqu'à la maxime, qui en valoit huit, et dont la durée en silence s'évaluoit par un *bâton* qui, partant d'une ligne, traversoit trois espaces, et alloit joindre la quatrième ligne.

Aujourd'hui le plus grand *bâton* est de quatre mesures; ce *bâton*, partant d'une ligne, traverse la suivante, et va joindre la troisième. (*Planche* 2, *fig*. 4.) On le répète une fois, deux fois, autant de fois qu'il faut pour exprimer huit mesures, ou douze, ou tout autre multiple de quatre, et l'on ajoute ordinairement au-dessus un chiffre qui dispense de calculer la valeur de tous ces *bâtons*. Ainsi les signes couverts du chiffre 16 dans la même figure 12 indiquent un silence de seize mesures. Je ne vois pas trop à quoi bon ce double signe d'une même chose. Aussi les Italiens, à qui une plus grande pratique de la musique suggère toujours les premiers moyens d'en abréger les signes, commencent-ils à supprimer les *bâtons*, auxquels ils substituent le chiffre qui marque le nombre de mesures à compter. Mais une attention qu'il faut avoir alors est de ne pas confondre ces chiffres dans la portée avec d'autres chiffres semblables qui peuvent marquer l'espèce de la mesure employée. Ainsi, dans la figure 1, planche 3, il faut bien distinguer le signe du *trois temps* d'avec le nombre des pauses à compter, de peur qu'au lieu de 31 mesures ou pauses, on n'en comptât 331.

Le plus petit *bâton* est de deux mesures, et traversant un seul espace, il s'étend seulement d'une ligne à sa voisine. (*Planche* 2, *fig.* 4.)

Les autres moindres silences, comme d'une mesure, d'une demi-mesure, d'un temps, d'un demi-temps, etc., s'expriment par les mots de *pause*, de *demi-pause*, de *soupir*, de *demi-soupir*, etc. (Voyez ces mots.) Il est aisé de comprendre qu'en combinant tous ces signes on peut exprimer à volonté des silences d'une durée quelconque.

Il ne faut pas confondre avec les *bâtons* des silences d'autres *bâtons* précisément de même figure, qui, sous le nom de *pauses initiales*, servoient dans nos anciennes musiques à annoncer le mode; c'est-à-dire la mesure, et dont nous parlerons au mot MODE.

BATON DE MESURE, est un bâton fort court, ou même un rouleau de papier dont le maître de musique se sert dans un concert pour régler le mouvement, et marquer la mesure et le temps. (Voyez BATTRE LA MESURE.)

A l'Opéra de Paris il n'est pas question d'un rouleau de papier, mais d'un bon gros bâton de bois bien dur dont le maître frappe avec force pour être entendu de loin.

BATTEMENT; *s. m.* Agrément du chant françois, qui consiste à élever et à battre un trille sur une note qu'on a commencée uniment. Il y a cette différence de la cadence au *battement*, que la cadence commence par la note supérieure à celle sur laquelle elle est marquée, après quoi l'on bat alternativement cette note supérieure et la véritable : au lieu que le *battement* commence par le son même de la note qui le porte ; après quoi l'on bat alternativement cette note et celle qui est au-dessus. Ainsi ces coups de gosier, *mi re mi re mi re ut ut* sont une cadence ; et ceux-ci *re mi re mi re mi re ut re mi*, sont un *battement*.

BATTEMENTS *au pluriel.* Lorsque deux sons forts

et soutenus, comme ceux de l'orgue, sont mal d'accord et dissonent entre eux à l'approche d'un intervalle consonnant, ils forment, par secousses plus ou moins fréquentes, des renflements de son qui font à peu près à l'oreille l'effet des battements du pouls au toucher; c'est pourquoi M. Sauveur leur a aussi donné le nom de *battements*. Ces *battements* deviennent d'autant plus fréquents que l'intervalle approche plus de la justesse; et lorsqu'il y parvient, ils se confondent avec les vibrations du son.

M. Serre prétend, dans ses *Essais sur les principes de l'Harmonie*, que ces *battements* produits par la concurrence de deux sons ne sont qu'une apparence acoustique, occasionée par les vibrations coïncidentes de ces deux sons : ces *battements*, selon lui, n'ont pas moins lieu lorsque l'intervalle est consonnant; mais la rapidité avec laquelle ils se confondent alors ne permettant point à l'oreille de les distinguer, il en doit résulter non la cessation absolue de ces *battements*, mais une apparence de son grave et continu, une espèce de foible bourdon, tel précisément que celui qui résulte dans les expériences citées par M. Serre, et depuis détaillées par M. Tartini, du concours de deux sons aigus et consonnants. (On peut voir au mot SYSTÈME que des dissonances les donnent aussi.) « Ce qu'il y a de bien certain, « continue M. Serre, c'est que ces *battements*, ces

« vibrations coïncidentes qui se suivent avec plus
« ou moins de rapidité, sont exactement iso-
« chrones aux vibrations que feroit réellement le
« son fondamental, si, par le moyen d'un troi-
« sième corps sonore, on le faisoit actuellement
« résonner. »

Cette explication très-spécieuse n'est peut-être pas sans difficulté; car le rapport de deux sons n'est jamais plus composé que quand il approche de la simplicité qui en fait une consonnance, et jamais les vibrations ne doivent coïncider plus rarement que quand elles touchent presque à l'isochronisme. D'où il suivroit, ce me semble, que les *battements* devroient se ralentir à mesure qu'ils s'accélèrent, puis se réunir tout d'un coup à l'instant que l'accord est juste.

L'observation des *battements* est une bonne règle à consulter sur le meilleur système de tempérament. (Voyez TEMPÉRAMENT.) Car il est clair que de tous les tempéraments possibles celui qui laisse le moins de *battements* dans l'orgue est celui que l'oreille et la nature préfèrent. Or c'est une expérience constante et reconnue de tous les facteurs, que les altérations des tierces majeures produisent des *battements* plus sensibles et plus désagréables que celles des quintes. Ainsi la nature elle-même a choisi.

BATTERIE, *s. f.* Manière de frapper et répéter successivement sur diverses cordes d'un instrument les divers sons qui composent un accord, et de passer ainsi d'accord en accord par un même mouvement de notes. La *batterie* n'est qu'un arpège continué, mais dont toutes les notes sont détachées au lieu d'être liées comme dans l'arpège.

BATTEUR DE MESURE. Celui qui bat la mesure dans un concert. (Voyez l'article suivant.)

BATTRE LA MESURE. C'est en marquer les temps par des mouvements de la main ou du pied, qui en règlent la durée, et par lesquels toutes les mesures semblables sont rendues parfaitement égales en valeur chronique, ou en temps dans l'exécution.

Il y a des mesures qui ne se battent qu'à un temps, d'autres à deux, à trois ou à quatre ; ce qui est le plus grand nombre de temps marqués que puisse renfermer une mesure ; encore une mesure à quatre temps peut-elle toujours se résoudre en deux mesures à deux temps. Dans toutes ces différentes mesures le temps frappé est toujours sur la note qui suit la barre immédiatement ; le temps levé est toujours celui qui la précède, à moins que la mesure ne soit à un seul temps ; et même alors il faut toujours supposer le temps foible, puisqu'on ne sauroit frapper sans avoir levé.

Le degré de lenteur ou de vitesse qu'on donne à la mesure dépend de plusieurs choses : 1º de la valeur des notes qui composent la mesure. On voit bien qu'une mesure qui contient une ronde doit se *battre* plus posément et durer davantage que celle qui ne contient qu'une noire ; 2° du mouvement indiqué par le mot françois ou italien qu'on trouve ordinairement à la tête de l'air, *gai*, *vite*, *lent*, etc. ; tous ces mots indiquent autant de modifications dans le mouvement d'une même sorte de mesure ; 3° enfin du caractère de l'air même, qui, s'il est bien fait, en fera nécessairement sentir le vrai mouvement.

Les musiciens françois ne *battent* pas la *mesure* comme les Italiens. Ceux-ci, dans la mesure à quatre temps, frappent successivement les deux premiers temps et lèvent les deux autres ; ils frappent aussi les deux premiers dans la mesure à trois temps, et lèvent le troisième. Les François ne frappent jamais que le premier temps, et marquent les autres par différents mouvements de la main à droite et à gauche. Cependant la musique françoise auroit beaucoup plus besoin que l'italienne d'une mesure bien marquée ; car elle ne porte point sa cadence en elle-même ; ses mouvements n'ont aucune précision naturelle ; on presse ou ralentit la mesure au gré du chanteur. Combien les oreilles ne sont-elles pas choquées à l'Opéra de Paris du bruit désagréable et continuel que fait avec son bâton celui qui *bat la mesure*, et que le Petit Prophète compare plaisamment à un bûcheron qui coupe du bois ! Mais c'est un mal inévitable : sans ce bruit on ne pourroit sentir la mesure ; la musique par elle-même ne la marque pas : aussi les étrangers n'aperçoivent-ils point le mouvement de nos airs. Si l'on y fait attention, l'on trouvera que c'est ici l'une des différences spécifiques de la musique françoise à l'italienne. En Italie la mesure est l'ame de la musique ; c'est la mesure bien sentie qui lui donne cet accent qui la rend si charmante ; c'est la mesure aussi qui gouverne le musicien dans l'exécution. En France, au contraire, c'est le musicien qui gouverne la mesure ; il l'énerve et la défigure sans scrupule. Que dis-je ! le bon goût même consiste à ne la pas laisser sentir ; précaution dont au reste elle n'a pas grand besoin. L'Opéra de Paris est le seul théâtre de l'Europe où l'on *batte la mesure* sans la suivre, partout ailleurs on la suit sans la *battre*.

Il règne là-dessus une erreur populaire qu'un peu de réflexion détruit aisément. On s'imagine qu'un auditeur ne *bat* par instinct la *mesure* d'un air qu'il entend que parce qu'il la sent vivement ; et c'est au contraire parce qu'elle n'est pas assez sensible ou qu'il ne la sent pas assez, qu'il tâche, à force de mouvement des mains et des pieds, de suppléer ce qui manque en ce point à son oreille. Pour peu qu'une musique donne prise à la cadence, on voit la plupart des François qui l'écoutent faire mille contorsions et un bruit terrible, pour aider la mesure à marcher ou leur oreille à la sentir.

Substituez des Italiens ou des Allemands, vous n'entendrez pas le moindre bruit, et ne verrez pas le moindre geste qui s'accorde avec la mesure. Seroit-ce peut-être que les Allemands, les Italiens, sont moins sensibles à la mesure que les François? Il y a tel de mes lecteurs qui ne se feroit guère presser pour le dire; mais dira-t-il aussi que les musiciens les plus habiles sont ceux qui sentent le moins la mesure? Il est incontestable que ce sont ceux qui la *battent* le moins; et quand, à force d'exercice, ils ont acquis l'habitude de la sentir continuellement, ils ne la *battent* plus du tout: c'est un fait d'expérience qui est sous les yeux de tout le monde. L'on pourra dire encore que les mêmes gens à qui je reproche de ne *battre la mesure* que parce qu'ils ne la sentent pas assez, ne la *battent* plus dans les airs où elle n'est pas sensible, et je répondrai que c'est parce qu'alors ils ne la sentent point du tout. Il faut que l'oreille soit frappée au moins d'un foible sentiment de mesure pour que l'instinct cherche à le renforcer.

Les anciens, dit M. Burette, *battoient la mesure* en plusieurs façons : la plus ordinaire consistoit dans le mouvement du pied qui s'élevoit de terre, et la frappoit alternativement selon la mesure des deux temps égaux ou inégaux. (Voyez RHYTHME.) C'étoit ordinairement la fonction du maître de musique appelé coryphée, κορυφαῖος, parce qu'il étoit placé au milieu du chœur des musiciens, et dans une situation élevée pour être plus facilement vu et entendu de toute la troupe. Ces batteurs de mesure se nommoient en grec ποδόκτυποι et ποδόψοροι, à cause du bruit de leurs pieds, συντονάριοι, à cause de l'uniformité du geste, et, si l'on peut parler ainsi, de la monotonie du rhythme, qu'ils battoient toujours à deux temps. Ils s'appeloient en latin *pedarii, podarii, pedicularii*. Ils garnissoient ordinairement leurs pieds de certaines chaussures ou sandales de bois ou de fer, destinées à rendre la percussion rhythmique plus éclatante, nommées en grec, κρουπέζια, κορύπαλα, κρούπεζα, et en latin, *pedicula, scabella* ou *scabilla*, à cause qu'elles ressembloient à de petits marche-pieds ou de petites escabelles.

Ils *battoient la mesure* non seulement du pied, mais aussi de la main droite, dont ils réunissoient tous les doigts pour frapper dans le creux de la main gauche, et celui qui marquoit ainsi le rhythme s'appeloit *manuductor*. Outre ce claquement de mains et le bruit des sandales, les anciens avoient encore, pour *battre la mesure*, celui des coquilles, des échailles d'huîtres et des ossements d'animaux qu'on frappoit l'un contre l'autre, comme on fait aujourd'hui les castagnettes, le triangle, et autres pareils instruments.

Tout ce bruit, si désagréable et si superflu parmi nous à cause de l'égalité constante de la mesure, ne l'étoit pas de même chez eux, où les fréquents changements de pieds et de rhythmes exigeoient un accord plus difficile, et donnoient au bruit même une variété plus harmonieuse et plus piquante. Encore peut-on dire que l'usage de battre ainsi ne s'introduisit qu'à mesure que la mélodie devint plus languissante, et perdit de son accent et de son énergie. Plus on remonte, moins on trouve d'exemples de ces batteurs de mesure, et dans la musique de la plus haute antiquité l'on n'en trouve plus du tout.

BÉMOL ou B mol, *s. m.* Caractère de musique auquel on donne à peu près la figure d'un *b*, et qui fait abaisser d'un semi-ton mineur la note à laquelle il est joint. (Voyez SEMI-TON.)

Gui d'Arezzo ayant autrefois donné des noms à six des notes de l'octave, desquelles il fit son célèbre hexacorde, laissa la septième sans autre nom que celui de la lettre *b*, qui lui est propre, comme le *c* à l'*ut*, le *d* au *re*, etc. Or, ce *b* se chantoit de deux manières; savoir, à un ton au-dessus du *la*, selon l'ordre naturel de la gamme, ou seulement à un semi-ton du même *la*, lorsqu'on vouloit conjoindre les tétracordes; car il n'étoit pas encore question de nos modes ou tons modernes. Dans le premier cas, le *si* sonnant assez durement à cause des trois tons consécutifs, on jugea qu'il faisoit à l'oreille un effet semblable à celui que les corps anguleux et durs font à la main; c'est pourquoi on l'appela b *dur* ou b *carré;* en italien b *quadro*.

9.

Dans le second cas, au contraire, on trouva que le *si* étoit extrêmement doux ; c'est pourquoi on l'appela b *mol ;* par la même analogie, on auroit pu l'appeler aussi b *rond,* et en effet les Italiens le nomment quelquefois b *tondo.*

Il y a deux manières d'employer le *bémol ;* l'une accidentelle, quand dans le cours du chant on le place à la gauche d'une note. Cette note est presque toujours la note sensible dans les tons majeurs, et quelquefois la sixième note dans les tons mineurs, quand la clef n'est pas correctement armée. Le *bémol* accidentel n'altère que la note qu'il touche et celles qui la rabattent immédiatement, ou tout au plus celles qui, dans la même mesure, se trouvent sous le même degré sans aucun signe contraire.

L'autre manière est d'employer le *bémol* à la clef, et alors il la modifie, il agit dans toute la suite de l'air et sur toutes les notes placées sur le même degré, à moins que ce *bémol* ne soit détruit accidentellement par quelque dièse ou bécarre, ou que la clef ne vienne à changer.

La position des *bémols* à la clef n'est pas arbitraire : en voici la raison ; ils sont destinés à changer le lieu des semi-tons de l'échelle ; or, ces deux semi-tons doivent toujours garder entre eux des intervalles prescrits ; savoir, celui d'une quarte d'un côté, et celui d'une quinte de l'autre. Ainsi la note *mi,* inférieure de son semi-ton, fait au grave la quinte du *si*, qui est son homologue dans l'autre semi-ton; et à l'aigu la quarte du même *si*; et réciproquement la note *si* fait au grave la quarte du *mi*, et à l'aigu la quinte du même *mi*.

Si donc laissant, par exemple, le *si* naturel, on donnoit un *bémol* au *mi*, le semi-ton changeroit de lieu, et se trouveroit descendu d'un degré entre le *re* et le *mi bémol*. Or, dans cette position, l'on voit que les deux semi-tons ne garderoient plus entre eux la distance prescrite, car le *re*, qui seroit la note inférieure de l'un, feroit au grave la sixte du *si*, son homologue dans l'autre, et à l'aigu la tierce du même *si*; et ce *si* fera au grave la tierce du *re*, et à l'aigu la sixte du même *re*. Ainsi les deux semi-tons seroient trop voisins d'un côté, et trop éloignés de l'autre.

L'ordre des *bémols* ne doit donc pas commencer par *mi*, ni par aucune autre note de l'octave que par *si*, la seule qui n'a pas le même inconvénient; car bien que le semi-ton y change de place, et, cessant d'être entre le *si* et l'*ut*, descende entre le *si bémol* et le *la*, toutefois l'ordre prescrit n'est point détruit; le *la*, dans ce nouvel arrangement, se trouvant d'un côté à la quarte, et de l'autre à la quinte du *mi*, son homologue, et réciproquement.

La même raison qui fait placer le premier *bémol* sur le *si* fait mettre le second sur le *mi*, et ainsi de suite; en montant de quarte ou descendant de quinte jusqu'au *sol*, auquel on s'arrête ordinairement, parce que le *bémol* de l'*ut*, qu'on trouveroit ensuite, ne diffère point du *si* dans la pratique. Cela fait donc une suite de cinq *bémols* dans cet ordre :

1   2   3   4   5
Si   Mi   La   Re   Sol.

Toujours par la même raison, l'on ne sauroit employer les derniers *bémols* à la clef sans employer aussi ceux qui les précèdent : ainsi le *bémol* du *mi* ne se pose qu'avec celui du *si*, celui du *la* qu'avec les deux précédents, et chacun des suivants qu'avec tous ceux qui le précèdent.

On trouvera dans l'article CLEF une formule pour savoir tout d'un coup si un ton ou un mode donné doit porter des *bémols* à la clef, et combien.

BÉMOLISER, *v. a.* Marquer une note d'un *bémol*, ou armer la clef par *bémol*. *Bémolisez* ce *mi*. Il faut *bémoliser* la clef pour le ton de *fa*.

BÉQUARRE ou B QUARRE [1], *s. m.* Caractère de musique qui s'écrit ainsi ♮, et qui, placé à la gauche d'une note, marque que cette note ayant été précédemment haussée par un dièse ou baissée par un *bémol*, doit être remise à son élévation naturelle ou diatonique.

Le *bécarre* fut inventé par Gui d'Arezzo. Cet auteur, qui donna des noms aux six premières notes

---

[1] * On écrit actuellement *Bécarre*.

de l'octave, n'en laissa point d'autre que la lettre *b* pour exprimer le *si* naturel : car chaque note avoit dès-lors sa lettre correspondante ; et comme le chant diatonique de ce *si* est dur quand on y monte depuis le *fa*, il l'appela simplement b *dur*, b *carré*, ou b *carre*, par une allusion dont j'ai parlé dans l'article précédent.

Le *bécarre* servit dans la suite à détruire l'effet du bémol antérieur sur la note qui suivoit le *bécarre* ; c'est que le bémol se plaçant ordinairement sur le *si*, le *bécarre*, qui venoit ensuite ne produisoit, en détruisant ce bémol, que son effet naturel, qui étoit de représenter la note *si* sans altération. À la fin on s'en servit par extension, et, faute d'autre signe, pour détruire aussi l'effet du dièse ; et c'est ainsi qu'il s'emploie encore aujourd'hui. Le *bécarre* efface également le dièse ou le bémol qui l'ont précédé.

Il y a cependant une distinction à faire. Si le dièse ou le bémol étoient accidentels, ils sont détruits sans retour par le *bécarre* dans toutes les notes qui le suivent médiatement ou immédiatement sur le même degré, jusqu'à ce qu'il s'y présente un nouveau bémol ou un nouveau dièse. Mais si le bémol ou le dièse sont à la clef, le *bécarre* ne les efface que pour la note qu'il précède immédiatement, ou tout au plus pour toutes celles qui suivent dans la même mesure et sur le même degré ; et à chaque note altérée à la clef dont on veut détruire l'altération, il faut autant de nouveaux *bécarres*. Tout cela est assez mal entendu; mais tel est l'usage.

Quelques-uns donnoient un autre sens au *bécarre*, et, lui accordant seulement le droit d'effacer les dièses ou bémols accidentels, lui ôtoient celui de rien changer à l'état de la clef; de sorte qu'en ce sens sur un *fa* dièsé, ou sur un *si* bémolisé à la clef, le *bécarre* ne serviroit qu'à détruire un dièse accidentel sur ce *si*, ou un bémol sur ce *fa*, et signifieroit toujours le *fa* dièse ou le *si* bémol tel qu'il est à la clef.

D'autres enfin se servoient bien du *bécarre* pour effacer le bémol, même celui de la clef, mais jamais pour effacer le dièse; c'est le bémol seulement qu'ils employoient dans ce dernier cas.

Le premier usage a tout-à-fait prévalu; ceux-ci deviennent plus rares, et s'abolissent de jour en jour : mais il est bon d'y faire attention en lisant d'anciennes musiques, sans quoi l'on se tromperoit souvent.

Bɪ. Syllabe dont quelques musiciens étrangers se servoient autrefois pour prononcer le nom de la gamme que les François appellent *si*. (Voyez Sɪ.)

Bɪscʀoᴍᴇ, *s. f.* Mot italien qui signifie *triples-croches*. Quand ce mot est écrit sous une suite de notes égales et de plus grande valeur que les triples-croches, il marque qu'il faut diviser en triples-croches les valeurs de toutes ces notes selon la division réelle qui se trouve ordinairement faite au premier temps. C'est une invention des auteurs adoptée par les copistes, surtout dans les partitions, pour épargner le papier et la peine. (Voyez Crochet.)

Blanche, *s. f.* C'est le nom d'une note qui vaut deux noires, ou la moitié d'une ronde. (Voyez l'article Notes; et la valeur de la *blanche*, planche 7, figure 2.)

Bourdon. Basse-continue qui résonne toujours sur le même ton, comme sont communément celles des airs appelés *musettes*. (Voyez Point d'orgue.)

Bourrée, *s. f.* Sorte d'air propre à une danse de même nom, que l'on croit venir d'Auvergne, et qui est encore en usage dans cette province. La *bourrée* est à deux temps gais, et commence par une noire avant le frappé. Elle doit avoir, comme la plupart des autres danses, deux parties et quatre mesures, ou un multiple de quatre à chacune. Dans ce caractère d'air on lie assez fréquemment la seconde moitié du premier temps et la première du second par une balance syncopée.

Boutade, *s. f.* Ancienne sorte de petit ballet qu'on exécutoit ou qu'on paroissoit exécuter impromptu. Les musiciens ont aussi quelquefois donné ce nom aux pièces ou idées qu'ils exécutoient de même sur leurs instruments, et qu'on appeloit autrement Caprice, Fantaisie. (Voyez ces mots.)

Brailler, *v. n.* C'est excéder le volume de sa voix et chanter tant qu'on a de force, comme font au lutrin les marguilliers de village, et certains musiciens ailleurs.

Branle, *s. m.* Sorte de danse fort gaie, qui se danse en rond sur un air court et en rondeau, c'est-à-dire avec un même refrain à la fin de chaque couplet.

Bref. Adverbe qu'on trouve quelquefois écrit dans d'anciennes musiques au-dessus de la note qui finit une phrase ou un air, pour marquer que cette finale doit être coupée par un son bref et sec, au lieu de durer toute sa valeur. (Voyez Couper.) Ce mot est maintenant inutile depuis qu'on a un signe pour l'exprimer.

Brève, *s. f.* Note qui passe deux fois plus vite que celle qui la précède : ainsi la noire est *brève* après une blanche pointée, la croche après une noire pointée. On ne pourroit pas de même appeler *brève* une note qui vaudroit la moitié de la précédente : ainsi la noire n'est pas une *brève* après la blanche simple, ni la croche après la noire, à moins qu'il ne soit question de syncope.

C'est autre chose dans le plain-chant. Pour répondre exactement à la quantité des syllabes, la *brève* y vaut la moitié de la longue; de plus, la longue a quelquefois une queue pour la distinguer de la *brève* qui n'en a jamais, ce qui est précisément l'opposé de la musique, où la ronde, qui n'a point de queue, est double de la blanche qui en a une. (Voyez MESURE, VALEUR DES NOTES.)

BRÈVE est aussi le nom que donnoient nos anciens musiciens, et que donnent encore aujourd'hui les Italiens à cette vieille figure de note que nous appelons *carrée*. Il y avoit deux sortes de *brèves* : savoir, la droite parfaite, qui se divise en trois parties égales, et vaut trois rondes ou semi-brèves dans la mesure triple, et la *brève* altérée ou imparfaite, qui se divise en deux parties égales, et ne vaut que deux semi-brèves dans la mesure double. Cette dernière sorte de *brève* est celle qui s'indique par le signe du C barré; et les Italiens nomment encore *alla breve* la mesure à deux temps fort vites, dont ils se servent dans les musiques *da capella*. (Voyez ALLA BREVE.)

BRODERIES, DOUBLES, FLEURTIS. Tout cela se dit en musique de plusieurs notes de goût que le musicien ajoute à sa partie dans l'exécution, pour varier un chant souvent répété, pour orner des passages trop simples, ou pour faire briller la légèreté de son gosier ou de ses doigts. Rien ne montre mieux le bon ou le mauvais goût d'un musicien que le choix et l'usage qu'il fait de ces ornements. La vocale françoise est fort retenue sur les *broderies*; elle le devient même davantage de jour en jour, et, si l'on excepte le célèbre Jélyotte et mademoiselle Fel, aucun acteur françois ne se hasarde plus au théâtre à faire des *doubles;* car le chant françois, ayant pris un ton plus traînant et plus lamentable encore depuis quelques années, ne les comporte plus. Les Italiens s'y donnent carrière : c'est chez eux à qui en fera davantage, émulation qui mène toujours à en faire trop. Cependant l'accent de leur mélodie étant très-sensible, ils n'ont pas à craindre que le vrai chant disparoisse sous ces ornements que l'auteur même y a souvent supposés.

A l'égard des instruments, on fait ce qu'on veut dans un *solo*, mais jamais symphoniste qui brode ne fut souffert dans un orchestre.

BRUIT, *s. m.* C'est en général toute émotion de l'air qui se rend sensible à l'organe auditif. Mais, en musique, le mot *bruit* est opposé au mot *son*, et s'entend de toute sensation de l'ouïe qui n'est pas sonore et appréciable. On peut supposer, pour expliquer la différence qui se trouve à cet égard entre le *bruit* et le *son*, que ce dernier n'est appréciable que par le concours de ses harmoniques, et que le *bruit* ne l'est pas parce qu'il en est dépourvu. Mais outre que cette manière d'appréciation n'est pas facile à concevoir si l'émotion de l'air, causée par le *son*, fait vibrer avec une corde les aliquotes de cette corde, on ne voit pas pourquoi l'émotion de l'air, causée par le *bruit*, ébranlant cette même corde, n'ébranleroit pas de même ses aliquotes. Je ne sache pas qu'on ait observé aucune propriété de l'air qui puisse faire soupçonner que l'agitation qui produit le son et celle qui produit le *bruit* prolongé ne soient pas de même nature, et que l'action et réaction de l'air et du corps sonore, ou de l'air et du corps bruyant, se fassent par des lois différentes dans l'un et dans l'autre effet.

Ne pourroit-on pas conjecturer que le *bruit* n'est point d'une autre nature que le son; qu'il n'est lui-même que la somme d'une multitude confuse de sons divers, qui se font entendre à la fois et contrarient en quelque sorte mutuellement leurs ondulations? Tous les corps élastiques semblent être plus sonores à mesure que leur matière est plus homogène, que le degré de cohésion est plus égal partout, et que le corps n'est pas, pour ainsi dire, partagé en une multitude de petites masses qui, ayant des solidités différentes, résonnent conséquemment à différents tons.

Pourquoi le *bruit* ne seroit-il pas du son, puisqu'il en excite? car tout *bruit* fait résonner les cordes d'un clavecin, non quelques-unes, comme fait un son, mais toutes ensemble, parce qu'il n'y en a pas une qui ne trouve son unisson ou ses harmoniques. Pourquoi le *bruit* ne seroit-il pas du son, puisque avec des sons on fait du *bruit*? Touchez à la fois toutes les touches d'un clavier, vous produirez une sensation totale qui ne sera que du *bruit,* et qui ne prolongera son effet par la résonnance des cordes que comme tout autre *bruit* qui feroit résonner les mêmes cordes. Pourquoi le *bruit* ne seroit-il pas du son, puisqu'un son trop fort n'est plus qu'un véritable *bruit,* comme une voix qui crie à pleine tête, et surtout comme le son d'une grosse cloche qu'on entend dans le clocher même ? car il est impossible de l'apprécier, si, sortant du clocher, on n'adoucit le son par l'éloignement.

Mais, me dira-t-on, d'où vient ce changement d'un son excessif en *bruit?* c'est que la violence des vibrations rend sensible la résonnance d'un si grand nombre d'aliquotes, que le mélange de tant de sons divers fait alors son effet ordinaire et n'est plus que du *bruit.* Ainsi les aliquotes qui résonnent ne sont pas seulement la moitié, le tiers, le quart, et toutes les consonnances, mais la septième partie, la neuvième, la centième, et plus encore ; tout cela fait ensemble un effet semblable à celui de toutes les touches d'un clavecin frappées à la fois : et voilà comment le son devient *bruit.*

On donne aussi, par mépris, le nom de *bruit* à une musique étourdissante et confuse, où l'on entend plus de fracas que d'harmonie, et plus de clameurs que de chant: *Ce n'est que du* bruit; *cet opéra fait beaucoup de* bruit *et peu d'effet.*

BUCOLIASME. Ancienne chanson des bergers. (Voyez CHANSON.)

C.

C. Cette lettre étoit, dans nos anciennes musiques, le signe de la prolation mineure imparfaite; d'où la même lettre est restée parmi nous celui de la mesure à quatre temps, laquelle renferme exactement les mêmes valeurs de notes. (Voyez MODE, PROLATION.)

C BARRÉ. Signe de la mesure à quatre temps vites, ou à deux temps posés : il se marque en traversant le C de haut en bas par une ligne perpendiculaire à la portée.

C *sol ut*, C *sol fa ut*, ou simplement C. Caractère ou terme de musique qui indique la première note de la gamme, que nous appelons *ut*. (Voyez GAMME.) C'est aussi l'ancien signe d'une des trois clefs de la musique. (Voyez CLEF.)

CACOPHONIE, *s. f.* Union discordante de plusieurs sons mal choisis ou mal accordés. Ce mot vient de κακὸς, mauvais, et de φωνὴ, son. Ainsi, c'est mal à propos que la plupart des musiciens prononcent *cacaphonie*. Peut-être feront-ils à la fin passer cette prononciation comme ils ont déjà fait passer celle de *colophane*.

CADENCE, *s. f.* Terminaison d'une phrase harmonique sur un repos ou sur un accord parfait, ou, pour parler plus généralement, c'est tout passage d'un accord dissonant à un accord quelconque; car on ne peut jamais sortir d'un accord dissonant que par un acte de *cadence*. Or, comme toute phrase harmonique est nécessairement liée par des dissonances exprimées ou sous-entendues, il s'ensuit que toute l'harmonie n'est proprement qu'une suite de *cadences*.

Ce qu'on appelle *acte de cadence* résulte toujours de deux sons fondamentaux, dont l'un annonce la *cadence*, et l'autre la termine.

Comme il n'y a point de dissonance sans *cadence*, il n'y a point non plus de *cadence* sans dissonance, exprimée ou sous-entendue; car, pour faire sentir le repos, il faut que quelque chose d'antérieur le suspende, et ce quelque chose ne peut être que la dissonance ou le sentiment implicite de la dissonance : autrement les deux accords étant également parfaits, on pourroit se reposer sur le premier; le second ne s'annonceroit point et ne seroit pas nécessaire. L'accord formé sur le premier son d'une *cadence* doit donc toujours être dissonant, c'est-à-dire porter ou supporter une dissonance.

A l'égard du second, il peut être consonnant ou dissonant, selon qu'on veut établir ou éluder le repos. S'il est consonnant, la *cadence* est pleine; s'il est dissonant, la *cadence* est évitée ou imitée.

On compte ordinairement quatre espèces de *cadences* : savoir, *cadence parfaite, cadence imparfaite* ou *irrégulière, cadence interrompue*, et *cadence rompue :* ce sont les dénominations que leur a données M. Rameau, et dont on verra ci-après les raisons.

I. Toutes les fois qu'après un accord de septième la basse-fondamentale descend de quinte sur un accord parfait, c'est une *cadence parfaite* pleine, qui procède toujours d'une dominante tonique à la tonique ; mais si la *cadence parfaite* est évitée par une dissonance ajoutée à la seconde note, on peut commencer une seconde *cadence* en évitant la première sur cette seconde note, éviter derechef cette seconde *cadence*, et en commencer une troisième sur la troisième note, enfin continuer ainsi tant qu'on veut, en montant de quarte ou descendant de quinte sur toutes les cordes du ton, et cela forme une succession de *cadences parfaites évitées.* Dans cette succession, qui est sans contredit la plus harmonique, deux parties, savoir, celles qui font la septième et la quinte, descendent sur la tierce et l'octave de l'accord suivant, tandis que deux autres parties, savoir, celles qui font la tierce et l'octave, restent pour faire à leur tour la septième et la quinte, et descendent ensuite alternativement avec les deux autres. Ainsi une telle succession donne une harmonie descendante : elle ne doit jamais s'arrêter qu'à une dominante tonique pour tomber ensuite sur la tonique par une *cadence* pleine. (*Pl.* 1, *fig.* 1.)

II. Si la basse-fondamentale, au lieu de descendre de quinte, après un accord de septième, descend seulement de tierce, la *cadence* s'appelle *interrompue* : celle-ci ne peut jamais être pleine; mais il faut nécessairement que la seconde note de cette *cadence* porte un autre accord dissonant. On peut de même continuer à descendre de tierce ou monter de sixte par des accords de septième; ce qui fait une deuxième succession de *cadences* évitées, mais bien moins parfaite que la précédente : car la septième, qui se sauve sur la tierce dans la *cadence parfaite*, se sauve ici sur l'octave, ce qui rend moins d'harmonie, et fait même sous-entendre deux octaves; de sorte que, pour les éviter, il faut retrancher la dissonance ou renverser l'harmonie.

Puisque la *cadence interrompue* ne peut jamais être pleine, il s'ensuit qu'une phrase ne peut finir par elle; mais il faut recourir à la *cadence parfaite* pour faire entendre l'accord dominant. (*F*. 1 et 2.)

La *cadence interrompue* forme encore, par sa succession, une harmonie descendante; mais il n'y a qu'un seul son qui descende. Les trois autres restent en place pour descendre, chacun à son tour, dans une marche semblable. (*Fig.* 1 et 2.)

Quelques-uns prennent mal à propos pour une *cadence interrompue* un renversement de la *cadence parfaite*, où la basse, après un accord de septième, descend de tierce portant un accord de sixte; mais chacun voit qu'une telle marche, n'étant point fondamentale, ne peut constituer une *cadence* particulière.

III. *Cadence rompue* est celle où la basse-fondamentale, au lieu de monter de quatre après un accord de septième, comme dans la *cadence parfaite*, monte seulement d'un degré. Cette *cadence* s'évite le plus souvent par une septième sur la seconde note. Il est certain qu'on ne peut la faire pleine que par licence, car alors il y a nécessairement défaut de liaison. (Voyez *fig.* 3.)

Une succession de *cadences rompues* évitées est encore descendante ; trois sons y descendent, et l'octave reste seule pour préparer la dissonance ; mais une telle succession est dure, mal modulée, et se pratique rarement.

IV. Quand la basse descend, par un intervalle de quinte, de la dominante sur la tonique, c'est, comme je l'ai dit, un acte de *cadence parfaite*.

Si au contraire la basse monte par quinte de la tonique à la dominante, c'est un acte de *cadence irrégulière* ou *imparfaite*. Pour l'annoncer, on ajoute une sixte majeure à l'accord de la tonique ; d'où cet accord prend le nom de *sixte-ajoutée*. (Voyez Accord.) Cette sixte, qui fait dissonance sur la quinte, est aussi traitée comme dissonance sur la basse-fondamentale, et, comme telle, obligée de se sauver en montant diatoniquement sur la tierce de l'accord suivant.

La *cadence imparfaite* forme une opposition

presque entière à la *cadence parfaite*. Dans le premier accord de l'une et de l'autre, on divise la quarte qui se trouve entre la quinte et l'octave par une dissonance qui y produit une nouvelle tierce, et cette dissonance doit aller se résoudre sur l'accord suivant par une marche fondamentale de quinte. Voilà ce que ces deux *cadences* ont de commun : voici maintenant ce qu'elles ont d'opposé.

Dans la *cadence parfaite* le son ajouté se prend au haut de l'intervalle de quarte, auprès de l'octave formant tierce avec la quinte, et produit une dissonance mineure qui se sauve en descendant, tandis que la basse-fondamentale monte de quarte ou descend de quinte de la dominante à la tonique, pour établir un repos parfait. Dans la *cadence imparfaite*, le son ajouté se prend au bas de l'intervalle de quarte auprès de la quinte, et, formant tierce avec l'octave, il produit une dissonance majeure qui se sauve en montant, tandis que la basse-fondamentale descend de quarte ou monte de quinte de la tonique à la dominante pour établir un repos imparfait.

M. Rameau, qui a le premier parlé de cette *cadence*, et qui en admet plusieurs renversements, nous défend, dans son *Traité de l'Harmonie, page* 117, d'admettre celui où le son ajouté est au grave portant un accord de septième, et cela par une raison peu solide dont j'ai parlé au mot ACCORD. Il a pris cet accord de septième pour fondamental; de sorte qu'il fait sauver une septième par une autre septième, une dissonance par une dissonance pareille, par un mouvement semblable sur la basse-fondamentale. Si une telle manière de traiter les dissonances pouvoit se tolérer, il faudroit se boucher les oreilles et jeter les règles au feu. Mais l'harmonie, sous laquelle cet auteur a mis une si étrange basse-fondamentale, est visiblement renversée d'une *cadence imparfaite,* évitée par une septième ajoutée sur la seconde note. (Voyez *Planche* 1, *fig.* 3.) Et cela est si vrai, que la basse-continue qui frappe la dissonance est nécessairement obligée de monter diatoniquement pour la sauver, sans quoi le passage ne vaudroit rien. J'avoue que dans le même ouvrage, *page* 272, M. Rameau donne un exemple semblable avec la vraie basse-fondamentale; mais puisqu'il improuve en termes formels le renversement qui résulte de cette basse, un tel passage ne sert qu'à montrer dans son livre une contradiction de plus; et bien que dans un ouvrage postérieur (*Genér. harmon., page* 186) le même auteur semble reconnoître le vrai fondement de ce passage, il en parle si obscurément, et dit encore si nettement que la septième est sauvée par une autre, qu'on voit bien qu'il ne fait ici qu'entrevoir, et qu'au fond il n'a pas changé d'opinion: de sorte qu'on est en droit de rétorquer contre lui le reproche qu'il fait à Masson de n'avoir pas su voir la *cadence imparfaite* dans un de ses renversements.

La même *cadence imparfaite* se prend encore de la sous-dominante à la tonique. On peut aussi l'éviter, et lui donner de cette manière une succession de plusieurs notes, dont les accords formeront une harmonie ascendante, dans laquelle la sixte et l'octave montent sur la tierce et la quinte de l'accord, tandis que la tierce et la quinte restent pour faire l'octave et préparer la sixte.

Nul auteur, que je sache, n'a parlé, jusqu'à M. Rameau, de cette ascension harmonique; lui-même ne l'a fait qu'entrevoir; et il est vrai qu'on ne pourroit ni pratiquer une longue suite de pareilles *cadences*, à cause des sixtes majeures qui éloigneroient la modulation, ni même en remplir, sans précaution, toute l'harmonie.

Après avoir exposé les règles et la constitution des diverses *cadences,* passons aux raisons que M. d'Alembert donne, d'après M. Rameau, de leurs dénominations.

La *cadence parfaite* consiste dans une marche de quinte en descendant; et, au contraire, l'*imparfaite* consiste dans une marche de quinte en montant : en voici la raison. Quand je dis *ut sol*, *sol* est déjà renfermé dans l'*ut*; puisque tout son, comme *ut*, porte avec lui sa douzième, dont sa quinte *sol* est l'octave ; ainsi, quand on va d'*ut* à *sol*, c'est le son générateur qui passe à son produit, de manière pourtant que l'oreille désire toujours de revenir à ce premier générateur : au contraire, quand on dit *sol ut*, c'est le produit qui retourne au générateur ; l'oreille est satisfaite et ne désire plus rien. De plus, dans cette marche *sol ut*, le *sol* se fait encore entendre dans *ut* ; ainsi l'oreille entend à la fois le générateur et son produit : au lieu que dans la marche *ut sol*, l'oreille qui, dans le premier son, avoit entendu *ut* et *sol*, n'entend plus, dans le second, que *sol* sans *ut*. Ainsi le repos ou la *cadence* de *sol* à *ut* a plus de perfection que la *cadence* ou le repos d'*ut* à *sol*.

Il semble, continue M. d'Alembert, que dans les principes de M. Rameau on peut encore expliquer l'effet de la *cadence rompue* et de la *cadence interrompue*. Imaginons, pour cet effet, qu'après un accord de septième *sol si re fa*, on monte diatoniquement par une *cadence rompue* à l'accord *la ut mi sol* ; il est visible que cet accord est renversé de l'accord de sous-dominante *ut mi sol la* : ainsi la marche de *cadence rompue* équivaut à cette succession *sol si re fa, ut mi sol la*, qui n'est autre chose qu'une *cadence parfaite*, dans laquelle *ut*, au lieu d'être traitée comme tonique, est rendue sous-dominante. Or toute tonique, dit M. d'Alembert, peut toujours être rendue sous-dominante, en changeant de mode :

j'ajouterai qu'elle peut même porter l'accord de sixte-ajoutée, sans en changer.

A l'égard de la *cadence interrompue*, qui consiste à descendre d'une dominante sur une autre par l'intervalle de tierce en cette sorte *sol si re fa*, *mi sol si re*, il semble qu'on peut encore l'expliquer. En effet, le second accord *mi sol si re* est renversé de l'accord de sous-dominante *sol si re mi*: ainsi la *cadence interrompue* équivaut à cette succession, *sol si re fa, sol si re mi*, où la note *sol*, après avoir été traitée comme dominante, est rendue sous-dominante en changeant de mode.; ce qui est permis et dépend du compositeur.

Ces explications sont ingénieuses, et montrent quel usage on peut faire du double emploi dans les passages qui semblent s'y rapporter le moins. Cependant l'intention de M. d'Alembert n'est sûrement pas qu'on s'en serve réellement dans ceux-ci pour la pratique, mais seulement pour l'intelligence du renversement. Par exemple, le double emploi de la *cadence interrompue* sauveroit la dissonance *fa* par la dissonance *mi*, ce qui est contraire aux règles, à l'esprit des règles, et surtout au jugement de l'oreille; car dans la sensation du second accord *sol si re mi*, à la suite du premier *sol si re fa*, l'oreille s'obstine plutôt à rejeter le *re* du nombre des consonnances que d'admettre le *mi* pour dissonant. En général les commençants doivent savoir que le double emploi peut être admis sur un accord de septième à la suite d'un accord consonnant ; mais que sitôt qu'un accord de septième en suit un semblable, le double emploi ne peut avoir lieu. Il est bon qu'ils sachent encore qu'on ne doit changer de ton par nul autre accord dissonant que le sensible ; d'où il suit que dans la *cadence rompue* on ne peut supposer aucun changement de ton.

Il y a une autre espèce de *cadence*, que les musiciens ne regardent point comme telle, et qui, selon la définition, en est pourtant une véritable ; c'est le passage de l'accord de septième diminuée sur la note sensible à l'accord de la tonique. Dans ce passage il ne se trouve aucune *liaison harmonique*, et c'est le second exemple de ce défaut dans ce qu'on appelle *cadence*. On pourroit regarder les transitions enharmoniques comme des manières d'éviter cette même *cadence*, de même qu'on évite la *cadence parfaite* d'une dominante à sa tonique par une transition chromatique : mais je me borne à expliquer ici les dénominations établies.

CADENCE est, en terme de chant, ce battement de gosier que les Italiens appellent *trillo*, que nous appelons autrement *tremblement*, et qui se fait ordinairement sur la pénultième note d'une phrase musicale, d'où sans doute il a pris le nom de *cadence*. On dit, *Cette actrice a une belle cadence ; ce chanteur bat mal la cadence*, etc.

Il y a deux sortes de *cadences*: l'une est la *cadence pleine*; elle consiste à ne commencer le battement de voix qu'après en avoir appuyé la note supérieure : l'autre s'appelle *cadence brisée*, et l'on y fait le battement de voix sans aucune préparation. (Voyez l'exemple de l'une et de l'autre, *Pl. 5, figure 5.*)

CADENCE (la) est une qualité de la bonne musique, qui donne à ceux qui l'exécutent ou qui l'écoutent un sentiment vif de la mesure, en sorte qu'ils la marquent et la sentent tomber à propos, sans qu'ils y pensent et comme par instinct. Cette qualité est surtout requise dans les airs à danser : *Ce menuet marque bien la* cadence; *cette chaconne manque de* cadence. La *cadence*, en ce sens, étant une qualité, porte ordinairement l'article défini *la*; au lieu que la *cadence* harmonique porte, comme individuelle, l'article numérique : *Une* cadence *parfaite*; *trois* cadences *évitées*, etc.

Cadence signifie encore la conformité des pas du danseur avec la mesure marquée par l'instrument : *Il sort de* cadence; *il est bien en* cadence. Mais il faut observer que la cadence ne se marque pas toujours comme se bat la mesure. Ainsi le maître de musique marque le mouvement du menuet en frappant au commencement de chaque mesure; au lieu que le maître à danser ne bat que de deux en deux mesures, parce qu'il en faut autant pour former les quatre pas du menuet.

Cadencé, *adj.* Une musique bien *cadencée* est celle où la cadence est sensible, où le rhythme et l'harmonie concourent le plus parfaitement qu'il est possible à faire sentir le mouvement : car le choix des accords n'est pas indifférent pour marquer les temps de la mesure, et l'on ne doit pas pratiquer indifféremment la même harmonie sur le frappé et sur le levé. De même il ne suffit pas de partager les mesures en valeurs égales pour en faire sentir les retours égaux : mais le rhythme ne dépend pas moins de l'accent qu'on donne à la mélodie que des valeurs qu'on donne aux notes ; car on peut avoir des temps très-égaux en valeurs, et toutefois très-mal *cadencés* : ce n'est pas assez que l'égalité y soit, il faut encore qu'on la sente.

Cadenza, *s. f.* Mot italien par lequel on indique un point d'orgue non écrit, et que l'auteur laisse à la volonté de celui qui exécute la partie principale, afin qu'il y fasse, relativement au caractère de l'air, les passages les plus convenables à sa voix, à son instrument ou à son goût.

Ce point d'orgue s'appelle *cadenza* parce qu'il se fait ordinairement sur la première note d'une cadence finale, et il s'appelle aussi *arbitrio* à cause de la liberté qu'on y laisse à l'exécutant de se livrer à ses idées et de suivre son propre goût. La musique françoise, surtout la vocale, qui est extrêmement servile, ne laisse au chanteur aucune pareille liberté, dont même il seroit fort embarrassé de faire usage.

CANARDER, *v. n.* C'est, en jouant du hautbois, tirer un son nasillard et rauque, approchant du cri du canard; c'est ce qui arrive aux commençants, et surtout dans le bas, pour ne pas serrer assez l'anche des lèvres. Il est aussi très-ordinaire à ceux qui chantent la haute-contre de *canarder*, parce que la haute-contre est une voix factice et forcée qui se sent toujours de la contrainte avec laquelle elle sort.

CANARIE, *s. f.* Espèce de gigue dont l'air est d'un mouvement encore plus vif que celui de la gigue ordinaire : c'est pourquoi l'on le marque quelquefois par $\frac{6}{16}$: cette danse n'est plus en usage aujourd'hui. (Voyez GIGUE.)

CANEVAS, *s. m.* C'est ainsi qu'on appelle à l'Opéra de Paris des paroles que le musicien ajoute aux notes d'un air à parodier. Sur ces paroles, qui ne signifient rien, le poëte en ajuste d'autres qui ne signifient pas grand'chose, où l'on ne trouve, pour l'ordinaire, pas plus d'esprit que de sens; où la prosodie françoise est ridiculement estropiée, et qu'on appelle encore avec grande raison des *canevas*.

CANON, *s. m.* C'étoit dans la musique ancienne une règle ou méthode pour déterminer les rapports des intervalles. L'on donnoit aussi le nom de *canon* à l'instrument par lequel on trouvoit ces rapports; et Ptolomée a donné le même nom au livre que nous avons de lui sur les rapports de tous les intervalles harmoniques. En général, on appeloit *sectio canonis* la division du monocorde par tous ces intervalles; et *canon universalis* le monocorde ainsi divisé, ou la table qui le représentoit. (Voyez MONOCORDE.)

Canon, en musique moderne, est une sorte de fugue qu'on appelle *perpétuelle*, parce que les parties, partant l'une après l'autre, répètent sans cesse le même chant.

Autrefois, dit Zarlin, on mettoit à la tête des fugues perpétuelles, qu'il appelle *fughe in conseguenza*, certains avertissements qui marquoient comment il falloit chanter ces sortes de fugues; et ces avertissements étant proprement les règles de ces fugues s'intituloient *canoni*, règles, *canons*. De là, prenant le titre pour la chose, on a, par métonymie, nommé *canon* cette espèce de fugue.

Les *canons* les plus aisés à faire et les plus communs se prennent à l'unisson ou à l'octave, c'est-à-dire que chaque partie répète sur le même ton le chant de celle qui la précède. Pour composer cette espèce de *canon*, il ne faut qu'imaginer un chant à son gré, y ajouter en partition autant de parties qu'on veut, à voix égales, puis, de toutes ces parties chantées successivement, former un seul air, tâchant que cette succession produise un tout agréable, soit dans l'harmonie, soit dans le chant.

Pour exécuter un tel *canon*, celui qui doit chanter le premier part seul, chantant de suite l'air entier, et le recommençant aussitôt sans interrompre la mesure. Dès que celui-ci a fini le premier couplet, qui doit servir de sujet perpétuel, et sur lequel le *canon* entier a été composé, le second entre, et commence ce premier couplet, tandis que le premier entré poursuit le second : les autres partent de même successivement, dès que celui qui les précède est à la fin du même premier couplet; en recommençant ainsi sans cesse, on ne trouve jamais de fin générale, et l'on poursuit le *canon* aussi long-temps qu'on veut.

L'on peut encore prendre une fugue perpétuelle à la quinte ou à la quarte, c'est-à-dire que chaque partie répétera le chant de la précédente une quinte ou une quarte plus haut ou plus bas. Il faut alors que le *canon* soit imaginé tout entier, *di prima intenzione*, comme disent les Italiens, et que l'on ajoute des bémols ou des dièses aux notes dont les degrés naturels ne rendroient pas exactement, à la quinte ou à la quarte, le chant de la partie précédente. On ne doit avoir égard ici à aucune modulation, mais seulement à l'identité du chant, ce qui rend la composition du *canon* plus difficile; car à chaque fois qu'une partie reprend la fugue elle entre dans un nouveau ton;

elle en change presque à chaque note, et, qui pis est, nulle partie ne se trouve à la fois dans le même ton qu'une autre; ce qui fait que ces sortes de *canons*, d'ailleurs peu faciles à suivre, ne font jamais un effet agréable, quelque bonne qu'en soit l'harmonie, et quelque bien chantés qu'ils soient.

Il y a une troisième sorte de *canons*, très-rares, tant à cause de l'excessive difficulté, que parce que, ordinairement dénués d'agréments, ils n'ont d'autre mérite que d'avoir coûté beaucoup de peine à faire : c'est ce qu'on pourroit appeler *double canon renversé*, tant par l'inversion qu'on y met dans le chant des parties, que par celle qui se trouve entre les parties mêmes en les chantant. Il y a un tel artifice dans cette espèce de *canons*, que, soit qu'on chante les parties dans l'ordre naturel, soit qu'on renverse le papier pour les chanter dans un ordre rétrograde, en sorte que l'on commence par la fin, et que la basse devienne le dessus, on a toujours une bonne harmonie et un *canon* régulier. Voyez *Planche* 8, *fig.* 4, deux exemples de cette espèce de *canons* tirés de Bontempi, lequel donne aussi des règles pour les composer. Mais on trouvera le vrai principe de ces règles au mot Système, dans l'exposition de celui de M. Tartini.

Pour faire un *canon* dont l'harmonie soit un peu variée, il faut que les parties ne se suivent pas trop promptement, que l'une n'entre que long-temps après l'autre. Quand elles se suivent si rapidement, comme à la pause ou demi-pause, on n'a pas le temps d'y faire passer plusieurs accords, et le *canon* ne peut manquer d'être monotone ; mais c'est un moyen de faire sans beaucoup de peine des *canons* à tant de parties qu'on veut ; car un *canon* de quatre mesures seulement sera déjà à huit parties, si elles se suivent à la demi-pause ; et à chaque mesure qu'on ajoutera l'on gagnera encore deux parties.

L'empereur Charles VI, qui étoit grand musicien et composoit très-bien, se plaisoit beaucoup a faire et chanter des *canons*. L'Italie est encore pleine de fort beaux *canons* qui ont été faits pour ce prince par les meilleurs maîtres de ce pays-là.

CANTABILE. Adjectif italien, qui signifie *chantable, commode à chanter*. Il se dit de tous les chants dont, en quelque mesure que ce soit, les intervalles ne sont pas trop grands ni les notes trop précipitées, de sorte qu'on peut les chanter aisément sans forcer ni gêner la voix. Le mot *cantabile* passe aussi peu à peu dans l'usage françois. On dit, *Parlez-moi du* cantabile ; *un beau* cantabile *me plaît plus que tous vos airs d'exécution*.

CANTATE, s. f. Sorte de petit poème lyrique, qui se chante avec des accompagnements, et qui, bien que fait pour la chambre, doit recevoir du musicien la chaleur et les grâces de la musique imitative et théâtrale. Les *cantates* sont ordinairement composées de trois récitatifs et d'autant d'airs. Celles qui sont en récits, et les airs en maximes, sont toujours froides et mauvaises; le musicien doit les rebuter. Les meilleures sont celles où, dans une situation vive et touchante, le principal personnage parle lui-même; car nos *cantates* sont communément à voix seule. Il y en a pourtant quelques-unes à deux voix en forme de dialogue, et celles-là sont encore agréables quand on y sait introduire de l'intérêt. Mais comme il faut toujours un peu d'échafaudage pour faire une sorte d'exposition et mettre l'auditeur au fait, ce n'est pas sans raison que les *cantates* ont passé de mode, et qu'on leur a substitué, même dans les concerts, des scènes d'opéra.

La mode des *cantates* nous est venue d'Italie, comme on le voit par leur nom, qui est italien; et c'est l'Italie aussi qui les a proscrites la première. Les *cantates* qu'on y fait aujourd'hui sont de véritables pièces dramatiques à plusieurs acteurs, qui ne diffèrent des opéra qu'en ce que ceux-ci se représentent au théâtre, et que les *cantates* ne s'exécutent qu'en concert: de sorte que la *cantate* est sur un sujet profane ce qu'est l'oratorio sur un sujet sacré.

CANTATILLE, *s. f.*, diminutif de *cantate*, n'est en effet qu'une cantate fort courte, dont le sujet est lié par quelques vers de récitatif, en deux ou trois airs en rondeau pour l'ordinaire avec des accompagnements de symphonie. Le genre de la *cantatille* vaut moins encore que celui de la cantate, auquel on l'a substitué parmi nous. Mais, comme on n'y peut développer ni passions ni tableaux, et qu'elle n'est susceptible que de gentillesse, c'est une ressource pour les petits faiseurs de vers et pour les musiciens sans génie.

CANTIQUE, *s. m.* Hymne que l'on chante en l'honneur de la Divinité.

Les premiers et les plus anciens *cantiques* furent composés à l'occasion de quelque évènement mémorable, et doivent être comptés entre les plus anciens monuments historiques.

Ces *cantiques* étoient chantés par des chœurs de musique et souvent accompagnés de danses, comme il paroît par l'Écriture. La plus grande pièce qu'elle nous offre en ce genre est le *Cantique des Cantiques*, ouvrage attribué à Salomon, et que quelques auteurs prétendent n'être que l'épithalame de son mariage avec la fille du roi d'Égypte. Mais les théologiens montrent sous cet emblème l'union de Jésus-Christ et de l'Église. Le sieur de Cahusac ne voyoit dans le *Cantique des Cantiques* qu'un opéra très-bien fait : les scènes, les récits, les duo, les chœurs, rien n'y manquoit selon lui, et il ne doutoit pas même que cet opéra n'eût été représenté.

Je ne sache pas qu'on ait conservé le nom de *cantique* à aucun des chants de l'Église romaine :

si ce n'est le *Cantique* de Siméon, celui de Zacharie, et le *Magnificat*, appelé le *Cantique* de la Vierge. Mais parmi nous on appelle *cantique* tout ce qui se chante dans nos temples, excepté les psaumes, qui conservent leur nom.

Les Grecs donnoient encore le nom de *cantiques* à certains monologues passionnés de leurs tragédies, qu'on chantoit sur le mode hypodorien, ou sur l'hypophrygien, comme nous l'apprend Aristote au dix-neuvième de ses problèmes.

Canto. Ce mot italien, écrit dans une partition sur la portée vide du premier violon, marque qu'il doit jouer à l'unisson sur la partie chantante.

Caprice, *s. m.* Sorte de pièce de musique libre, dans laquelle l'auteur, sans s'assujettir à aucun sujet, donne carrière à son génie et se livre à tout le feu de la composition. Le *caprice* de Rebel étoit estimé dans son temps. Aujourd'hui les *caprices* de Locatelli donnent de l'exercice à nos violons.

Caractères de musique. Ce sont les divers signes qu'on emploie pour représenter tous les sons de la mélodie, et toutes les valeurs des temps et de la mesure ; de sorte qu'à l'aide de ces *caractères* on puisse lire et exécuter la musique exactement comme elle a été composée, et cette manière d'écrire s'appelle *noter*. (Voyez Notes.)

Il n'y a que les nations de l'Europe qui sachent écrire leur musique. Quoique dans les autres parties du monde chaque peuple ait aussi la sienne; il ne paroît pas qu'aucun d'eux ait poussé ses recherches jusqu'à des *caractères* pour la noter. Au moins est-il sûr que les Arabes ni les Chinois, les deux peuples étrangers qui ont le plus cultivé les lettres, n'ont ni l'un ni l'autre de pareils *caractères*. A la vérité les Persans donnent des noms de villes de leur pays ou des parties du corps humain aux quarante-huit sons de leur musique : ils disent, par exemple, pour donner l'intonation d'un air, *Allez de cette ville à celle-là*, ou *allez du doigt au coude*; mais ils n'ont aucun signe propre pour exprimer sur le papier ces mêmes sons : et quant aux Chinois, on trouve dans le P. du Halde qu'ils furent étrangement surpris de voir les jésuites noter et lire sur cette même note tous les airs chinois qu'on leur faisoit entendre.

Les anciens Grecs se servoient pour *caractères* dans leur musique, ainsi que dans leur arithmétique, des lettres de leur alphabet; mais au lieu de leur donner dans la musique une valeur numéraire qui marquât les intervalles, ils se contentoient de les employer comme signes; les combinant en diverses manières, les mutilant, les accouplant, les couchant, les retournant différemment, selon les genres et les modes, comme on peut voir dans le recueil d'Alypius. Les Latins les imitèrent en se servant, à leur exemple, des lettres de l'alphabet; et il nous en reste encore la lettre jointe au nom de chaque note de notre échelle diatonique et naturelle.

Gui Arétin imagina les lignes, les portées, les signes particuliers qui nous sont demeurés sous le nom de *notes*, et qui sont aujourd'hui la langue musicale et universelle de toute l'Europe. Comme ces derniers signes, quoique admis unanimement et perfectionnés depuis l'Arétin, ont encore de grands défauts, plusieurs ont tenté de leur substituer d'autres notes : de ce nombre ont été Parran, Souhaitti, Sauveur, Dumas, et moi-même. Mais comme, au fond, tous ces systèmes, en corrigeant d'anciens défauts auxquels on est tout accoutumé, ne faisoient qu'en substituer d'autres dont l'habitude est encore à prendre, je pense que le public a très-sagement fait de laisser les choses comme elles sont, et de nous renvoyer, nous et nos systèmes, au pays des vaines spéculations.

CARILLON. Sorte d'air fait pour être exécuté par plusieurs cloches accordées à différents tons. Comme on fait plutôt le *carillon* pour les cloches que les cloches pour le *carillon*, l'on n'y fait entrer qu'autant de sons divers qu'il y a de cloches. Il faut observer, de plus, que tous leurs sons ayant quelque permanence, chacun de ceux qu'on frappe doit faire harmonie avec celui qui le précède et avec celui qui le suit; assujettissement qui, dans un mouvement gai, doit s'étendre à toute une mesure et même au-delà, afin que les sons qui durent ensemble ne dissonent point à l'oreille. Il y a beaucoup d'autres observations à faire pour composer un bon *carillon*, et qui rendent ce travail plus pénible que satisfaisant ; car c'est toujours une sotte musique que celle des cloches, quand même tous les sons en seroient exactement justes, ce qui n'arrive jamais. On trouvera (*Planche* 2, *fig.* 6) l'exemple d'un *carillon* consonnant, composé pour être exécuté sur une pendule à neuf timbres faite par M. Romilly, célèbre horloger. On conçoit que l'extrême gêne à laquelle assujettissent le concours harmonique des sons voisins et le petit nombre des timbres ne permet guère de mettre du chant dans un semblable air.

CARTELLES. Grandes feuilles de peau d'âne préparées, sur lesquelles on entaille les traits des portées pour pouvoir y noter tout ce qu'on veut en composant, et l'effacer ensuite avec une éponge ; l'autre côté, qui n'a point de portées, peut servir à écrire et barbouiller, et s'efface de même, pourvu qu'on n'y laisse pas trop vieillir l'encre. Avec une *cartelle* un compositeur soigneux en a pour sa vie, et épargne bien des rames de papier réglé ; mais il y a ceci d'incommode, que la plume passant continuellement sur les lignes entaillées, gratte et s'émousse facilement. Les *cartelles* viennent toutes de Rome ou de Naples.

CASTRATO, *s. m.* Musicien qu'on a privé dans

son enfance des organes de la génération, pour lui conserver la voix aiguë qui chante la partie appelée *dessus* ou *soprano*. Quelque peu de rapport qu'on aperçoive entre deux organes si différents, il est certain que la mutilation de l'un prévient et empêche dans l'autre cette mutation qui survient aux hommes à l'âge nubile, et qui baisse tout-à-coup leur voix d'un octave. Il se trouve en Italie des pères barbares qui, sacrifiant la nature à la fortune, livrent leurs enfants à cette opération, pour le plaisir des gens voluptueux et cruels qui osent rechercher le chant de ces malheureux. Laissons aux honnêtes femmes des grandes villes les ris modestes, l'air dédaigneux et les propos plaisants dont ils sont l'éternel objet ; mais faisons entendre, s'il se peut, la voix de la pudeur et de l'humanité qui crie et s'élève contre cet infâme usage; et que les princes qui l'encouragent par leurs recherches rougissent une fois de nuire en tant de façons à la conservation de l'espèce humaine.

Au reste, l'avantage de la voix se compense dans les *castrati* par beaucoup d'autres pertes. Ces hommes qui chantent si bien, mais sans chaleur et sans passion, sont sur le théâtre les plus maussades acteurs du monde ; ils perdent leur voix de très-bonne heure, et prennent un embonpoint dégoutant ; ils parlent et prononcent plus mal que les vrais hommes, et il y a même des lettres, telles que l'*r*, qu'ils ne peuvent point prononcer du tout.

Quoique le mot *castrato* ne puisse offenser les plus délicates oreilles, il n'en est pas de même de son synonyme françois; preuve évidente que ce qui rend les mots indécents ou déshonnêtes dépend moins des idées qu'on leur attache, que de l'usage de la bonne compagnie, qui les tolère ou les proscrit à son gré.

On pourroit dire cependant que le mot italien s'admet comme représentant une profession, au lieu que le mot françois ne représente que la privation qui y est jointe.

Catabaucalèse. Chanson des nourrices chez les anciens. (Voyez Chanson.)

Catacoustique, *s. f.* Science qui a pour objet les sons réfléchis, ou cette partie de l'acoustique qui considère les propriétés des échos. Ainsi la *catacoustique* est à l'acoustique ce que la catoptrique est à l'optique.

Cataphonique, *s. f.* Science des sons réfléchis, qu'on appelle aussi *catacoustique*. (Voyez *l'article précédent.*)

Cavatine, *s. f.* Sorte d'air pour l'ordinaire assez court, qui n'a ni reprise, ni seconde partie, et qui se trouve souvent dans des récitatifs obligés. Ce changement subit du récitatif au chant mesuré, et le retour inattendu du chant mesuré au récitatif, produisent un effet admirable dans les grandes expressions, comme sont toujours celles du récitatif obligé.

Le mot *cavatina* est italien; et quoique je ne veuille pas, comme Brossard, expliquer dans un dictionnaire françois tous les mots techniques italiens, surtout lorsque ces mots ont des synonymes dans notre langue, je me crois pourtant obligé d'expliquer ceux de ces mêmes mots qu'on emploie dans la musique notée, parce qu'en exécutant cette musique, il convient d'entendre les termes qui s'y trouvent, et que l'auteur n'y a pas mis pour rien.

CENTONISER, *v. n.* Terme de plain-chant. C'est composer un chant de traits recueillis et arrangés pour la mélodie qu'on a en vue. Cette manière de composer n'est pas de l'invention des symphoniastes modernes, puisque, selon l'abbé Le Bœuf, saint Grégoire lui-même a *centonisé*.

CHACONNE, *s. f.* Sorte de pièce de musique faite pour la danse, dont la mesure est bien marquée et le mouvement modéré. Autrefois il y avoit des *chaconnes* à deux temps et à trois; mais on n'en fait plus qu'à trois. Ce sont pour l'ordinaire des chants qu'on appelle couplets, composés et variés en diverses manières sur une basse contrainte de quatre en quatre mesures, commençant presque toujours par le second temps pour prévenir l'interruption. On s'est affranchi peu à peu de cette contrainte de la basse, et l'on n'y a presque plus aucun égard.

La beauté de la *chaconne* consiste à trouver des chants qui marquent bien le mouvement, et, comme elle est souvent fort longue, à varier tellement les couplets qu'ils contrastent bien ensemble, et qu'ils réveillent sans cesse l'attention de l'auditeur. Pour cela on passe et repasse à volonté du majeur au mineur, sans quitter pourtant beaucoup le ton principal; et du grave au gai, ou du tendre au vif, sans presser ni ralentir jamais la mesure.

La *chaconne* est née en Italie; elle y étoit autrefois fort en usage, de même qu'en Espagne. On ne la connoît plus aujourd'hui qu'en France dans nos opéra.

Chanson. Espèce de petit poëme lyrique fort court, qui roule ordinairement sur des sujets agréables, auquel on ajoute un air pour être chanté dans des occasions familières, comme à table, avec ses amis, avec sa maîtresse, et même seul, pour éloigner quelques instants l'ennui si l'on est riche, et pour supporter plus doucement la misère et le travail si l'on est pauvre.

L'usage des *chansons* semble être une suite naturelle de celui de la parole, et n'est en effet pas moins général; car partout on l'on parle on chante. Il n'a fallu pour les imaginer que déployer ses organes, donner un tour agréable aux idées dont on aimoit à s'occuper, et fortifier par l'expression dont la voix est capable le sentiment qu'on vouloit rendre, ou l'image qu'on vouloit peindre. Aussi les anciens n'avoient-ils point encore l'art d'écrire, qu'ils avoient déjà des *chansons*. Leurs lois et leurs histoires, les louanges des dieux et des héros, furent chantées avant d'être écrites. Et de là vient, selon Aristote, que le même nom grec fut donné aux lois et aux *chansons*.

Toute la poésie lyrique n'étoit proprement que des *chansons* ; mais je dois me borner ici à parler de celle qui portoit plus particulièrement ce nom, et qui en avoit mieux le caractère selon nos idées.

Commençons par les airs de table. Dans les premiers temps, dit M. de La Nauze, tous les convives, au rapport de Dicéarque, de Plutarque et d'Artémon, chantoient ensemble et d'une seule voix les louanges de la Divinité. Ainsi ces *chansons* étoient de véritables péans ou cantiques sacrés. Les dieux n'étoient point pour eux des trouble-fêtes; et ils ne dédaignoient pas de les admettre dans leurs plaisirs.

Dans la suite, les convives chantoient successivement, chacun à son tour, tenant une branche de myrte, qui passoit de la main de celui qui venoit de chanter à celui qui chantoit après lui. Enfin, quand la musique se perfectionna dans la Grèce, et qu'on employa la lyre dans les festins, il n'y eut plus, disent les auteurs déjà cités, que les habiles gens qui fussent en état de chanter à table, du moins en s'accompagnant de la lyre. Les autres, contraints de s'en tenir à la branche de myrte, donnèrent lieu à un proverbe grec, par lequel on disoit qu'un homme chantoit au myrte, quand on vouloit le taxer d'ignorance.

Ces *chansons* accompagnées de la lyre, et dont Terpandre fut l'inventeur, s'appellent *scolies*, mot qui signifie *oblique* ou *tortueux*, pour marquer, selon Plutarque, la difficulté de la *chanson*, ou, comme le veut Artémon, la situation irrégulière de ceux qui chantoient; car comme il falloit être habile pour chanter ainsi, chacun ne chantoit pas à son rang, mais seulement ceux qui savoient la musique, lesquels se trouvoient dispersés çà et là, et placés obliquement l'un par rapport à l'autre.

Les sujets des scolies se tiroient non seulement de l'amour et du vin, ou du plaisir en général, comme aujourd'hui, mais encore de l'histoire, de la guerre, et même de la morale. Telle est la *chanson* d'Aristote sur la mort d'Hermias, son ami et son allié, laquelle fit accuser son auteur d'impiété.

« O vertu! qui, malgré les difficultés que vous
« présentez aux foibles mortels, êtes l'objet char-
« mant de leurs recherches; vertu pure et aima-
« ble, ce fut toujours aux Grecs un destin digne
« d'envie de mourir pour vous, et de souffrir avec
« constance les maux les plus affreux. Telles sont
« les semences d'immortalité que vous répandez

« dans tous les cœurs. Les fruits en sont plus pré-
« cieux que l'or, que l'amitié des parents, que le
« sommeil le plus tranquille. Pour vous le divin
« Hercule et le fils de Léda supportèrent mille
« travaux, et le succès de leurs exploits annonça
« votre puissance. C'est par amour pour vous
« qu'Achille et Ajax descendirent dans l'empire de
« Pluton, et c'est en vue de votre céleste beauté
« que le prince d'Atarne s'est aussi privé de la
« lumière du soleil. Prince à jamais célèbre par
« ses actions, les filles de mémoire chanteront sa
« gloire toutes les fois qu'elles chanteront le culte
« de Jupiter hospitalier, et le prix d'une amitié
« durable et sincère. »

Toutes leurs *chansons* morales n'étoient pas si graves que celle-là. En voici une d'un goût différent, tirée d'Athénée :

« Le premier de tous les biens est la santé ; le
« second, la beauté ; le troisième, les richesses
« amassées sans fraude ; et le quatrième, la jeu-
« nesse qu'on passe avec ses amis. »

Quant aux scolies qui roulent sur l'amour et le vin, on en peut juger par les soixante-dix odes d'Anacréon qui nous restent : mais, dans ces sortes de *chansons* mêmes, on voyoit encore briller cet amour de la patrie et de la liberté dont tous les Grecs étoient transportés.

« Du vin et de la santé, dit une de ces *chansons*,
« pour ma Clitagora et pour moi, avec le secours

« des Thessaliens. » C'est qu'outre que Clitagora étoit Thessalienne, les Athéniens avoient autrefois reçu du secours des Thessaliens contre la tyrannie des Pisistratides.

Ils avoient aussi des *chansons* pour les diverses professions : telles étoient les *chansons* des bergers, dont une espèce, appelée *bucoliasme*, étoit le véritable chant de ceux qui conduisoient le bétail; et l'autre, qui est proprement la *pastorale*, en étoit l'agréable imitation : la *chanson* des moissonneurs, appelée le *lytierse*, du nom d'un fils de Midas, qui s'occupoit par goût à faire la moisson : la *chanson* des meuniers, appelée *hymée* ou *épiaulie;* comme celle-ci tirée de Plutarque, *Moulez, meule, moulez, car Pittacus, qui règne dans l'auguste Mitylène, aime à moudre;* parce que Pittacus étoit grand mangeur : la *chanson* des tisserands, qui s'appeloit *éline* : la *chanson yule* des ouvriers en laine : celle des nourrices, qui s'appeloit *catabaucalèse* ou *nunnie* : la *chanson* des amants, appelée *nomion* : celle des femmes, appelée *calyce; harpalice*, celle des filles. Ces deux dernières, attendu le sexe, étoient aussi des *chansons* d'amour.

Pour des occasions particulières, ils avoient la *chanson* des noces, qui s'appeloit *hyménée; épithalame* : la *chanson* de *Datis*, pour des occasions joyeuses : les lamentations, l'*ialem*, et le *linos*, pour des occasions funèbres et tristes. Ce *linos* se chantoit aussi chez les Égyptiens, et s'appeloit par eux *manéros*, du nom d'un de leurs princes, au deuil duquel il avoit été chanté. Par un passage d'Euripide, cité par Athénée, on voit que le *linos* pouvoit aussi marquer la joie.

Enfin il y avoit encore des hymnes ou *chansons* en l'honneur des dieux et des héros ; telles étoient les *iules* de Cérès et Proserpine, la *philelie* d'Apollon, les *upinges* de Diane, etc.

Ce genre passa des Grecs aux Latins, et plusieurs odes d'Horace sont des *chansons* galantes ou bachiques. Mais cette nation, plus guerrière que sensuelle, fit, durant très-long-temps, un médiocre usage de la musique et des *chansons*, et n'a jamais approché, sur ce point, des grâces de la volupté grecque. Il paroît que le chant resta toujours rude et grossier chez les Romains : ce qu'ils chantoient aux noces étoit plutôt des clameurs que des *chansons*, et il n'est guère à présumer que les *chansons* satiriques des soldats aux triomphes de leurs généraux eussent une mélodie fort agréable.

Les modernes ont aussi leurs *chansons* de différentes espèces, selon le génie et le goût de chaque nation. Mais les François l'emportent sur toute l'Europe dans l'art de les composer, sinon pour le tour et la mélodie des airs, du moins pour le sel, la grâce et la finesse des paroles, quoique, pour l'ordinaire, l'esprit et la satire s'y montrent bien mieux encore que le sentiment et la volupté. Ils se sont plu à cet amusement, et y ont excellé dans tous les temps, témoin les anciens troubadours. Cet heureux peuple est toujours gai, tournant tout en plaisanterie : les femmes y sont fort galantes, les hommes fort dissipés, et le pays produit d'excellent vin : le moyen de n'y pas chanter sans cesse ? Nous avons encore d'anciennes *chansons* de Thibault, comte de Champagne, l'homme le plus galant de son siècle, mises en musique par Guillaume de Machault. Marot en fit beaucoup qui nous restent ; et grâce aux airs d'Orlande et de Claudin, nous en avons aussi plusieurs de la Pléiade de Charles IX. Je ne parlerai point des *chansons* plus modernes, par lesquelles les musiciens Lambert, Du Bousset, La Garde, et autres, ont acquis un nom, et dont on trouve autant de poètes qu'il y a de gens de plaisir parmi le peuple du monde qui s'y livre le plus, quoique non pas tous aussi célèbres que le comte de Coulanges et l'abbé de l'Attaignant. La Provence et le Languedoc n'ont point non plus dégénéré de leur premier talent ; on voit toujours régner dans ces provinces un air de gaieté qui porte sans cesse leurs habitants au chant et à la danse. Un Provençal menace, dit-on, son ennemi d'une *chanson*, comme un Italien menaceroit le sien d'un coup de stylet : chacun a ses armes. Les autres pays ont aussi leurs provinces chansonnières : en Angleterre, c'est l'Écosse ; en Italie, c'est Venise. (Voyez Barcarolles.)

Nos *chansons* sont de plusieurs sortes ; mais en général elles roulent ou sur l'amour, ou sur le vin, ou sur la satire. Les *chansons* d'amour sont, les airs tendres, qu'on appelle encore airs sérieux ; les romances, dont le caractère est d'émouvoir l'ame insensiblement par le récit tendre et naïf de quelque histoire amoureuse et tragique ; les *chansons* pastorales et rustiques, dont plusieurs sont faites pour danser, comme les musettes, les gavottes, les branles, etc.

Les *chansons* à boire sont assez communément des airs de basse ou des rondes de table : c'est avec beaucoup de raison qu'on en fait peu pour les dessus ; car il n'y a pas une idée de débauche plus crapuleuse et plus vile que celle d'une femme ivre.

A l'égard des *chansons* satiriques, elles sont comprises sous le nom de vaudevilles, et lancent indifféremment leurs traits sur le vice et sur la vertu, en les rendant également ridicules ; ce qui doit proscrire le vaudeville de la bouche des gens de bien.

Nous avons encore une espèce de *chanson* qu'on appelle parodie : ce sont des paroles qu'on ajuste comme on peut sur des airs de violon ou d'autres instruments, et qu'on fait rimer tant bien que mal, sans avoir égard à la mesure des vers, ni au caractère de l'air, ni au sens des paroles, ni le plus souvent à l'honnêteté. (Voyez Parodie.)

Chant, *s. m.* Sorte de modification de la voix humaine, par laquelle on forme des sons variés et appréciables. Observons que pour donner à cette définition toute l'universalité qu'elle doit avoir, il ne faut pas seulement entendre par *sons appréciables* ceux qu'on peut assigner par les notes de notre musique, et rendre par les touches de notre clavier, mais tous ceux dont on peut trouver ou sentir l'unisson, et calculer les intervalles de quelque manière que ce soit.

Il est très-difficile de déterminer en quoi la voix qui forme la parole diffère de la voix qui forme le *chant*. Cette différence est sensible, mais on ne voit pas bien clairement en quoi elle consiste; et quand on veut le chercher, on ne le trouve pas. M. Dodard a fait des observations anatomiques, à la faveur desquelles il croit, à la vérité, trouver dans les différentes situations du larynx la cause de ces deux sortes de voix; mais je ne sais si ces observations, ou les conséquences qu'il en tire, sont bien certaines. (Voyez Voix.) Il semble ne manquer aux sons qui forment la parole que la permanence pour former un véritable *chant*; il paroît aussi que les diverses inflexions qu'on donne à la voix en parlant forment des intervalles qui ne sont point harmoniques, qui ne font pas partie de nos systèmes de musique, et qui, par conséquent, ne pouvant être exprimés en note, ne sont pas proprement du *chant* pour nous.

Le *chant* ne semble pas naturel à l'homme. Quoique les sauvages de l'Amérique chantent; parce qu'ils parlent, le vrai sauvage ne chanta jamais. Les muets ne chantent point, ils ne forment que des voix sans permanence, des mugissements sourds que le besoin leur arrache; je douterois que le sieur Pereyre, avec tout son talent, pût jamais tirer d'eux aucun *chant* musical. Les enfants crient, pleurent, et ne chantent point. Les premières expressions de la nature n'ont rien en eux de mélodieux ni de sonore, et ils apprennent à chanter, comme à parler, à notre exemple. Le *chant* mélodieux et appréciable n'est qu'une imitation paisible et artificielle des accents de la voix parlante ou passionnée : on crie et l'on se plaint sans chanter; mais on imite en chantant les cris et les plaintes; et comme de toutes les imitations la plus intéressante est celle des passions humaines, de toutes les manières d'imiter, la plus agréable est le chant.

Chant, appliqué plus particulièrement à notre musique, en est la partie mélodieuse; celle qui résulte de la durée et de la succession des sons; celle d'où dépend toute l'expression, et à laquelle tout le reste est subordonné. (Voyez Musique, Mélodie.) Les *chants* agréables frappent d'abord, ils se gravent facilement dans la mémoire; mais ils sont souvent l'écueil des compositeurs, parce qu'il ne faut que du savoir pour entasser des accords, et qu'il faut du talent pour imaginer des *chants* gracieux. Il y a dans chaque nation des tours de *chant* triviaux et usés, dans lesquels les mauvais musiciens retombent sans cesse ; il y en a de baroques, qu'on n'use jamais, parce que le public les rebute toujours. Inventer des *chants* nouveaux appartient à l'homme de génie ; trouver de beaux *chants* appartient à l'homme de goût.

Enfin, dans son sens le plus resserré, *chants* se dit seulement de la musique vocale ; et dans celle qui est mêlée de symphonie, on appelle parties de chant celles qui sont destinées pour les voix.

CHANT AMBROSIEN. Sorte de plain-chant dont l'invention est attribuée à saint Ambroise, archevêque de Milan. (Voyez PLAIN-CHANT.)

CHANT GRÉGORIEN. Sorte de plain-chant dont l'invention est attribuée à saint Grégoire, pape, et qui a été substitué ou préféré dans la plupart des églises au *chant* ambrosien. (Voyez PLAIN-CHANT.)

CHANT EN ISON, ou CHANT ÉGAL. On appelle ainsi un *chant* ou une psalmodie qui ne roule que sur deux sons, et ne forme par conséquent qu'un seul intervalle. Quelques ordres religieux n'ont dans leurs églises d'autre *chant* que le *chant en ison.*

CHANT SUR LE LIVRE. Plain-chant ou contre-point à quatre parties, que les musiciens composent et chantent impromptu sur une seule : savoir, le livre de chœur qui est au lutrin; en sorte qu'excepté la partie notée, qu'on met ordinairement à la taille, les musiciens affectés aux trois autres parties n'ont que celle-là pour guide, et composent chacun la leur en chantant.

Le *chant sur le livre* demande beaucoup de science, d'habitude et d'oreille dans ceux qui l'exécutent, d'autant plus qu'il n'est pas toujours aisé de rapporter les tons du plain-chant à ceux de notre musique. Cependant il y a des musiciens d'église si versés dans cette sorte de chant, qu'ils y commencent et poursuivent même des fugues, quand le sujet en peut comporter, sans confondre et croiser les parties, ni faire de faute dans l'harmonie.

CHANTER, *v. n.* C'est, dans l'acception la plus générale, former avec la voix des sons variés et appréciables. (Voyez CHANT.) Mais c'est plus communément faire diverses inflexions de voix, sonores, agréables à l'oreille, par des intervalles admis dans la musique et dans les règles de la modulation.

On *chante* plus ou moins agréablement, à proportion qu'on a la voix plus ou moins agréable et sonore, l'oreille plus ou moins juste, l'organe plus ou moins flexible, le goût plus ou moins formé, et plus ou moins de pratique de l'art du *chant*. A quoi l'on doit ajouter, dans la musique imitative et théâtrale, le degré de sensibilité qui nous affecte plus ou moins des sentiments que nous avons à rendre. On a aussi plus ou moins de disposition à *chanter* selon le climat sous lequel on est né, et selon le plus ou moins d'accent de sa langue naturelle; car plus la langue est accentuée, et par conséquent mélodieuse et *chantante*, plus aussi ceux qui la parlent ont naturellement de facilité à *chanter*.

On a fait un art du *chant;* c'est-à-dire que des observations sur les voix qui *chantoient* le mieux on a composé des règles pour faciliter et perfectionner l'usage de ce don naturel. (Voyez Maître a chanter.) Mais il reste bien des découvertes à faire sur la manière la plus facile, la plus courte et la plus sûre d'acquérir cet art.

Chanterelle, *s. f.* Celle des cordes du violon et des instruments semblables qui a le son le plus aigu. On dit d'une symphonie qu'elle ne quitte pas la *chanterelle,* lorsqu'elle ne roule qu'entre les sons de cette corde et ceux qui lui sont les plus voisins, comme sont presque toutes les parties de violon des opéra de Lulli et des symphonies de son temps.

Chanteur, musicien qui chante dans un concert.

Chantre, *s. m.* Ceux qui chantent au chœur dans les églises catholiques s'appellent *chantres*. On ne dit point *chanteur* à l'église, ni *chantre* dans un concert.

Chez les réformés on appelle *chantre* celui qui entonne et soutient le chant des psaumes dans le temple; il est assis au-dessous de la chaire du ministre sur le devant; sa fonction exige une voix très-forte, capable de dominer sur celle de tout le peuple, et de se faire entendre jusqu'aux extrémités du temple. Quoiqu'il n'y ait ni prosodie ni mesure dans notre manière de chanter les psaumes, et que le chant en soit si lent qu'il est facile à chacun de le suivre, il me semble qu'il seroit nécessaire que le *chantre* marquât une sorte de mesure. La raison en est que le *chantre* se trouvant fort éloigné de certaines parties de l'église, et le son parcourant assez lentement ces grands intervalles, sa voix se fait à peine entendre aux extrémités, qu'il a déjà pris un autre ton et commencé d'autres notes; ce qui devient d'autant plus sensible en certains lieux, que le son arrivant encore beaucoup plus lentement d'une extrémité à l'autre que du milieu où est le *chantre*, la masse d'air qui remplit le temple se trouve partagée à la fois en divers sons fort discordants, qui enjambent sans cesse les uns sur les autres et choquent fortement une oreille exercée; défaut que l'orgue même ne fait qu'augmenter, parce qu'au lieu d'être au milieu de l'édifice comme le *chantre*, il ne donne le ton que d'une extrémité.

Or, le remède à cet inconvénient me paroît très-simple ; car, comme les rayons visuels se communiquent à l'instant de l'objet à l'œil ou du moins avec une vitesse incomparablement plus grande que celle avec laquelle le son se transmet du corps sonore à l'oreille, il suffit de substituer l'un à l'autre pour avoir dans toute l'étendue du temple un chant bien simultané et parfaitement d'accord : il ne faut pour cela que placer le *chantre*, ou quelqu'un chargé de cette partie de sa fonction, de manière qu'il soit à la vue de tout le monde, et qu'il se serve d'un bâton de mesure dont le mouvement s'aperçoive aisément de loin, comme, par exemple, un rouleau de papier ; car alors, avec la précaution de prolonger assez la première note pour que l'intonation en soit partout entendue avant qu'on poursuive, tout le reste du chant marchera bien ensemble, et la discordance dont je parle disparoîtra infailliblement. On pourroit même, au lieu d'homme, employer un chronomètre dont le mouvement seroit encore plus égal dans une mesure si lente.

Il résultera de là deux autres avantages : l'un que, sans presque altérer le chant des psaumes, il seroit aisé d'y introduire un peu de prosodie, et d'y observer du moins les longues et les brèves les plus sensibles ; l'autre, que ce qu'il y a de monotonie et de langueur dans ce chant pourroit, selon la première intention de l'auteur, être effacé par la basse et les autres parties, dont l'harmonie est certainement la plus majestueuse et la plus sonore qu'il soit possible d'entendre.

CHAPEAU, *s. m.* Trait demi-circulaire, dont on couvre deux ou plusieurs notes, et qu'on appelle plus communément *liaison*. (Voyez LIAISON.)

CHASSE, *s. f.* On donne ce nom à certains airs ou à certaines fanfares de cors ou d'autres instruments, qui réveillent, à ce qu'on dit, l'idée des tons que ces mêmes cors donnent à la chasse.

CHEVROTTER, *v. n.* C'est, au lieu de battre nettement et alternativement du gosier les deux sons qui forment la cadence ou le trille (*voyez ces mots*), en battre un seul à coups précipités, comme plusieurs doubles-croches détachées et à l'unisson, ce qui se fait en forçant du poumon l'air contre la glotte fermée, qui sert alors de soupape, en sorte qu'elle s'ouvre par secousses pour livrer passage à cet air, et se referme à chaque instant par une mécanique semblable à celle du tremblant de l'orgue. Le *chevrottement* est la désagréable ressource de ceux qui, n'ayant aucun trille, en cherchent l'imitation grossière; mais l'oreille ne peut supporter cette substitution, et un seul *chevrottement* au milieu du plus beau chant du monde suffit pour le rendre insupportable et ridicule.

CHIFFRER. C'est écrire sur les notes de la basse des chiffres ou autres caractères indiquant les accords que ces notes doivent porter, pour servir de guide à l'accompagnateur. (Voyez CHIFFRES; AC-CORD.)

CHIFFRES. Caractères qu'on place au-dessus ou au-dessous des notes de la basse, pour indiquer les accords qu'elles doivent porter. Quoique parmi ces caractères, il y en ait plusieurs qui ne sont pas des *chiffres*, on leur en a généralement donné le nom, parce que c'est la sorte de signes qui s'y présente le plus fréquemment.

Comme chaque accord est composé de plusieurs sons, s'il avoit fallu exprimer chacun de ces sons par un *chiffre*, on auroit tellement multiplié et embrouillé les *chiffres*, que l'accompagnateur n'auroit jamais eu le temps de les lire au moment de l'exécution. On s'est donc appliqué, autant qu'on a pu, à caractériser chaque accord par un seul *chiffre*; de sorte que ce *chiffre* peut suffire pour indiquer, relativement à la basse, l'espèce de l'accord, et par conséquent tous les sons qui doivent le composer. Il y a même un accord qui se trouve chiffré en ne le chiffrant point; car, selon la précision des *chiffres*, toute note qui n'est point chiffrée, ou ne porte aucun accord, ou porte l'accord parfait.

Le chiffre qui indique chaque accord est ordinairement celui qui répond au nom de l'accord: ainsi l'accord de seconde se chiffre 2; celui de septième 7; celui de sixte 6, etc. Il y a des accords qui portent un double nom, et qu'on exprime aussi par un double *chiffre* : tels sont les accords de sixte-quarte, de sixte-quinte, de septième et sixte, etc. Quelquefois même on en met trois, ce qui rentre dans l'inconvénient qu'on vouloit éviter : mais comme la composition des *chiffres* est venue du temps et du hasard, plutôt que d'une étude réfléchie, il n'est pas étonnant qu'il s'y trouve des fautes et des contradictions.

Voici une table de tous les *chiffres* pratiqués dans l'accompagnement ; sur quoi l'on observera qu'il y a plusieurs accords qui se chiffrent diversement en différents pays, ou dans le même pays par différents auteurs, ou quelquefois par le même. Nous donnons toutes ces manières, afin que chacun, pour chiffrer, puisse choisir celle qui lui paroîtra la plus claire, et pour accompagner, rapporter chaque *chiffre* à l'accord qui lui convient, selon la manière de chiffrer de l'auteur.

TABLE GÉNÉRALE

DE TOUS LES CHIFFRES DE L'ACCOMPAGNEMENT.

Nota. On a ajouté une étoile à ceux qui sont plus usités en France aujourd'hui.

CHIFFRES.	NOMS DES ACCORDS.
*	Accord parfait.
8	Idem.
5	Idem.
3	Idem.
$\begin{matrix}5\\3\end{matrix}\Big\}$	Idem.
3♭	Accord parfait, tierce mineure.
♭3	Idem.
* ♭	Idem.
$\begin{matrix}5\\♭\end{matrix}\Big\}$	Idem.
3♯	Accord parfait, tierce majeure.
♯3	Idem.
* ♯	Idem.
$\begin{matrix}5\\♯\end{matrix}\Big\}$	Idem.
3♮	Accord parfait, tierce naturelle.
♯3	Idem.
* ♮	Idem.
$\begin{matrix}5\\♮\end{matrix}\Big\}$	Idem.
$\begin{matrix}6\\3\end{matrix}\Big\}$	Accord de sixte.

CHIFFRES.	NOMS DES ACCORDS.
*6	Accord de sixte.

Les différentes sixtes, dans cet accord, se marquent par un accident au chiffre, comme les tierces dans l'accord parfait.

CHIFFRES.	NOMS DES ACCORDS.
*$^6_4$	Accord de sixte-quarte.
6	Idem.
$^7_5_3$	Accord de septième.
$^7_5$	Idem.
$^7_3$	Idem.
*7	Idem.
*$^7_\sharp$	Septième avec tierce majeure.
*$^7_\flat$	Avec tierce mineure.
*$^7_\natural$	Avec tierce naturelle.
7♭	Accord de septième mineure.
*♭7	Idem.
7♯	Accord de septième majeure.
*♯7	Idem.
7♮	De septième naturelle.
*♮7	Idem.
*$^7_5$	Septième avec la quinte fausse.
$^7_{5♭}$	Idem.

CHIFFRES.	NOMS DES ACCORDS.
*7	Septième diminuée.
7♭	Idem.
♭7	Idem.
7♭ / 5	Septième diminuée.
7♭ / 5♭	Idem.
♭7 / 5	Idem.
♭7 / ♭5	Idem.
7♭ / 5♭ / 3	Idem.
etc.	
*♯7	Septième superflue.
7♯	Idem.
7	Idem.
7 / 2	Idem.
7♯ / 4 / 2	Idem.
♯7 / 5 / 4 / 2	Idem.
etc.	
7♯ / 6♭	Septième superflue avec sixte mineure.
*𝄪7 / ♭6	Idem.

CHIFFRES.	NOMS DES ACCORDS.
X 7 6♭ 2	.... Septième superflue avec sixte mineure.
X 7 ♭6 4	.... Idem.
etc.	
*7 2	.... Septième et seconde.
*6 5	.... Grande sixte.
6	.... Idem.
*𝄫	.... Fausse quinte.
5♭	.... Idem.
♭5	.... Idem.
6 ♭5	.... Idem.
6 5	.... Idem.
6 𝄫	.... Fausse quinte et sixte majeure.
*X6 𝄫	.... Idem.
X6 ♭5	.... Idem.
6♯ 5♭	.... Idem.
4 3	.... Petite-sixte.
6 4 3	.... Idem.

CHIFFRES.	NOMS DES ACCORDS.
*6	Petite sixte.
6	Idem.
♯6	Idem majeure.
X6 4 3	Idem.
etc.	
*X6	Petite sixte superflue.
X6 4 3	Idem.
♯6	Idem.
X6 5 3	Idem, avec la quinte.
X6 5	Idem.
6 4 3	Petite sixte, avec la quarte superflue.
6 X4 3	Idem.
6 *X4	Idem.
X4 3	Idem.
*2	Accord de seconde.
4 2	Idem.
6 2	Idem.

CHIFFRES.	NOMS DES ACCORDS.
*5 / 2	.... Seconde et quinte.
6 / 4	.... Triton.
6 / 4X	.... Idem.
6 / X 4	.... Idem.
6 / X	.... Idem.
6 / 4 / 2	.... Idem.
4 / 2	.... Idem.
4X / 2	.... Idem.
X4 / 2	.... Idem.
4X	.... Idem.
*X4	.... Idem.
X	.... Idem.
4X / 3♭	.... Triton avec tierce mineure.
*X / ♭	.... Idem.
6 / 4 / 3♭	.... Idem.
*X4 / ♭	.... Idem.

DICT. DE MUSIQUE. T. I.

CHIFFRES.	NOMS DES ACCORDS.
*X 2	Seconde superflue.
X 4 } X 2 }	Idem.
4 } 2 }	Seconde superflue.
6 } 4 } 2 }	Idem.
etc.	
*9	Accord de neuvième.
9 } 5 }	Idem.
9 } 3 }	Idem.
*9 } 7 }	Neuvième avec la septième.
9 } 7 } 5 }	Idem.
*4	Quarte ou onzième.
5 } 4 }	Idem.
*4 } 9 }	Quarte et neuvième.
*4 } 7 }	Septième et quarte.
*X 5	Quinte superflue.
5 X	Idem.
X 5 } 9 }	Idem.

CHIFFRES.	NOMS DES ACCORDS.
$\left.\begin{array}{l}\text{X}5\\9\\7\end{array}\right\}$	.... Quinte superflue.
$\left.\begin{array}{l}{}^*\text{X}5\\\flat\,4\end{array}\right\}$	.... Quinte superflue et quarte.
$\left.\begin{array}{l}5\,\text{X}\\4\,\flat\end{array}\right\}$	.... Idem.
$\left.\begin{array}{l}{}^*7\\6\end{array}\right\}$	.... Septième et sixte.
$\left.\begin{array}{l}{}^*9\\6\end{array}\right\}$	.... Neuvième et sixte.

FIN DE LA TABLE DES CHIFFRES DE L'ACCOMPAGNEMENT.

Quelques auteurs avoient introduit l'usage de couvrir d'un trait toutes les notes de la basse qui passoient sous un même accord; c'est ainsi que les jolies cantates de M. Clérambault sont chiffrées : mais cette invention étoit trop commode pour durer; elle montroit aussi trop clairement à l'œil toutes les syncopes d'harmonie. Aujourd'hui, quand on soutient le même accord sous quatre différentes notes de basse, ce sont quatre *chiffres* différents qu'on leur fait porter, de sorte que l'accompagnateur, induit en erreur, se hâte de chercher l'accord même qu'il a sous la main. Mais c'est la mode en France de charger les basses d'une confusion de *chiffres* inutiles : on chiffre tout, jusqu'aux accords les plus évidents, et celui qui met le plus de *chiffres* croit être le plus savant. Une basse ainsi hérissée de *chiffres* triviaux rebute l'accompagnateur, et lui fait souvent négliger les *chiffres* nécessaires. L'auteur doit supposer, ce me semble, que l'accompagnateur sait les élémens de l'accompagnement, qu'il sait placer une sixte sur une médiante, une fausse-quinte sur une note sensible, une septième sur une dominante, etc. Il ne doit donc pas chiffrer des accords de cette évidence, à moins qu'il ne faille annoncer un changement de ton. Les *chiffres* ne sont faits que pour déterminer le choix de l'harmonie dans les cas douteux, ou le choix des sons dans les accords qu'on ne doit pas remplir : du reste, c'est très-bien fait d'avoir des basses chiffrées exprès pour les écoliers. Il faut que les *chiffres* montrent à ceux-ci l'application des règles : pour les maîtres, il suffit d'indiquer les exceptions.

M. Rameau, dans sa dissertation sur les différentes méthodes d'accompagnement, a trouvé un grand nombre de défauts dans les *chiffres* établis. Il a fait voir qu'ils sont trop nombreux et pourtant insuffisants, obscurs, équivoques ; qu'ils multiplient inutilement les accords, et qu'ils n'en montrent en aucune manière la liaison.

Tous ces défauts viennent d'avoir voulu rapporter les *chiffres* aux notes arbitraires de la basse-continue, au lieu de les rapporter immédiatement à l'harmonie fondamentale. La basse-continue fait sans doute une partie de l'harmonie, mais elle n'en fait pas le fondement ; cette harmonie est indépendante des notes de cette basse, et elle a son progrès déterminé, auquel la basse même doit assujettir sa marche. En faisant dépendre les accords et les *chiffres* qui les annoncent des notes de la basse et de leurs différentes marches, on ne montre que des combinaisons de l'harmonie ; au lieu d'en montrer la basse, on multiplie à l'infini le petit nombre des accords fondamentaux, et l'on force en quelque sorte l'accompagnateur de perdre de vue à chaque instant la véritable succession harmonique.

Après avoir fait de très-bonnes observations

sur la mécanique des doigts dans la pratique de l'accompagnement, M. Rameau propose de substituer à nos *chiffres* d'autres *chiffres* beaucoup plus simples, qui rendent cet accompagnement tout-à-fait indépendant de la basse-continue; de sorte que, sans égard à cette basse et même sans la voir, on accompagneroit sur les *chiffres* seuls avec plus de précision qu'on ne peut faire par la méthode établie avec le concours de la basse et des *chiffres*.

Les *chiffres* inventés par M. Rameau indiquent deux choses : 1° l'harmonie fondamentale dans les accords parfaits, qui n'ont aucune succession nécessaire, mais qui constatent toujours le ton ; 2° la succession harmonique déterminée par la marche régulière des doigts dans les accords dissonants.

Tout cela se fait au moyen de sept *chiffres* seulement. I. Une lettre de la gamme indique le ton, la tonique, et son accord : si l'on passe d'un accord parfait à un autre, on change de ton; c'est l'affaire d'une nouvelle lettre. II. Pour passer de la tonique à un accord dissonant, M. Rameau n'admet que six manières, à chacune desquelles il assigne un caractère particulier; savoir :

1. Un **X** pour l'accord sensible; pour la septième diminuée, il suffit d'ajouter un bémol sous cet **X**.

2. Un 2 pour l'accord de seconde sur la tonique.

3. Un 7 pour son accord de septième.

4. Cette abréviation *aj.* pour sa sixte ajoutée.

5. Ces deux *chiffres* relatifs à cette tonique pour l'accord qu'il appelle de tierce-quarte, et qui revient à l'accord de neuvième sur la seconde note.

6. Enfin ce *chiffre* 4 pour l'accord de quarte et quinte sur la dominante.

III. Un accord dissonant est suivi d'un accord parfait ou d'un autre accord dissonant : dans le premier cas, l'accord s'indique par une lettre ; le second se rapporte à la mécanique des doigts. (Voyez DOIGTER.) C'est un doigt qui doit descendre diatoniquement, ou deux, ou trois. On indique cela par autant de points l'un sur l'autre qu'il faut descendre de doigts. Les doigts qui doivent descendre par préférence sont indiqués par la mécanique ; les dièses ou bémols qu'ils doivent faire sont connus par le ton ou substitués dans les *chiffres* aux points correspondants ; ou bien, dans le chromatique et l'enharmonique, on marque une petite ligne inclinée en descendant ou en montant depuis la ligne d'une note connue, pour marquer qu'elle doit descendre ou monter d'un demi-ton. Ainsi tout est prévu, et ce petit nombre de signes suffit pour exprimer toute bonne harmonie possible.

On sent bien qu'il faut supposer ici que toute dissonance se sauve en descendant ; car s'il y en avoit qui se dussent sauver en montant, s'il y avoit des marches de doigts ascendantes dans des accords dissonants, les points de M. Rameau seroient insuffisants pour exprimer cela.

Quelque simple que soit cette méthode, quelque favorable qu'elle paroisse pour la pratique, elle n'a point eu de cours : peut-être a-t-on cru que les *chiffres* de M. Rameau ne corrigeoient un défaut que pour en substituer un autre; car s'il simplifie les signes, s'il diminue le nombre des accords, non-seulement il n'exprime point encore la véritable harmonie fondamentale, mais il rend de plus ces signes tellement dépendants les uns des autres, que si l'on vient à s'égarer ou à se distraire un instant, à prendre un doigt pour un autre, on est perdu sans ressource, les points ne signifient plus rien, plus de moyen de se remettre jusqu'à un nouvel accord parfait. Mais avec tant de raisons de préférence, n'a-t-il point fallu d'autres objections encore pour faire rejeter la méthode de M. Rameau ? Elle étoit nouvelle ; elle étoit proposée par un homme supérieur en génie à tous ses rivaux : voilà sa condamnation.

Chœur, *s. m.* Morceau d'harmonie complète à quatre parties ou plus, chanté à la fois par toutes les voix et joué par tout l'orchestre. On cherche dans les *chœurs* un bruit agréable et harmonieux, qui charme et remplisse l'oreille. Un beau *chœur* est le chef-d'œuvre d'un commençant, et c'est par ce genre d'ouvrage qu'il se montre suffisamment instruit de toutes les règles de l'harmonie. Les François passent en France pour réussir mieux dans cette partie qu'aucune autre nation de l'Europe.

Le *chœur*, dans la musique françoise, s'appelle quelquefois *grand-chœur*, par opposition au *petit-chœur*, qui est seulement composé de trois parties, savoir, deux dessus, et la haute-contre qui leur sert de basse. On fait de temps en temps entendre séparément ce *petit-chœur*, dont la douceur contraste agréablement avec la bruyante harmonie du grand.

On appelle encore *petit-chœur*, à l'Opéra de Paris, un certain nombre des meilleurs instruments de chaque genre, qui forment comme un petit orchestre particulier autour du clavecin et de celui qui bat la mesure. Ce *petit-chœur* est destiné pour les accompagnements qui demandent le plus de délicatesse et de précision.

Il y a des musiques à deux ou plusieurs *chœurs* qui se répondent et chantent quelquefois tous ensemble : on en peut voir un exemple dans l'opéra de *Jephté*. Mais cette pluralité de *chœurs* simultanés, qui se pratique assez souvent en Italie, est peu usitée en France : on trouve qu'elle ne fait pas un bien grand effet, que la composition n'en est pas fort facile, et qu'il faut un trop grand nombre de musiciens pour l'exécuter.

CHORION. Nome de la musique grecque, qui se

chantoit en l'honneur de la mère des dieux, et qui, dit-on, fut inventé par Olympe Phrygien.

CHORISTE, *s. m.* Chanteur non récitant, et qui ne chante que dans les chœurs.

On appelle aussi choristes les chantres d'église qui chantent au chœur : *Une antienne à deux choristes.*

Quelques musiciens étrangers donnent encore le nom de *choriste* à un petit instrument destiné à donner le ton pour accorder les autres. (Voyez TON.)

CHORUS. Faire *chorus*, c'est répéter en chœur à l'unisson ce qui vient d'être chanté à voix seule.

CHRESES ou CHRESIS. Une des parties de l'ancienne mélopée qui apprend au compositeur à mettre un tel arrangement dans la suite diatonique des sons, qu'il en résulte une bonne modulation et une mélodie agréable. Cette partie s'applique à différentes successions de sons, appelées par les anciens *agoge, euthia, anacamptos*. (Voyez TIRADE.)

CHROMATIQUE, *adj. pris quelquefois substantivement.* Genre de musique qui procède par plusieurs semi-tons consécutifs. Ce mot vient du grec χρῶμα, qui signifie *couleur*, soit parce que les Grecs marquoient ce genre par des caractères rouges ou diversement colorés ; soit, disent les auteurs, parce que le genre *chromatique* est moyen entre les deux autres, comme la couleur est moyenne entre le blanc et le noir; ou, selon d'autres, parce que ce genre varie et embellit le diatonique par ses semi-tons, qui font dans la musique le même effet que la variété des couleurs fait dans la peinture.

Boëce attribue à Timothée de Milet l'invention du genre *chromatique*; mais Athénée la donne à Épigonus.

Aristoxène divise ce genre en trois espèces, qu'il appelle *molle*, *hémiolion* et *tonicum*, dont on trouvera les rapports (*Pl.* 23, *fig.* 1, n° A), le tétracorde étant supposé divisé en 60 parties égales.

Ptolomée ne divise ce même genre qu'en deux espèces, *molle* ou *anticum*, qui procède par de plus petits intervalles, et *intensum*, dont les intervalles sont plus grands. (*même fig.*, n° B.)

Aujourd'hui le genre *chromatique* consiste à donner une telle marche à la basse-fondamentale, que les parties de l'harmonie, ou du moins quelques-unes, puissent procéder par semi-tons tant en montant qu'en descendant, ce qui se trouve plus fréquemment dans le mode mineur, à cause des altérations auxquelles la sixième et la septième notes y sont sujettes par la nature même du mode.

Les semi-tons successifs pratiqués dans le *chromatique* ne sont pas tous du même genre, mais presque alternativement mineurs et majeurs, c'est-à-dire *chromatiques* et *diatoniques*: car l'intervalle d'un *ton* mineur contient un semi-ton mineur ou *chromatique*, et un semi-ton majeur ou diatonique, mesure que le tempérament rend commune à tous les tons; de sorte qu'on ne peut procéder par deux semi-tons mineurs conjoints et successifs sans entrer dans l'enharmonique; mais deux semi-tons majeurs se suivent deux fois dans l'ordre *chromatique* de la gamme.

La route élémentaire de la basse-fondamentale pour engendrer le *chromatique* ascendant est de descendre de tierce et remonter de quarte alternativement, tous les accords portant la tierce majeure. Si la basse-fondamentale procède de dominante en dominante par des cadences parfaites évitées, elle engendre le *chromatique* descendant. Pour produire à la fois l'un et l'autre, on entrelace la cadence parfaite et l'interrompue, en les évitant.

Comme à chaque note on change de ton dans le *chromatique*, il faut borner et régler ces successions de peur de s'égarer. On se souviendra pour cela que l'espace le plus convenable pour les mouvements *chromatiques* est entre la dominante et la tonique en montant, et entre la tonique et la dominante en descendant. Dans le mode majeur on peut encore descendre chromatiquement de la dominante sur la seconde note. Ce passage est fort commun en Italie, et, malgré sa beauté, commence à l'être un peu trop parmi nous.

Le genre *chromatique* est admirable pour exprimer la douleur et l'affliction ; ses sons renforcés en montant arrachent l'ame. Il n'est pas moins énergique en descendant ; on croit alors entendre de vrais gémissements. Chargé de son harmonie, ce même genre devient propre à tout, mais son remplissage, en étouffant le chant, lui ôte une partie de son expression ; et c'est alors au caractère du mouvement à lui rendre ce dont le prive la plénitude de son harmonie. Au reste, plus ce genre a d'énergie, moins il doit être prodigué : semblable à ces mets délicats dont l'abondance dégoûte bientôt, autant il charme sobrement ménagé, autant devient-il rebutant quand on le prodigue.

CHRONOMÈTRE, *s. m.* Nom générique des instruments qui servent à mesurer le temps. Ce mot est composé de χρόνος, *temps*, et de μέτρον, *mesure*.

On dit, en ce sens, que les montres, les horloges, sont des *chronomètres*.

Il y a néanmoins quelques instruments qu'on a appelés en particulier *chronomètres*, et nommément un que M. Sauveur décrit dans ses *Principes d'acoustique* : c'étoit un pendule particulier qu'il destinoit à déterminer exactement les mouvements en musique. L'Affilard, dans ses *Principes dédiés aux dames religieuses*, avoit mis à la tête de tous les airs des chiffres qui exprimoient le nombre des vibrations de ce pendule pendant la durée de chaque mesure.

Il y a une trentaine d'années qu'on vit paroître le projet d'un instrument semblable, sous le nom de métromètre, qui battoit la mesure tout seul; mais il n'a réussi ni dans un temps ni dans l'autre. Plusieurs prétendent cependant qu'il seroit fort à souhaiter qu'on eût un tel instrument pour fixer avec précision le temps de chaque mesure dans une pièce de musique : on conserveroit par ce moyen plus facilement le vrai mouvement des airs, sans lequel ils perdent leur caractère, et qu'on ne peut connoître après la mort des auteurs que par une espèce de tradition, fort sujette à s'éteindre ou à s'altérer. On se plaint déjà que nous avons oublié les mouvements d'un grand nombre d'airs, et il est à croire qu'on les a ralentis tous. Si l'on eût pris la précaution dont je parle, et à laquelle on ne voit pas d'inconvénient, on auroit aujourd'hui le plaisir d'entendre ces mêmes airs tels que l'auteur les faisoit exécuter.

A cela les connoisseurs en musique ne demeurent pas sans réponse. Ils objecteront, dit M. Diderot (*Mémoires sur différents sujets de mathématiques*), contre tout *chronomètre* en général, qu'il n'y a peut-être pas dans un air deux mesures qui soient exactement de la même durée, deux choses contribuant nécessairement à ralentir les unes et à précipiter les autres; le goût et l'harmonie dans les pièces à plusieurs parties; le goût et le pressentiment de l'harmonie dans les *solo*. Un musicien qui sait son art n'a pas joué quatre mesures d'un air qu'il en saisit le caractère, et qu'il s'y abandonne : il n'y a que le plaisir de l'harmonie qui le suspende. Il veut ici que les accords soient frappés, là qu'ils soient dérobés ; c'est-à-dire qu'il chante plus ou moins lentement d'une mesure à l'autre, et même d'un temps et d'un quart de temps à celui qui le suit.

A la vérité, cette objection, qui est d'une grande force pour la musique françoise, n'en auroit aucune pour l'italienne, soumise irrémissiblement à la plus exacte mesure : rien même ne montre mieux l'opposition parfaite de ces deux musiques, puisque ce qui est beauté dans l'une seroit dans l'autre le plus grand défaut. Si la musique italienne tire son énergie de cet asservissement à la rigueur de la mesure, la françoise cherche la sienne à maîtriser à son gré cette même mesure, à la presser, à la ralentir, selon que l'exige le goût du chant ou le degré de flexibilité des organes du chanteur.

Mais quand on admettroit l'utilité d'un *chronomètre*, il faut toujours, continue M. Diderot, commencer par rejeter tous ceux qu'on a proposés jusqu'à présent, parce qu'on y a fait du musicien et du *chronomètre* deux machines distinctes, dont l'une ne peut jamais bien assujettir l'autre : cela n'a presque pas besoin d'être prouvé; il n'est pas possible que le musicien ait pendant toute sa pièce l'œil au mouvement et l'oreille au bruit du pendule; et s'il s'oublie un instant, adieu le frein qu'on a prétendu lui donner.

J'ajouterai que, quelque instrument qu'on pût trouver pour régler la durée de la mesure, il seroit impossible, quand même l'exécution en seroit de la dernière facilité, qu'il eût jamais lieu dans la pratique. Les musiciens, gens confiants, et faisant, comme bien d'autres, de leur propre goût la règle du bon, ne l'adopteroient jamais; ils laisseroient le *chronomètre*, et ne s'en rapporteroient qu'à eux du vrai caractère et du vrai mouvement des airs. Ainsi le seul bon *chronomètre* que l'on puisse avoir, c'est un habile musicien qui ait du goût, qui ait bien lu la musique qu'il doit faire exécuter, et qui sache en battre la mesure. Machine pour machine, il vaut mieux s'en tenir à celle-ci.

CIRCONVOLUTION, *s. f.* Terme de plain-chant. C'est une sorte de périélèse qui se fait en insérant entre la pénultième et la dernière note de l'intonation d'une pièce de chant trois autres notes; savoir, une au-dessus et deux au-dessous de la dernière note; lesquelles se lient avec elle, et forment un contour de tierce avant que d'y arriver; comme si vous avez ces trois notes, *mi*, *fa*, *mi*, pour terminer l'intonation, vous y interpolerez par circonvolution ces trois autres, *fa, re, re,* et vous aurez alors votre intonation terminée de cette sorte, *mi, fa, fa, re, re, mi,* etc. (Voyez Périélèse.)

CITHARISTIQUE, *s. f.* Genre de musique et de poésie approprié à l'accompagnement de la cithare. Ce genre, dont Amphion, fils de Jupiter et d'Antiope, fut l'inventeur, prit depuis le nom de lyrique.

CLAVIER, *s. m.* Portée générale ou somme des sons de tout le système qui résulte de la position relative des trois clefs. Cette position donne une étendue de douze lignes, et par conséquent de vingt-quatre degrés, ou de trois octaves et une quarte. Tout ce qui excède en haut ou en bas cet espace ne peut se noter qu'à l'aide d'une ou plusieurs lignes postiches ou accidentelles, ajoutées aux cinq qui composent la portée d'une clef. Voyez (*Pl.* 1, *fig.* 5) l'étendue générale du *clavier*.

Les notes ou touches diatoniques du *clavier*, lesquelles sont toujours constantes, s'expriment par des lettres de l'alphabet, à la différence des notes de la gamme, qui, étant mobiles et relatives à la modulation, portent des noms qui expriment ces rapports. (Voyez GAMME et SOLFIER.)

Chaque octave du *clavier* comprend treize sons; sept diatoniques et cinq chromatiques, représentés sur le *clavier* instrumental par autant de touches. (Voyez *Pl.* 24, *fig.* 4.) Autrefois ces treize touches répondoient à quinze cordes, savoir, une de plus entre le *re* dièse et le *mi* naturel, l'autre entre le *sol* dièse et le *la* ; et ces deux cordes qui formoient des intervalles enharmoniques, et qu'on faisoit sonner à volonté au moyen de deux touches brisées, furent regardées alors comme la perfection du système ; mais en vertu de nos règles de modulation, ces deux ont été retranchées, parce qu'il en auroit fallu mettre partout. (Voyez Clef, Portée.)

Clef, *s. f.* Caractère de musique qui se met au commencement d'une portée pour déterminer le degré d'élévation de cette portée dans le clavier général, et indiquer les noms de toutes les notes qu'elle contient dans la ligne de cette *clef.*

Anciennement on appeloit *clefs* les lettres par lesquelles on désignoit les sons de la gamme. Ainsi la lettre A étoit la *clef* de la note *la* ; C, la *clef* d'*ut* ; E la *clef* de *mi*, etc. A mesure que le système s'étendit, on sentit l'embarras et l'inutilité de cette multitude de *clefs*. Gui d'Arezzo, qui les avoit inventées, marquoit une lettre ou *clef* au commencement de chacune des lignes de la portée ; car il ne plaçoit point encore de notes dans les espaces. Dans la suite on ne marqua plus qu'une des sept *clefs* au commencement d'une des lignes seulement, celle-là suffisant pour fixer la position de toutes les autres selon l'ordre naturel. Enfin, de ces sept lignes ou *clefs*, on en choisit quatre qu'on nomma *claves signatæ* ou *clefs marquées*, parce qu'on se contentoit d'en marquer une sur une des lignes, pour donner l'intelligence de toutes les autres ; encore en retrancha-t-on bientôt une des quatre, savoir, le gamma, dont on s'étoit servi pour désigner le *sol* d'en bas, c'est-à-dire l'hypo-proslambanomène ajoutée au système des Grecs.

En effet Kircher prétend que si l'on est au fait des anciennes écritures, et qu'on examine bien la figure de nos *clefs*, on trouvera qu'elles se rapportent chacune à la lettre un peu défigurée de la note qu'elle représente. Ainsi la *clef* de *sol* étoit originairement un G, la *clef* d'*ut* un C, et la *clef* de *fa* une F.

Nous avons donc trois *clefs* à la quinte l'une de l'autre : la *clef* d'F *ut fa*, ou de *fa*, qui est la plus basse ; la *clef* d'*ut* ou de C *sol ut*, qui est une quinte au-dessus de la première ; et la *clef* de *sol* ou de G *re sol*, qui est une quinte au-dessus de celle d'*ut*, dans l'ordre marqué *Pl.* 1, *fig.* 5. Sur quoi l'on doit remarquer que, par un reste de l'ancien usage, la *clef* se pose toujours sur une ligne et jamais dans un espace. On doit savoir aussi que la *clef* de *fa* se fait de trois manières différentes : l'une dans la musique imprimée, une autre dans la musique écrite ou gravée, et la dernière dans le plain-chant. Voyez ces trois figures. (*Planche* 28, *figure* 3.)

En ajoutant quatre lignes au-dessus de la *clef* de *sol*, et trois lignes au-dessous de la *clef* de *fa*, ce qui donne de part et d'autre la plus grande étendue de lignes stables, on voit que le système total des notes qu'on peut placer sur les degrés relatifs à ces *clefs* se monte à vingt-quatre, c'est-à-dire trois octaves et une quarte, depuis le *fa* qui se trouve au-dessous de la première ligne jusqu'au *si* qui se trouve au-dessus de la dernière, et tout cela forme ensemble ce qu'on appelle le *clavier général*; par où l'on peut juger que cette étendue a fait long-temps celle du système. Aujourd'hui qu'il acquiert sans cesse de nouveaux degrés, tant à l'aigu qu'au grave, on marque ces degrés sur des lignes postiches qu'on ajoute en haut ou en bas selon le besoin.

Au lieu de joindre ensemble toutes les lignes, comme j'ai fait (*Pl.* ɪ *fig.* 5) pour marquer le rapport des *clefs*, on les sépare de cinq en cinq, parce que c'est à peu près aux degrés compris dans cet espace qu'est bornée l'étendue d'une voix commune. Cette collection de cinq lignes s'appelle *portée*, et l'on y met une *clef* pour déterminer le nom des notes, le lieu des semi-tons, et montrer quelle place la portée occupe dans le clavier.

De quelque manière qu'on prenne dans le clavier cinq lignes consécutives, et on y trouve une *clef* comprise, et quelquefois deux; auquel cas on en retranche une comme inutile. L'usage a même prescrit celle des deux qu'il faut retrancher, et celle qu'il faut poser ; ce qui a fixé aussi le nombre des positions assignées à chaque *clef.*

Si je fais une portée des cinq premières lignes du clavier, en commençant par le bas, j'y trouve la *clef* de *fa* sur la quatrième ligne : voilà donc une position de *clef,* et cette position appartient évidemment aux notes les plus graves ; aussi est-elle celle de la *clef* de basse.

Si je veux gagner une tierce dans le haut, il faut ajouter une ligne au-dessus ; il en faut donc retrancher une au-dessous, autrement la portée auroit plus de cinq lignes. Alors la *clef* de *fa* se trouve transportée de la quatrième ligne à la troisième, et la *clef* d'*ut* se trouve aussi sur la cinquième ; mais comme deux *clefs* sont inutiles, on retranche ici celle d'*ut*. On voit que la portée de cette *clef* est d'une tierce plus élevée que la précédente.

En abandonnant encore une ligne en bas pour en gagner une en haut, on a une troisième portée où la *clef* de *fa* se trouveroit sur la deuxième ligne, et celle d'*ut* sur la quatrième. Ici l'on abandonne la *clef* de *fa,* et l'on prend celle d'*ut.* On a encore gagné une tierce à l'aigu, et on l'a perdue au grave.

En continuant ainsi de ligne en ligne, on passe successivement par quatre positions différentes de la *clef* d'*ut*. Arrivant à celle de *sol*, on la trouve posée sur la deuxième ligne, et puis sur la première ; cette position embrasse les cinq plus hautes lignes, et donne le diapason le plus aigu que l'on puisse établir par les *clefs*.

On peut voir (*Pl.* 1, *fig.* 6) cette succession des *clefs* du grave à l'aigu ; ce qui fait en tout huit portées, *clefs* ou positions de *clefs* différentes.

De quelque caractère que puisse être une voix ou un instrument, pourvu que son étendue n'excède pas à l'aigu ou au grave celle du clavier général, on peut dans ce nombre lui trouver une portée et une *clef* convenables, et il y en a en effet de déterminées pour toutes les parties de la musique. (Voyez PARTIES.) Si l'étendue d'une partie est fort grande, que le nombre de lignes qu'il faudroit ajouter au-dessus ou au-dessous devienne incommode, alors on change la *clef* dans le courant de l'air. On voit clairement par la figure quelle *clef* il faudroit prendre pour élever ou baisser la portée, de quelque *clef* qu'elle soit armée actuellement.

On voit aussi que pour rapporter une *clef* à l'autre il faut les rapporter toutes deux sur le clavier général, au moyen duquel on voit ce que chaque note de l'une des *clefs* est à l'égard de l'autre. C'est par cet exercice réitéré qu'on prend l'habitude de lire aisément les partitions.

Il suit de cette mécanique qu'on peut placer

telle note qu'on voudra de la gamme sur une ligne ou sur un espace quelconque de la portée, puisqu'on a le choix de huit différentes positions, nombre des notes de l'octave. Ainsi l'on pourroit noter un air entier sur la même ligne, en changeant la *clef* à chaque degré. La figure 7 montre par la suite des *clefs* la suite des notes *re, fa, la, ut, mi, sol, si, re,* montant de tierce en tierce, et toutes placées sur la même ligne. La figure suivante 8 représente sur la suite des mêmes *clefs* la note *ut,* qui paroît descendre de tierce en tierce sur toutes les lignes de la portée et au-delà, et qui cependant, au moyen des changements de *clef,* garde toujours l'unisson. C'est sur des exemples semblables qu'on doit s'exercer pour connoître au premier coup d'œil le jeu de toutes les *clefs*.

Il y a deux de leurs positions, savoir, la *clef* de *sol* sur la première ligne, et la *clef* de *fa* sur la troisième, dont l'usage paroît s'abolir de jour en jour. La première peut sembler moins nécessaire, puisqu'elle ne rend qu'une position toute semblable à celle de *fa* sur la quatrième ligne, dont elle diffère pourtant de deux octaves. Pour la *clef* de *fa,* il est évident qu'en l'ôtant tout-à-fait de la troisième ligne, on n'aura plus de position équivalente, et que la composition du clavier, qui est complète aujourd'hui, deviendra par-là défectueuse.

CLEF TRANSPOSÉE. On appelle ainsi toute *clef*

armée de dièses ou de bémols. Ces signes y servent à changer le lieu des deux semi-tons de l'octave, comme je l'ai expliqué au mot *bémol*, et à établir l'ordre naturel de la gamme sur quelque degré de l'échelle qu'on veuille choisir.

La nécessité de ces altérations naît de la similitude des modes dans tous les tons ; car, comme il n'y a qu'une formule pour le mode majeur, il faut que tous les degrés de ce mode se trouvent ordonnés de la même façon sur leur tonique ; ce qui ne peut se faire qu'à l'aide des dièses ou des bémols. Il en est de même du mode mineur ; mais, comme la même combinaison qui donne la formule pour un ton majeur la donne aussi pour un ton mineur sur une autre tonique (Voyez Mode), il s'ensuit que pour les vingt-quatre modes il suffit de douze combinaisons ; or, si avec la gamme naturelle on compte six modifications par dièses, et cinq par bémols, ou six par bémols, et cinq par dièses, on trouvera ces douze combinaisons auxquelles se bornent toutes les variétés possibles de tons et de modes dans le système établi.

J'explique aux mots *Dièse* et *Bémol* l'ordre selon lequel ils doivent être placés à la *clef*. Mais pour transposer tout d'un coup la *clef* convenablement à un ton ou mode quelconque, voici une formule générale trouvée par M. de Boisgelou, conseiller au Grand-Conseil, et qu'il a bien voulu me communiquer.

Prenant l'*ut* naturel pour terme de comparaison, nous appellerons intervalles mineurs la quarte *ut fa*, et tous les intervalles du même *ut* à une note bémolisée quelconque; tout autre intervalle est majeur. Remarquez qu'on ne doit pas prendre par dièse la note supérieure d'un intervalle majeur, parce qu'alors on feroit un intervalle superflu: mais il faut chercher la même chose par bémol, ce qui donnera un intervalle mineur. Ainsi l'on ne composera pas en *la* dièse, parce que la sixte *ut la*, étant majeure naturellement, deviendroit superflue par ce dièse; mais on prendra la note *si* bémol, qui donne la même touche par un intervalle mineur; ce qui rentre dans la règle.

On trouvera (*Pl.* 21, *fig.* 1) une table des douze sons de l'octave divisée par intervalles majeurs et mineurs, sur laquelle on transportera la *clef* de la manière suivante, selon le ton et le mode où l'on veut composer.

Ayant pris une de ces douze notes pour tonique ou fondamentale, il faut voir d'abord si l'intervalle qu'elle fait avec *ut* est majeur ou mineur: s'il est majeur, il faut des dièses; s'il est mineur, il faut des bémols. Si cette note est l'*ut* lui-même, l'intervalle est nul, il ne faut ni bémol ni dièse.

Pour déterminer à présent combien il faut de dièses ou bémols, soit a le nombre qui exprime l'intervalle d'*ut* à la note en question. La formule par dièses sera $\overline{\dfrac{a-1 \times 2}{7}}$, et le reste donnera le nombre des dièses qu'il faut mettre à la *clef*. La formule par bémols sera $\dfrac{\overline{a-1 \times 5}}{7}$, et le reste sera le nombre des bémols qu'il faut mettre à la *clef*.

Je veux, par exemple, composer en *la*, mode majeur. Je vois d'abord qu'il faut des dièses, parce que *la* fait un intervalle majeur avec *ut*. L'intervalle est une sixte dont le nombre est 6; j'en retranche 1; je multiplie le reste 5 par 2, et du produit 10 rejetant 7 autant de fois qu'il se peut, j'ai le reste 3, qui marque le nombre de dièses dont il faut armer la clef pour le ton majeur de *la*.

Que si je veux prendre *fa*, mode majeur, je vois, par la table, que l'intervalle est mineur, et qu'il faut par conséquent des bémols. Je retranche donc 1 du nombre 4 de l'intervalle; je multiplie par 5 le reste 3, et du produit 15 rejetant 7 autant de fois qu'il se peut, j'ai 1 de reste : c'est un bémol qu'il faut mettre à la *clef*.

On voit par-là que le nombre des dièses ou des bémols de la *clef* ne peut jamais passer six; puisqu'ils doivent être le reste d'une division par sept.

Pour les tons mineurs il faut appliquer la même formule des tons majeurs, non sur la tonique, mais sur la note qui est une tierce mineure au-dessus de cette même tonique sur sa médiante.

Ainsi, pour composer en *si*, mode mineur, je transposerai la *clef* comme pour le ton majeur de *re*. Pour *fa*, dièse mineur, je la transposerai comme pour *la* majeur, etc.

Les musiciens ne déterminent les transpositions qu'à force de pratique, ou en tâtonnant ; mais la règle que je donne est démontrée générale et sans exception.

COMARCHIOS. Sorte de nome pour les flûtes dans l'ancienne musique des Grecs.

COMMA, *s. m.* Petit intervalle qui se trouve dans quelques cas entre deux sons produits sous le même nom par des progressions différentes.

On distingue trois espèces de *comma* : 1° le mineur, dont la raison est de 2025 à 2048 ; ce qui est la quantité dont le *si* dièse, quatrième quinte de *sol* dièse, pris comme tierce majeure de *mi*, est surpassé par l'*ut* naturel qui lui correspond. Ce *comma* est la différence du semi-ton majeur au semi-ton moyen.

2° Le *comma* majeur est celui qui se trouve entre le *mi* produit par la progression triple comme quatrième quinte, en commençant par *ut*, et le même *mi*, ou sa réplique, considéré comme tierce majeure de ce même *ut*. La raison en est de 80 à 81. C'est le *comma* ordinaire, et il est la différence du ton majeur au ton mineur.

3° Enfin le *comma* maxime, qu'on appelle *comma* de Pythagore, a son rapport de 524288 à

531441, et il est l'excès du *si* dièse, produit par la progression triple comme douzième quinte de l'*ut* sur le même *ut* élevé par ses octaves au degré correspondant.

Les musiciens entendent par *comma* la huitième ou la neuvième partie d'un ton, la moitié de ce qu'ils appellent un quart de ton. Mais on peut assurer qu'ils ne savent ce qu'ils veulent dire en s'exprimant ainsi, puisque, pour des oreilles comme les nôtres, un si petit intervalle n'est appréciable que par le calcul. (Voyez INTERVALLE.)

COMPAIR, *adj. corrélatif de lui-même.* Les tons *compairs*, dans le plain-chant, sont l'authente, et le plagal qui lui correspond. Ainsi le premier ton est *compair* avec le second, le troisième avec le quatrième, et ainsi de suite ; chaque ton pair est *compair* avec l'impair qui le précède. (Voyez TONS DE L'ÉGLISE.)

COMPLÉMENT d'un intervalle est la quantité qui lui manque pour arriver à l'octave : ainsi la seconde et la septième, la tierce et la sixte, la quarte et la quinte, sont *compléments* l'une de l'autre. Quand il n'est question que d'un intervalle, *complément* et *renversement* sont la même chose. Quant aux espèces, le juste est *complément* du juste, le majeur du mineur, le superflu du diminué, et réciproquement. (Voyez INTERVALLE.)

COMPOSÉ, *adj.* Ce mot a trois sens en musique ;

deux par rapport aux intervalles, et un par rapport à la mesure.

I. Tout intervalle qui passe l'étendue de l'octave est un intervalle *composé*, parce qu'en retranchant l'octave on simplifie l'intervalle sans le changer. Ainsi la neuvième, la dixième, la douzième, sont des intervalles *composés* : le premier, de la seconde et de l'octave; le deuxième, de la tierce et de l'octave; le troisième, de la quinte et de l'octave, etc.

II. Tout intervalle qu'on peut diviser musicalement en deux intervalles peut encore être considéré comme *composé*. Ainsi la quinte est *composée* de deux tierces, la tierce de deux secondes, la seconde majeure de deux semi-tons; mais le semi-ton n'est point *composé*, parce qu'on ne peut plus le diviser ni sur le clavier ni par notes. C'est le sens du discours qui des deux précédentes acceptions doit déterminer celle selon laquelle un intervalle est dit *composé*.

III. On appelle *mesures composées* toutes celles qui sont désignées par deux chiffres. (Voyez Mesure.)

Composer, *v. a.* Inventer de la musique nouvelle, selon les règles de l'art.

Compositeur, *s. m.* Celui qui compose de la musique ou qui sait les règles de la composition. Voyez au mot Composition l'exposé des connoissances nécessaires pour savoir composer. Ce n'est pas encore assez pour former un vrai *compositeur*: toute la science possible ne suffit point sans le génie qui la met en œuvre. Quelque effort que l'on puisse faire, quelque acquis que l'on puisse avoir, il faut être né pour cet art; autrement on n'y fera jamais rien que de médiocre. Il en est du *compositeur* comme du poète : si la nature en naissant ne l'a formé tel ;

> S'il n'a reçu du ciel l'influence secrète,
> Pour lui Phébus est sourd, et Pégase est rétif.

Ce que j'entends par génie n'est point ce goût bizarre et capricieux qui sème partout le baroque et le difficile, qui ne sait orner l'harmonie qu'à force de dissonances, de contrastes et de bruit; c'est ce feu intérieur qui brûle, qui tourmente le *compositeur* malgré lui, qui lui inspire incessamment des chants nouveaux et toujours agréables, des expressions vives, naturelles, et qui vont au cœur; une harmonie pure, touchante, majestueuse, qui renforce et pare le chant sans l'étouffer. C'est ce divin guide qui a conduit Corelli, Vinci, Perez, Rinaldo, Jomelli, Durante, plus savant qu'eux tous, dans le sanctuaire de l'harmonie; Leo, Pergolèse, Hasse, Teradelias, Galuppi, dans celui du bon goût et de l'expression.

COMPOSITION, *s. f.* C'est l'art d'inventer et d'écrire des chants, de les accompagner d'une harmonie convenable, de faire, en un mot, une pièce complète de musique avec toutes ses parties.

La connoissance de l'harmonie et de ses règles est le fondement de la *composition*. Sans doute il faut savoir remplir des accords, préparer, sauver des dissonances, trouver des basses-fondamentales, et posséder toutes les autres petites connoissances élémentaires; mais avec les seules règles de l'harmonie, on n'est pas plus près de savoir la *composition* qu'on ne l'est d'être un orateur avec celles de la grammaire. Je ne dirai point qu'il faut, outre cela, bien connoître la portée et le caractère des voix et des instruments, les chants qui sont de facile ou difficile exécution, ce qui fait de l'effet et ce qui n'en fait pas; sentir le caractère des différentes mesures, celui des différentes modulations, pour appliquer toujours l'une et l'autre à propos; savoir toutes les règles particulières établies par convention, par goût, par caprice, ou par pédanterie, comme les fugues, les imitations, les sujets contraints, etc. Toutes ces choses ne sont encore que des préparatifs à la *composition*: mais il faut trouver en soi-même la source des beaux chants, de la grande harmonie, les tableaux, l'expression; être enfin capable de saisir ou de former l'ordonnance de tout un ouvrage, d'en suivre les convenances de toute espèce, et de se remplir de l'esprit du poète, sans s'amuser à courir après les mots. C'est avec raison que nos musiciens ont donné le nom de paroles aux poèmes qu'ils mettent en chant. On voit bien, par leur manière de les rendre, que ce ne sont en effet pour eux que des paroles. Il semble, surtout depuis quelques années, que les règles des accords aient fait oublier ou négliger toutes les autres, et que l'harmonie n'ait acquis plus de facilité qu'aux dépens de l'art en général. Tous nos artistes savent le remplissage, à peine en avons-nous qui sachent la *composition*.

Au reste, quoique les règles fondamentales du contre-point soient toujours les mêmes, elles ont plus ou moins de rigueur selon le nombre des parties; car à mesure qu'il y a plus de parties, la *composition* devient plus difficile, et les règles sont moins sévères. La *composition* à deux parties s'appelle *duo*, quand les deux parties chantent également, c'est-à-dire quand le sujet se trouve partagé entre elles : que si le sujet est dans une partie seulement, et que l'autre ne fasse qu'accompagner, on appelle alors le première *récit* ou *solo*; et l'autre, *accompagnement*, ou *basse-continue*, si c'est une basse. Il en est de même du *trio* ou de la *composition* à trois parties, du *quatuor*, du *quinque*. (Voyez ces mots.)

On donne aussi le nom de *compositions* aux pièces mêmes de musique faites dans les règles de la *composition* : c'est pourquoi les *duo*, *trio*, *qua-*

tuor, dont je viens de parler, s'appellent des *compositions*.

On compose ou pour les voix seulement, ou pour les instruments, ou pour les instruments et les voix. Le plain-chant et les chansons sont les seules *compositions* qui ne soient que pour la voix, encore y joint-on souvent quelque instrument pour les soutenir. Les *compositions* instrumentales sont pour un chœur d'orchestre, et alors elles s'appellent *symphonies, concerts;* ou pour quelque espèce particulière d'instrument, et elles s'appellent *pièces, sonates*. (Voyez ces mots.)

Quant aux *compositions* destinées pour les voix et pour les instruments, elles se divisent communément en deux espèces principales; savoir, musique latine ou musique d'église, et musique françoise. Les musiques destinées pour l'église, soit psaumes, hymnes, antiennes, répons, portent en général le nom de *motets*. (Voy. MOTET.) La musique françoise se divise encore en musique de théâtre, comme nos opéra, et en musique de chambre, comme nos cantates ou cantatilles. (Voyez CANTATE, OPÉRA.)

Généralement la *composition* latine passe pour demander plus de science et de règles, et la françoise plus de génie et de goût.

Dans une *composition* l'auteur a pour sujet le son physiquement considéré, et pour objet le seul plaisir de l'oreille; ou bien il s'élève à la musique imitative, et cherche à émouvoir ses auditeurs par des effets moraux. Au premier regard, il suffit qu'il cherche de beaux sons et des accords agréables; mais au second il doit considérer la musique par ses rapports aux accents de la voix humaine; et par les conformités possibles entre les sons harmoniquement combinés et les objets imitables. On trouvera dans l'article *Opéra* quelques idées sur les moyens d'élever et d'ennoblir l'art, en faisant de la musique une langue plus éloquente que le discours même.

Concert, *s. m.* Assemblée de musiciens qui exécutent des pièces de musique vocale et instrumentale. On ne se sert guère du mot de *concert* que pour une assemblée d'au moins sept ou huit musiciens, et pour une musique à plusieurs parties. Quant aux anciens, comme ils ne connoissoient pas le contre-point, leurs *concerts* ne s'exécutoient qu'à l'unisson ou à l'octave; et ils en avoient rarement ailleurs qu'aux théâtres et dans les temples.

Concert spirituel. *Concert* qui tient lieu de spectacle public à Paris durant les temps où les autres spectacles sont fermés. Il est établi au château des Tuileries; les concertants y sont très-nombreux, et la salle est fort bien décorée: on y exécute des motets, des symphonies, et l'on se donne aussi le plaisir d'y défigurer de temps en temps quelques airs italiens.

CONCERTANT, *adj.* Parties *concertantes* sont, selon l'abbé Brossard, celles qui ont quelque chose à réciter dans une pièce ou dans un *concert;* et ce mot sert à les distinguer des parties qui ne sont que de chœur.

Il est vieilli dans ce sens, s'il l'a jamais eu. L'on dit aujourd'hui parties récitantes, mais on se sert de celui de *concertant* en parlant du nombre de musiciens qui exécutent dans un *concert*, et l'on dira : *Nous étions vingt-cinq* concertants; *une assemblée de huit à dix* concertants.

CONCERTO, *s. m.* Mot italien francisé, qui signifie généralement une symphonie faite pour être exécutée par tout un orchestre; mais on appelle plus particulièrement *concerto* une pièce faite pour quelque instrument particulier, qui joue seul de temps en temps avec un simple accompagnement, après un commencement en grand orchestre; et la pièce continue ainsi toujours alternativement entre le même instrument récitant et l'orchestre en chœur. Quant aux *concerto* où tout se joue en rippieno, et où nul instrument ne récite, les François les appellent quelquefois *trio*, et les Italiens *sinfonie*.

CONCORDANT, ou *basse-taille*, ou *baryton;* celle des parties de la musique qui tient le milieu entre la taille et la basse. Le nom de *concordant* n'est guère en usage que dans les musiques d'église, non plus que la partie qu'il désigne; partout ailleurs cette partie s'appelle basse-taille, et se confond avec la basse. Le *concordant* est proprement la partie qu'en Italie on appelle *tenor*. (Voyez PARTIES.)

CONCOURS, *s. m.* Assemblée de musiciens et de connoisseurs autorisés, dans laquelle une place vacante de maître de musique ou d'organiste est emportée, à la pluralité des suffrages, par celui qui a fait le meilleur motet, ou qui s'est distingué par la meilleure exécution.

Le *concours* étoit en usage autrefois dans la plupart des cathédrales ; mais, dans ces temps malheureux où l'esprit d'intrigue s'est emparé de tous les états, il est naturel que le *concours* s'abolisse insensiblement, et qu'on lui substitue des moyens plus aisés de donner à la faveur ou à l'intérêt le prix qu'on doit au talent et au mérite.

CONJOINT, *adj.* Tétracorde *conjoint* est, dans l'ancienne musique, celui dont la corde la plus grave est à l'unisson de la corde la plus aiguë du tétracorde qui est immédiatement au-dessous de lui, ou dont la corde la plus aiguë est à l'unisson de la plus grave du tétracorde qui est immédiatement au-dessus de lui. Ainsi, dans le sytême des Grecs, tous les cinq trétracordes sont *conjoints* par quelque côté : savoir, 1º le tétracorde méson *conjoint* au tétracorde hypaton ; 2º le tétracorde synnéménon *conjoint* au tétracorde méson ; 3º le tétracorde hyperboléon *conjoint* au tétracorde diézeugménon ; et comme le tétracorde auquel un autre étoit *conjoint* lui étoit *conjoint* réciproquement, cela eût fait en tout six tétracordes, c'est-à-dire plus qu'il n'y en avoit dans le système, si le tétracorde méson, étant *conjoint* par ses deux extrémités, n'eût été pris deux fois pour une.

Parmi nous, *conjoint* se dit d'un intervalle ou degré. On appelle degrés *conjoints* ceux qui sont tellement disposés entre eux que le son le plus aigu du degré inférieur se trouve à l'unisson du son le plus grave du degré supérieur. Il faut de plus qu'aucun des degrés *conjoints* ne puisse être partagé en d'autres degrés plus petits, mais qu'ils soient eux-mêmes les plus petits qu'il soit possible, savoir, ceux d'une seconde. Ainsi ces deux intervalles, *ut re*, et *re mi*, sont *conjoints*, mais *ut re* et *fa sol* ne le sont pas, faute de la première condition ; *ut mi* et *mi sol* ne le sont pas non plus, faute de la seconde.

Marche par degrés *conjoints* signifie la même chose que marche diatonique. (Voyez Degré diatonique.)

Conjointes, *s. f.* Tétracorde des *conjointes*. (Voyez Synnéménon.)

Connexe, *adj.* Terme de plain-chant. (Voyez Mixte.)

Consonnance, *s. f.* C'est, selon l'étymologie du mot, l'effet de deux ou plusieurs sons entendus à la fois ; mais on restreint communément la signification de ce terme aux intervalles formés par deux sons dont l'accord plaît à l'oreille, et c'est en ce sens que j'en parlerai dans cet article.

De cette infinité d'intervalles qui peuvent diviser les sons, il n'y en a qu'en très-petit nombre qui fassent des *consonnances;* tous les autres choquent l'oreille, et sont appelés pour cela *dissonances.* Ce n'est pas que plusieurs de celles-ci ne soient employées dans l'harmonie; mais elles ne le sont qu'avec des précautions, dont les *consonnances*, toujours agréables par elles-mêmes, n'ont pas également besoin.

Les Grecs n'admettoient que cinq *consonnances*; savoir, l'octave, la quinte, la douzième, qui est la réplique de la quinte, la quarte, et l'onzième, qui est sa réplique. Nous y ajoutons les tierces et les sixtes majeures et mineures, les octaves doubles et triples, et, en un mot, les diverses répliques de tout cela sans exception, selon toute l'étendue du système.

On distingue les *consonnances* en parfaites ou justes, dont l'intervalle ne varie point, et en imparfaites, qui peuvent être majeures ou mineures. Les *consonnances* parfaites sont l'octave, la quinte et la quarte; les imparfaites sont les tierces et les sixtes.

Les *consonnances* se divisent encore en simples et composées. Il n'y a de *consonnances* simples que la tierce et la quarte; car la quinte, par exemple, est composée de deux tierces; la sixte est composée de tierce et de quarte, etc.

Le caractère physique des *consonnances* se tire de leur production dans un même son, ou, si l'on veut, du frémissement des cordes. De deux cordes bien d'accord formant entre elles un intervalle d'octave, ou de douzième qui est l'octave de la quinte, ou de dix-septième majeure qui est la double octave de la tierce majeure, si l'on fait sonner la plus grave, l'autre frémit et résonne. A l'égard de la sixte majeure et mineure, de la tierce mineure, de la quinte et de la tierce majeure simples, qui toutes sont des combinaisons et des renversements des précédentes *consonnances*, elles se trouvent non directement, mais entre les diverses cordes qui frémissent au même son.

Si je touche la corde *ut*, les cordes montées à son octave *ut*, à la quinte *sol* de cette octave, à la tierce *mi* de la double octave, même aux octaves de tout cela, frémiront toutes et résonneront à la fois; et quand la première corde seroit seule, on distingueroit encore tous ces sons dans sa résonnance. Voilà donc l'octave, la tierce majeure et la quinte directes. Les autres *consonnances* se trouvent aussi par combinaisons: savoir, la tierce mineure, de *mi* au *sol*; la sixte mineure, du même *mi* à l'*ut* d'en haut; la quarte, du *sol* à ce même *ut*; et la sixte majeure, du même *sol* au *mi* qui est au-dessus de lui.

Telle est la génération de toutes les *consonnances*. Il s'agiroit de rendre raison des phénomènes.

Premièrement, le frémissement des cordes s'explique par l'action de l'air et le concours des vibrations. (Voyez UNISSON.) 2º Que le son d'une corde soit toujours accompagné de ses harmoniques (voyez ce mot), cela paroît une propriété du son qui dépend de sa nature, qui en est inséparable, et qu'on ne sauroit expliquer qu'avec des hypothèses qui ne sont pas sans difficulté. La plus ingénieuse qu'on ait jusqu'à présent imaginée sur cette matière est sans contredit celle de M. de Mairan, dont M. Rameau dit avoir fait son profit.

3º A l'égard du plaisir que les *consonnances* font à l'oreille à l'exclusion de tout autre intervalle, on en voit clairement la source dans leur génération. Les *consonnances* naissent toutes de l'accord parfait produit par un son unique, et réciproquement l'accord parfait se forme par l'assemblage des *consonnances*. Il est donc naturel que l'harmonie de cet accord se communique à ses parties, que chacune d'elles y participe, et que tout autre intervalle qui ne fait pas partie de cet accord n'y participe pas. Or, la nature, qui a doué les objets de chaque sens de qualités propres à le flatter, a voulu qu'un son quelconque fût toujours accompagné d'autres sons agréables, comme elle a voulu qu'un rayon de lumière fût toujours formé des plus belles couleurs. Que si l'on presse la question, et qu'on demande encore d'où naît le plaisir que cause l'accord parfait à l'oreille, tandis qu'elle est choquée du concours de tout autre son, que pourroit-on répondre à cela, sinon de demander à son tour pourquoi le vert plutôt que le gris réjouit la vue, et pourquoi le parfum de la rose enchante, tandis que l'odeur du pavot déplaît?

Ce n'est pas que les physiciens n'aient expliqué tout cela; et que n'expliquent-ils point? Mais que toutes ces explications sont conjecturales, et qu'on leur trouve peu de solidité quand on les examine de près! Le lecteur en jugera par l'exposé des principales, que je vais tâcher de faire en peu de mots.

Ils disent donc que la sensation du son étant produite par les vibrations du corps sonore propagées jusqu'au tympan par celles que l'air reçoit de ce même corps, lorsque deux sons se font entendre ensemble, l'oreille est affectée à la fois de leurs diverses vibrations. Si ces vibrations sont isochrones, c'est-à-dire qu'elles s'accordent à commencer et finir en même temps, ce concours forme l'unisson; et l'oreille, qui saisit l'accord de ces retours égaux et bien concordants, en est agréablement affectée. Si les vibrations d'un des deux sons sont doubles en durée de celles de l'autre, durant chaque vibration du plus grave, l'aigu en fera précisément deux; et à la troisième ils partiront ensemble. Ainsi, de deux en deux, chaque vibration impaire de l'aigu concourra avec chaque vibration du grave; et cette fréquente concordance qui constitue l'octave, selon eux moins douce que l'unisson, le sera plus qu'aucune autre *consonnance*. Après vient la quinte, dont l'un des sons fait deux vibrations, tandis que l'autre en fait trois; de sorte qu'ils ne s'accordent qu'à chaque troisième vibration de l'aigu; ensuite le double octave, dont l'un des sons fait quatre vibrations pendant que l'autre n'en fait qu'une, s'accordant seulement à chaque quatrième vibration de l'aigu. Pour la quarte, les vibrations se répondent de quatre en quatre à l'aigu, et de trois en trois au grave : celles de la tierce majeure sont comme 4 et 5; de la sixte majeure, comme 3 et 5; de la tierce mineure, comme 5 et 6; et de la sixte mineure, comme 5 et 8. Au-delà de ces nombres il n'y a plus que leurs multiples qui produisent des *consonnances*, c'est-à-dire des octaves de celles-ci; tout le reste est dissonant.

D'autres trouvant l'octave plus agréable que l'unisson, et la quinte plus agréable que l'octave, en donnent pour raison que les retours égaux des vibrations dans l'unisson, et leur concours trop fréquent dans l'octave, confondent, identifient les sons, et empêchent l'oreille d'en apercevoir la diversité. Pour qu'elle puisse avec plaisir comparer les sons, il faut bien, disent-ils, que les vibrations s'accordent par intervalles, mais non pas qu'elles se confondent trop souvent; autrement, au lieu de deux sons, on croiroit n'en entendre qu'un, et l'oreille perdroit le plaisir de la comparaison. C'est ainsi que du même principe on déduit à son gré le pour et le contre, selon qu'on juge que les expériences l'exigent.

Mais premièrement toute cette explication n'est, comme on voit, fondée que sur le plaisir qu'on prétend que reçoit l'ame par l'organe de l'ouïe du concours des vibrations; ce qui, dans le fond, n'est déjà qu'une pure supposition. De plus il faut supposer encore, pour autoriser ce système, que la première vibration de chacun des deux corps sonores commence exactement avec celle de l'autre; car de quelque peu que l'une précédât, elles ne concourroient plus dans le rapport déterminé, peut-être même ne concourroient-elles jamais, et par conséquent l'intervalle sensible devroit changer, la *consonnance* n'existeroit plus, ou ne seroit plus la même. Enfin il faut supposer que les diverses vibrations des deux sons d'une *consonnance* frappent l'organe sans confusion, et transmettent au cerveau la sensation de l'accord sans se nuire mutuellement : chose difficile à concevoir et dont j'aurai occasion de parler ailleurs.

Mais, sans disputer sur tant de suppositions, voyons ce qui doit s'ensuivre de ce système. Les vibrations ou les sons de la dernière *consonnance*, qui est la tierce mineure, sont comme 5 et 6, et l'accord en est fort agréable. Que doit-il naturellement résulter de deux autres sons dont les vibrations seroient entre elles comme 6 et 7? une *consonnance* un peu moins harmonieuse, à la vérité, mais encore assez agréable, à cause de la petite différence des raisons; car elles ne diffèrent que d'un trente-sixième. Mais qu'on me dise comment il se peut faire que deux sons, dont l'un fait cinq vibrations pendant que l'autre en fait six, produisent une *consonnance* agréable, et que deux sons, dont l'un fait six vibrations pendant que l'autre en fait sept, produisent une dissonance aussi dure. Quoi! dans l'un de ces rapports les vibrations s'accordent de six en six, et mon oreille est charmée; dans l'autre elles s'accordent de sept en sept, et mon oreille est écorchée! Je demande encore comment il se fait qu'après cette première dissonance la dureté des autres n'augmente pas en raison de la composition des rapports : pourquoi, par exemple, la dissonance qui résulte du rapport de 89 à 90 n'est pas beaucoup plus choquante que celle qui résulte du rapport de 12 à 13. Si le retour plus ou moins fréquent du concours des vibrations étoit la cause du degré de plaisir ou de peine que me font les accords, l'effet seroit proportionné à cette cause; et je n'y trouve aucune proportion. Donc ce plaisir et cette peine ne viennent point de là.

Il reste encore à faire attention aux altérations dont une *consonnance* est susceptible sans cesser d'être agréable à l'oreille, quoique ces altérations dérangent entièrement le concours périodique des vibrations, et que ce concours même devienne plus rare à mesure que l'altération est moindre. Il reste à considérer que l'accord de l'orgue ou du clavecin ne devroit offrir à l'oreille qu'une cacophonie d'autant plus horrible que ces instruments seroient accordés avec plus de soin, puisque, excepté l'octave, il ne s'y trouve aucune *consonnance* dans son rapport exact.

Dira-t-on qu'un rapport approché est supposé tout-à-fait exact, qu'il est reçu pour tel par l'oreille, et qu'elle supplée par instinct ce qui manque à la justesse de l'accord? je demande alors pourquoi cette inégalité de jugement et d'appréciation par laquelle elle admet des rapports plus ou moins rapprochés, et en rejette d'autres selon la diverse nature des *consonnances*. Dans l'unisson, par exemple, l'oreille ne supplée rien; il est juste ou faux, point de milieu. De même encore dans l'octave, si l'intervalle n'est exact, l'oreille est choquée; elle n'admet point d'approximation. Pourquoi en admet-elle plus dans la quinte, et moins dans la tierce majeure? Une explication vague, sans preuve, et contraire au principe qu'on veut établir, ne rend point raison de ces différences.

Le philosophe qui nous a donné des principes

d'acoustique, laissant à part tous ces concours de vibrations, et renouvelant sur ce point le système de Descartes, rend raison du plaisir que les *consonnances* font à l'oreille par la simplicité des rapports qui sont entre les sons qui les forment. Selon cet auteur et selon Descartes, le plaisir diminue à mesure que ces rapports deviennent plus composés; et quand l'esprit ne les saisit plus ce sont de véritables dissonances : ainsi c'est une opération de l'esprit qu'ils prennent pour le principe du sentiment de l'harmonie. D'ailleurs, quoique cette hypothèse s'accorde avec le résultat des premières divisions harmoniques, et qu'elle s'étende même à d'autres phénomènes qu'on remarque dans les beaux-arts, comme elle est sujette aux mêmes objections que la précédente, il n'est pas possible à la raison de s'en contenter.

Celle de toutes qui paroît la plus satisfaisante a pour auteur M. Estève, de la société royale de Montpellier. Voici là-dessus comme il raisonne.

Le sentiment du son est inséparable de celui de ses harmoniques; et puisque tout son porte avec soi ses harmoniques ou plutôt son accompagnement, ce même accompagnement est dans l'ordre de nos organes. Il y a dans le son le plus simple une graduation de sons qui sont et plus foibles et plus aigus, qui adoucissent par nuances le son principal, et le font perdre dans la grande vitesse des sons les plus hauts. Voilà ce que c'est qu'un son; l'accompagnement lui est essentiel, en fait la douceur et la mélodie. Ainsi toutes les fois que cet adoucissement, cet accompagnement, ces harmoniques, seront renforcés et mieux développés, les sons seront plus mélodieux, les nuances mieux soutenues. C'est une perfection, et l'ame y doit être sensible.

Or les *consonnances* ont cette propriété que les harmoniques de chacun des deux sons concourant avec les harmoniques de l'autre, ces harmoniques se soutiennent mutuellement, deviennent plus sensibles, durent plus long-temps, et rendent ainsi plus agréable l'accord des sons qui les donnent.

Pour rendre plus claire l'application de ce principe, M. Estève a dressé deux tables, l'une des *consonnances* et l'autre des dissonances qui sont dans l'ordre de la gamme; et ces tables sont tellement disposées, qu'on voit dans chacune le concours ou l'opposition des harmoniques de deux sons qui forment chaque intervalle.

Par la table des *consonnances* on voit que l'accord de l'octave conserve presque tous ses harmoniques, et c'est la raison de l'identité qu'on suppose dans la pratique de l'harmonie entre les deux sons de l'octave; on voit que l'accord de la quinte ne conserve que trois harmoniques, que la quarte n'en conserve que deux, qu'enfin les *consonnances* imparfaites n'en conservent qu'un, excepté la sixte majeure qui en porte deux.

Par la table des dissonances, on voit qu'elles ne se conservent aucun harmonique, excepté la seule septième mineure qui conserve son quatrième harmonique, savoir, la tierce majeure de la troisième octave du son aigu.

De ces observations l'auteur conclut que plus entre deux sons il y aura d'harmoniques concourants, plus l'accord en sera agréable; et voilà les *consonnances* parfaites : plus il y aura d'harmoniques détruits, moins l'ame sera satisfaite de ces accords; voilà les *consonnances* imparfaites : que s'il arrive qu'aucun harmonique ne soit conservé, les sons seront privés de leur douceur et de leur mélodie; ils seront aigres et comme décharnés, l'ame s'y refusera; et au lieu de l'adoucissement qu'elle éprouvoit dans les *consonnances*, ne trouvant partout qu'une rudesse soutenue, elle éprouvera un sentiment d'inquiétude désagréable qui est l'effet de la dissonance.

Cette hypothèse est sans contredit la plus simple, la plus naturelle, la plus heureuse de toutes: mais elle laisse pourtant encore quelque chose à désirer pour le contentement de l'esprit, puisque les causes qu'elle assigne ne sont pas toujours proportionnelles aux différences des effets; que, par exemple, elle confond dans la même catégorie la tierce mineure et la septième mineure, comme réduites également à un seul harmonique, quoique l'une soit consonnante, l'autre dissonante;

et que l'effet à l'oreille en soit très-différent.

A l'égard du principe d'harmonie imaginé par M. Sauveur, et qu'il faisoit consister dans les battemens, comme il n'est en nulle façon soutenable, et qu'il n'a été adopté de personne, je ne m'y arrêterai pas ici, et il suffira de renvoyer le lecteur à ce que j'en ai dit au mot BATTEMENT.

CONSONNANT, *adj.* Un intervalle *consonnant* est celui qui donne une consonnance ou qui en produit l'effet, ce qui arrive en certains cas aux dissonances par la force de la modulation. Un accord *consonnant* est celui qui n'est composé que de consonnances.

CONTRA, *s. m.* Nom qu'on donnoit autrefois à la partie qu'on appeloit plus communément *altus*, et qu'aujourd'hui nous nommons *haute-contre*. (Voyez HAUTE-CONTRE.)

CONTRAINT, *adj.* Ce mot s'applique, soit à l'harmonie, soit au chant, soit à la valeur des notes, quand par la nature du dessein on s'est assujetti à une loi d'uniformité dans quelqu'une de ces trois parties. (Voyez BASSE-CONTRAINTE.)

CONTRASTE, *s. m.* Opposition de caractères. Il y a *contraste* dans une pièce de musique lorsque le mouvement passe du lent au vite, ou du vite au lent ; lorsque le diapason de la mélodie passe du grave à l'aigu, ou de l'aigu au grave ; lorsque le chant passe du doux au fort, ou du fort au doux ; lorsque l'accompagnement passe du simple au figuré, ou du figuré au simple ; enfin, lorsque l'harmonie a des jours et des pleins alternatifs : et le *contraste* le plus parfait est celui qui réunit à la fois toutes ces oppositions.

Il est très-ordinaire aux compositeurs qui manquent d'invention d'abuser du *contraste*, et d'y chercher, pour nourrir l'attention, les ressources que leur génie ne leur fournit pas. Mais le *contraste* employé à propos et sobrement ménagé produit des effets admirables.

CONTRA-TENOR. Nom donné, dans les commencements du contre-point, à la partie qu'on a depuis nommée *tenor* ou *taille*. (Voyez TAILLE.)

CONTRE-CHANT, s. m. Nom donné par Gerson et par d'autres à ce qu'on appeloit alors plus communément *déchant* ou *contre-point*. (Voyez ces mots.)

CONTRE-DANSE. Air d'une sorte de danse du même nom, qui s'exécute à quatre, à six, et à huit personnes, et qu'on danse ordinairement dans les bals après les menuets, comme étant plus gaie et occupant plus de monde. Les airs des *contredanses* sont le plus souvent à deux temps : ils doivent être bien cadencés, brillants et gais, et avoir cependant beaucoup de simplicité ; car, comme on les reprend très-souvent, ils deviendroient insupportables s'ils étoient chargés. En tout genre les choses les plus simples sont celles dont on se lasse le moins.

CONTRE-FUGUE OU FUGUE RENVERSÉE, *s. f.* Sorte de fugue dont la marche est contraire à celle d'une autre fugue qu'on a établie auparavant dans le même morceau. Ainsi, quand la fugue s'est fait entendre en montant de la tonique à la dominante, ou de la dominante à la tonique, la *contre-fugue* doit se faire entendre en descendant de la dominante à la tonique, ou de la tonique à la dominante, *et vice versâ :* du reste, ces règles sont entièrement semblables à celles de la fugue. (Voyez FUGUE.)

CONTRE-HARMONIQUE, *adj.* Nom d'une sorte de proportion. (Voyez PROPORTION.)

CONTRE-PARTIE, *s. f.* Ce terme ne s'emploie en musique que pour signifier une des deux parties d'un duo considérée relativement à l'autre.

CONTRE-POINT. *s. m.* C'est à peu près la même chose que *composition,* si ce n'est que *composition* peut se dire des chants, et d'une seule partie, et que *contre-point* ne se dit que de l'harmonie, et d'une *composition* à deux ou plusieurs parties différentes.

Ce mot de *contre-point* vient de ce qu'anciennement les notes ou signes des sons étoient de simples points, et qu'en composant à plusieurs parties, on plaçoit ainsi ces points l'un sur l'autre, ou l'un contre l'autre.

Aujourd'hui le nom de *contre-point* s'applique spécialement aux parties ajoutées sur un sujet donné, pris ordinairement du plain-chant. Le sujet peut être à la taille ou à quelque autre partie supérieure; et l'on dit alors que le *contre-point* est sous le sujet : mais il est ordinairement à la basse, ce qui met le sujet sous le *contre-point*. Quand le *contre-point* est syllabique ou note sur note, on l'appelle *contre-point simple; contre-point figuré*, quand il s'y trouve différentes figures ou valeurs de notes, et qu'on y fait des desseins, des fugues, des imitations : on sent bien que tout cela ne peut se faire qu'à l'aide de la mesure, et que ce plain-chant devient alors de véritable musique. Une composition faite et exécutée ainsi sur-le-champ et sans préparation, sur un sujet donné, s'appelle *chant sur le livre*, parce qu'alors chacun compose impromptu sa partie ou son chant sur le livre du chœur. (Voyez CHANT SUR LE LIVRE.)

On a long-temps disputé si les anciens avoient connu le *contre-point;* mais par tout ce qui nous reste de leur musique et de leurs écrits, principalement par les règles de pratique d'Aristoxène, livre troisième, on voit clairement qu'ils n'en eurent jamais la moindre notion.

CONTRE-SENS, *s. m.* Vice dans lequel tombe le musicien, quand il rend une autre pensée que celle qu'il doit rendre. La musique, dit M. d'Alembert, n'étant et ne devant être qu'une traduction des paroles qu'on met en chant, il est visible qu'on y peut tomber dans des *contre-sens;* et ils n'y sont guère plus faciles à éviter que dans une véritable traduction. *Contre-sens* dans l'expression, quand la musique est triste au lieu d'être gaie, gaie au lieu d'être triste, légère au lieu d'être grave, grave au lieu d'être légère, etc. *Contre-sens* dans la prosodie, lorsqu'on est bref sur des syllabes longues, long sur des syllabes brèves, qu'on n'observe pas l'accent de la langue, etc. *Contre-sens* dans la déclamation, lorsqu'on y exprime par les mêmes modulations des sentiments opposés ou différents, lorsqu'on y rend moins les sentiments que les mots, lorsqu'on s'y appesantit sur des détails sur lesquels on doit glisser, lorsque les répétitions sont entassées hors de propos. *Contre-sens* dans la ponctuation, lorsque la phrase de musique se termine par une cadence parfaite dans les endroits où le sens est suspendu, ou forme un repos imparfait quand le sens est achevé. Je parle ici des *contre-sens* pris dans la rigueur du mot; mais le manque d'expression est peut-être le plus énorme de tous: J'aime encore mieux que la musique dise autre chose que ce qu'elle doit dire, que de parler et ne rien dire du tout.

CONTRE-TEMPS. *s. m.* Mesure à *contre-temps* est celle où l'on pause sur le temps foible, où l'on glisse sur le temps fort, et où le chant semble être en contre-sens avec la mesure. (Voyez SYNCOPE.)

COPISTE, *s. m.* Celui qui fait profession de copier de la musique.

Quelque progrès qu'ait fait l'art typographique, on n'a jamais pu l'appliquer à la musique avec autant de succès qu'à l'écriture, soit parce que les goûts de l'esprit étant plus constants que ceux de l'oreille, on s'ennuie moins vite des mêmes livres que des mêmes chansons; soit par les difficultés particulières que la combinaison des notes et des lignes ajoute à l'impression de la musique; car si l'on imprime premièrement les portées et ensuite les notes, il est impossible de donner à leurs positions relatives la justesse nécessaire; et si le caractère de chaque note tient à une portion de la portée, comme dans notre musique imprimée, les lignes s'ajustent si mal entre elles, il faut une si prodigieuse quantité de caractères, et le tout fait un si vilain effet à l'œil, qu'on a quitté cette manière avec raison pour lui substituer la gravure. Mais, outre que la gravure elle-même n'est pas exempte d'inconvénients, elle a toujours celui de multiplier trop ou trop peu les exemplaires ou les parties, de mettre en partition ce que les uns voudroient en parties séparées, ou en parties séparées ce que d'autres voudroient en partition, et de n'offrir guère aux curieux que de la musique déjà vieille qui court dans les mains de tout le monde. Enfin il est sûr qu'en Italie, le pays de la terre où l'on fait le plus de musique, on a proscrit depuis long-temps la note imprimée sans que l'usage de la gravure ait pu s'y établir: d'où je conclus qu'au jugement des experts celui de la simple *copie* est le plus commode.

Il est plus important que la musique soit nettement et correctement copiée que la simple écriture, parce que celui qui lit et médite dans son cabinet aperçoit, corrige aisément les fautes qui sont dans son livre, et que rien ne l'empêche de suspendre sa lecture ou de la recommencer : mais, dans un concert, où chacun ne voit que sa partie, et où la rapidité et la continuité de l'exécution ne laissent le temps de revenir sur aucune faute, elles sont toutes irréparables : souvent un morceau sublime est estropié, l'exécution est interrompue ou même arrêtée, tout va de travers, partout manque l'ensemble et l'effet, l'auditeur est rebuté et l'auteur déshonoré par la seule faute du *copiste*.

De plus, l'intelligence d'une musique difficile dépend beaucoup de la manière dont elle est copiée ; car outre la netteté de la note, il y a divers moyens de présenter plus clairement au lecteur les idées qu'on veut lui peindre et qu'il doit rendre. On trouve souvent la copie d'un homme plus lisible que celle d'un autre, qui pourtant note plus agréablement ; c'est que l'un ne veut que plaire aux yeux, et que l'autre est plus attentif aux soins utiles. Le plus habile *copiste* est celui dont la musique s'exécute avec le plus de facilité, sans que le musicien même devine pourquoi. Tout cela m'a persuadé que ce n'étoit pas faire un article inutile que d'exposer un peu en détail le devoir et les soins d'un bon *copiste* : tout ce qui tend à faciliter l'exécution n'est point indifférent à la perfection d'un art dont elle est toujours le plus grand écueil. Je sens combien je vais me nuire à moi-même, si l'on compare mon travail à mes règles; mais je n'ignore pas que celui qui cherche l'utilité publique doit avoir oublié la sienne. Homme de lettres, j'ai dit de mon état tout le mal que j'en pense; je n'ai fait que de la musique françoise, et n'aime que l'italienne; j'ai montré toutes les misères de la société, quand j'étois heureux par elle : mauvais *copiste*, j'expose ici ce que font les bons. O vérité! mon intérêt ne fut jamais rien devant toi; qu'il ne souille en rien le culte que je t'ai voué.

Je suppose d'abord que le *copiste* est pourvu de toutes les connoissances nécessaires à sa profession. Je lui suppose de plus les talents qu'elle exige pour être exercée supérieurement. Quels sont ces talents, et quelles sont ces connoissances? Sans en parler expressément, c'est de quoi cet article pourra donner une suffisante idée. Tout ce que j'oserai dire ici, c'est que tel compositeur qui se croit un fort habile homme est bien loin d'en savoir assez pour copier correctement la composition d'autrui.

Comme la musique écrite, surtout en partition, est faite pour être lue de loin par les concertants, la première chose que doit faire le *copiste* est d'employer les matériaux les plus convenables pour rendre sa note bien lisible et bien nette. Ainsi il doit choisir de beau papier fort, blanc, médiocrement fin, et qui ne perce point : on préfère celui qui n'a pas besoin de laver, parce que le lavage avec l'alun lui ôte un peu de sa blancheur. L'encre doit être très-noire sans être luisante ni gommée ; la réglure fine, égale, et bien marquée, mais non pas noire comme la note ; il faut, au contraire, que les lignes soient un peu pâles, afin que les croches, doubles-croches, les soupirs, demi-soupirs, et autres petits signes, ne se confondent pas avec elles, et que la note sorte mieux. Loin que la pâleur des lignes empêche de lire la musique à une certaine distance, elle aide au contraire à la netteté ; et quand même la ligne échapperoit un moment à la vue, la position des notes l'indique assez le plus souvent. Les régleurs ne rendent que du travail mal fait ; si le *copiste* veut se faire honneur, il doit régler son papier lui-même.

Il y a deux formats de papier réglé : l'un pour la musique françoise, dont la longueur est de bas en haut ; l'autre pour la musique italienne, dont la longueur est dans le sens des lignes. On peut employer pour les deux le même papier en le coupant et réglant en sens contraire ; mais, quand on l'achète réglé, il faut renverser les noms chez les papetiers de Paris, demander du papier à l'italienne quand on le veut à la françoise, et à la françoise quand on le veut à l'italienne : ce *quiproquo* importe peu dès qu'on en est prévenu.

Pour copier une partition, il faut compter les portées qu'enferme l'accolade, et choisir du papier qui ait, par page, le même nombre de portées, ou un multiple de ce nombre, afin de ne perdre aucune portée, ou d'en perdre le moins qu'il est possible quand le multiple n'est pas exact.

Le papier à l'italienne est ordinairement à dix portées, ce qui divise chaque page en deux accolades de cinq portées chacune pour les airs ordinaires; savoir, deux portées pour les deux dessus de violon, une pour la quinte, une pour le chant, et une pour la basse. Quand on a des duo ou des parties de flûtes, de hautbois, de cors, de trompettes, alors, à ce nombre de portées on ne peut plus mettre qu'une accolade par page, à moins qu'on ne trouve le moyen de supprimer quelque portée inutile, comme celle de la quinte, quand elle marche sans cesse avec la basse.

Voici maintenant les observations qu'on doit faire pour bien distribuer la partition. 1º Quelque nombre de parties de symphonie qu'on puisse avoir, il faut toujours que les parties de violon, comme principales, occupent le haut de l'accolade où les yeux se portent plus aisément; ceux qui les mettent au-dessous de toutes les autres et immédiatement sur la quinte pour la commodité de l'accompagnateur, se trompent; sans compter qu'il est ridicule de voir dans une partition les parties de violon au-dessous, par exemple, de celles des cors qui sont beaucoup plus basses. 2° Dans toute la longueur de chaque morceau, l'on ne doit jamais rien changer au nombre des portées, afin que chaque partie ait toujours la sienne au même lieu : il vaut mieux laisser des portées vides, où, s'il le faut absolument, en charger quelqu'une de deux parties, que d'étendre ou resserrer l'accolade inégalement. Cette règle n'est que pour la musique italienne ; car l'usage de la gravure a rendu les compositeurs françois plus attentifs à l'économie de l'espace qu'à la commodité de l'exécution. 3° Ce n'est qu'à toute extrémité qu'on doit mettre deux parties sur une même portée ; c'est surtout ce qu'on doit éviter pour les parties de violon ; car, outre que la confusion y seroit à craindre, il y auroit équivoque avec la double-corde; il faut aussi regarder si jamais les parties ne se croisent, ce qu'on ne pourroit guère écrire sur la même portée d'une manière nette et lisible. 4° Les clés une fois écrites et correctement armées ne doivent plus se répéter non plus que le signe de la mesure, si ce n'est dans la musique françoise, quand, les accolades étant inégales, chacun ne pourroit plus reconnoître sa partie; mais, dans les parties séparées, on doit répéter la clé au commencement de chaque portée, ne fût-ce que pour marquer le commencement de la ligne, au défaut de l'accolade.

Le nombre des portées ainsi fixé, il faut faire la division des mesures, et ces mesures doivent être toutes égales en espace comme en durée, pour mesurer en quelque sorte le temps au compas et guider la voix par les yeux. Cet espace doit être assez étendu dans chaque mesure pour recevoir toutes les notes qui peuvent y entrer, selon sa plus grande subdivision. On ne sauroit croire combien ce soin jette de clarté sur une partition, et dans quel embarras on se jette en le négligeant. Si l'on serre une mesure sur une ronde, comment placer les seize doubles-croches que contient peut-être une autre partie dans la même mesure? Si l'on se règle sur la partie vocale, comment fixer l'espace des ritournelles? En un mot, si l'on ne regarde qu'aux divisions d'une des parties, comment y rapporter les divisions souvent contraires des autres parties?

Ce n'est pas assez de diviser l'air en mesures égales, il faut aussi diviser les mesures en temps égaux. Si dans chaque partie on proportionne ainsi l'espace à la durée, toutes les parties et toutes les notes simultanées de chaque partie se correspondront avec une justesse qui fera plaisir aux yeux, et facilitera beaucoup la lecture d'une partition.

Si, par exemple, on partage une mesure à quatre temps en quatre espaces bien égaux entre eux et dans chaque partie, qu'on étende les noires, qu'on rapproche les croches, qu'on resserre les doubles-croches à proportion et chacune dans son espace, sans qu'on ait besoin de regarder une partie en copiant l'autre, toutes les notes correspondantes se trouveront plus exactement perpendiculaires que si on les eût confrontées en les écrivant; et l'on remarquera dans le tout la plus exacte proportion, soit entre les diverses mesures d'une même partie, soit entre les diverses parties d'une même mesure.

A l'exactitude des rapports il faut joindre, autant qu'il se peut, la netteté des signes. Par exemple on n'écrira jamais de notes inutiles; mais sitôt qu'on s'aperçoit que deux parties se réunissent et marchent à l'unisson, l'on doit renvoyer de l'une à l'autre lorsqu'elles sont voisines et sur la même clef. A l'égard de la quinte, sitôt qu'elle marche à l'octave de la basse, il faut aussi l'y renvoyer. La même attention de ne pas inutilement multiplier les signes doit empêcher d'écrire pour la symphonie les *piano* aux entrées du chant, et les *forte* quand il cesse; partout ailleurs il les faut écrire exactement sous le premier violon et sous la basse, et cela suffit dans une partition où toutes les parties peuvent et doivent se régler sur ces deux-là.

Enfin le devoir du *copiste* écrivant une partition est de corriger toutes les fausses notes qui peuvent se trouver dans son original. Je n'entends pas par fausses notes les fautes de l'ouvrage, mais celles de la copie qui lui sert d'original. La perfection de la sienne est de rendre fidèlement les idées de l'auteur : bonnes ou mauvaises, ce n'est pas son affaire; car il n'est pas auteur ni correcteur, mais *copiste*. Il est bien vrai que si l'auteur a mis par mégarde une note pour une autre, il doit la corriger; mais si ce même auteur a fait par ignorance une faute de composition, il la doit laisser. Qu'il compose mieux lui-même, s'il veut ou s'il peut, à la bonne heure; mais sitôt qu'il copie, il doit respecter son original. On voit par-là qu'il ne suffit pas au *copiste* d'être bon harmoniste et de bien savoir la composition, mais qu'il doit de plus être exercé dans les divers styles, reconnoître un auteur par sa manière, et savoir bien distinguer ce qu'il a fait de ce qu'il n'a pas fait. Il y a de plus une sorte de critique propre à restituer un passage par la comparaison d'un autre, à remettre un *fort* ou un *doux* où il a été oublié, à détacher des phrases liées mal à propos, à restituer même des mesures omises; ce qui n'est pas sans exemple même dans des partitions. Sans doute, il faut du savoir et du goût pour rétablir un texte dans toute sa pureté : l'on me dira que peu de *copistes* le font, je répondrai que tous le devroient faire.

Avant de finir ce qui regarde les partitions, je dois dire comment on y rassemble des parties séparées; travail embarrassant pour bien des *copistes*, mais facile et simple quand on s'y prend avec méthode.

Pour cela, il faut d'abord compter avec soin les mesures dans toutes les parties, pour s'assurer qu'elles sont correctes; ensuite on pose toutes les parties l'une sur l'autre, en commençant par la basse, et la couvrant successivement des autres parties dans le même ordre qu'elles doivent avoir sur la partition. On fait l'accolade d'autant de portées qu'on a de parties; on la divise en mesures égales, puis mettant toutes ces parties ainsi rangées devant soi et à sa gauche, on copie d'abord la première ligne de la première partie, que je suppose être le premier violon; on y fait une légère marque en crayon à l'endroit où l'on s'arrête; puis on la transporte renversée à sa droite. On copie de même la première ligne du second violon, renvoyant au premier partout où ils marchent à l'unisson; puis, faisant une marque comme ci-devant, on renverse la partie sur la précédente à sa droite; et ainsi de toutes les parties l'une après l'autre. Quand on est à la basse, on parcourt des yeux toute l'accolade pour vérifier si l'harmonie est bonne, si le tout est bien d'accord, et si l'on ne s'est point trompé. Cette première ligne faite, on prend ensemble toutes les parties qu'on a renversées l'une sur l'autre à sa droite, on les renverse derechef à sa gauche, et elles se retrouvent ainsi dans le même ordre et dans la même situation où elles étoient quand on a commencé : on recommence la seconde accolade à la petite marque en crayon, l'on fait une autre marque à la fin de la seconde ligne, et l'on poursuit comme ci-devant, jusqu'à ce que le tout soit fait.

J'aurai peu de chose à dire sur la manière de tirer une partition en parties séparées ; car c'est l'opération la plus simple de l'art, et il suffira d'y faire les observations suivantes. 1º Il faut tellement comparer la longueur des morceaux à ce que peut contenir une page, qu'on ne soit jamais obligé de tourner sur un même morceau dans les parties instrumentales, à moins qu'il n'y ait beaucoup de mesures à compter qui en laissent le temps. Cette règle oblige de commencer à la page *verso* tous les morceaux qui remplissent plus d'une page ; et il n'y en a guère qui en remplissent plus de deux. 2º Les *doux* et les *forts* doivent être écrits avec la plus grande exactitude sur toutes les parties, même ceux où rentre et cesse le chant, qui ne sont pas pour l'ordinaire écrits sur la partition. 3º On ne doit point couper une mesure d'une ligne à l'autre, mais tâcher qu'il y ait toujours une barre à la fin de chaque portée. 4º Toutes les lignes postiches qui excèdent, en haut ou en bas, les cinq de la portée, ne doivent point être continues, mais séparées à chaque note, de peur que le musicien, venant à les confondre avec celles de la portée, ne se trompe de note et ne sache plus où il est. Cette règle n'est pas moins nécessaire dans les partitions, et n'est suivie par aucun *copiste* françois. 5º Les parties de hautbois qu'on tire sur les parties de violon pour un grand orchestre ne doivent pas être exactement copiées comme elles sont dans l'original; mais, outre l'étendue que cet instrument a de moins que le violon, outre les *doux*, qu'il ne peut faire lui-même, outre l'agilité qui lui manque, ou qui lui va mal dans certaines vitesses, la force du hautbois doit être ménagée, pour marquer mieux les notes principales, et donner plus d'accent à la musique. Si j'avois à juger du goût d'un symphoniste sans l'entendre, je lui donnerois à tirer sur la partie de violon la partie de hautbois : tout *copiste* doit savoir le faire. 6º Quelquefois les parties de cors et de trompettes ne sont pas notées sur le même ton que le reste de l'air; il faut les transposer au ton, ou bien, si on les copie telles qu'elles sont, il faut écrire au haut le nom de la véritable tonique. *Corni in D sol re, corni in E la fa*, etc. 7º Il ne faut point bigarrer la partie de quinte ou de viola de la clef de basse et de la sienne, mais transporter à la clef de viola tous les endroits où elle marche avec la basse; et il y a là-dessus encore une autre attention à faire, c'est de ne jamais laisser monter la viola au-dessus des parties de violon, de sorte que, quand la basse monte trop haut, il n'en faut pas prendre l'octave, mais l'unisson, afin que la viola ne sorte jamais du *medium* qui lui convient. 8°. La partie vocale ne se doit copier qu'en partition avec la basse, afin que le chanteur se puisse accompagner lui-même, et n'ait pas la peine ni de tenir sa partie à la main, ni de compter ses pauses : dans les duo ou trio, chaque partie de chant doit contenir, outre la basse, sa contre-partie, et quand on copie un récitatif obligé, il faut pour chaque partie d'instrument ajouter la partie du chant à la sienne, pour le guider au défaut de la mesure. 9° Enfin, dans les parties vocales, il faut avoir soin de lier ou détacher les croches, afin que le chanteur voie clairement celles qui appartiennent à chaque syllabe. Les partitions qui sortent des mains des compositeurs sont sur ce point très-équivoques, et le chanteur ne sait la plupart du temps comment distribuer la note sur la parole. Le *copiste* versé dans la prosodie, et qui connoît également l'accent du discours et celui du chant, détermine le partage des notes et prévient l'indécision du chanteur. Les paroles doivent être écrites bien exactement sous les notes, et correctes quant aux accents et à l'orthographe; mais on n'y doit mettre ni points ni virgules, les répétitions fréquentes et irrégulières rendant la ponctuation grammaticale impossible ; c'est à la musique à ponctuer les paroles : le *copiste* ne doit pas s'en mêler; car ce seroit ajouter des signes que le compositeur s'est chargé de rendre inutiles.

Je m'arrête pour ne pas étendre à l'excès cet article : j'en ai dit trop pour tout *copiste* instruit qui a une bonne main et le goût de son métier; je n'en dirois jamais assez pour les autres. J'ajouterai seulement un mot en finissant : il y a bien des intermédiaires entre ce que le compositeur imagine et ce qu'entendent les auditeurs. C'est au *copiste* de rapprocher ces deux termes le plus qu'il est possible, d'indiquer avec clarté tout ce qu'on doit faire pour que la musique exécutée rende exactement à l'oreille du compositeur ce qui s'est peint dans sa tête en la composant.

CORDE SONORE. Toute corde tendue dont on peut tirer du son. De peur de m'égarer dans cet article, j'y transcrirai en partie celui de M. d'Alembert, et n'y ajouterai du mien que ce qui lui donne un rapport plus immédiat au son et à la musique.

« Si une corde tendue est frappée en quelqu'un
« de ses points par une puissance quelconque, elle
« s'éloignera jusqu'à une certaine distance de la
« situation qu'elle avoit étant en repos, reviendra
« ensuite, et fera des vibrations en vertu de l'élas-
« ticité que sa tension lui donne, comme en fait
« un pendule qu'on tire de son aplomb. Que si,

« de plus, la matière de cette *corde* est elle-même
« assez élastique ou assez homogène pour que le
« même mouvement se communique à toutes ses
« parties, en frémissant elle rendra du son, et sa
« résonnance accompagnera toujours ses vibra-
« tions. Les géomètres ont trouvé les lois de ces
« vibrations, et les musiciens celles des sons qui
« en résultent.

« On savoit depuis long-temps, par l'expérience
« et par des raisonnements assez vagues, que,
« toutes choses d'ailleurs égales, plus une *corde*
« étoit tendue, plus ses vibrations étoient promp-
« tes; qu'à tension égale, les *cordes* faisoient leurs
« vibrations plus ou moins promptement en même
« raison qu'elles étoient moins ou plus longues,
« c'est-à-dire que la raison des longueurs étoit
« toujours inverse de celle du nombre des vibra-
« tions. M. Taylor, célèbre géomètre anglois, est
« le premier qui ait démontré les lois des vibra-
« tions des *cordes* avec quelque exactitude, dans
« son savant ouvrage intitulé, *Methodus incre-*
« *mentorum directa et inversa*, 1715; et ces
« mêmes lois ont été démontrées encore depuis
« par M. Jean Bernouilli, dans le second tome
« des *Mémoires de l'Académie impériale de Pé-*
« *tersbourg*. » De la formule qui résulte de ces
lois, et qu'on peut trouver dans l'Encyclopédie,
article *Corde*, je tire les trois corollaires suivants,
qui servent de principes à la théorie de la musique:

I. Si deux *cordes* de même matière sont égales en longueur et en grosseur, les nombres de leurs vibrations en temps égaux seront comme les racines des nombres qui expriment le rapport des tensions des *cordes*.

II. Si les tensions et les longueurs sont égales, les nombres des vibrations en temps égaux seront en raison inverse de la grosseur ou du diamètre des *cordes*.

III. Si les tensions et les grosseurs sont égales, les nombres des vibrations en temps égaux seront en raison inverse des longueurs.

Pour l'intelligence de ces théorèmes je crois devoir avertir que la tension des *cordes* ne se représente pas par les poids tendants, mais par les racines de ces mêmes poids; ainsi les vibrations étant entre elles comme les racines carrées des tensions, les poids tendants sont entre eux comme les cubes des vibrations, etc.

Des lois des vibrations des *cordes* se déduisent celles des sons qui résultent de ces mêmes vibrations dans la *corde sonore*. Plus une *corde* fait de vibrations dans un temps donné, plus le son qu'elle rend est aigu; moins elle fait de vibrations, plus le son est grave; en sorte que les sons suivant entre eux les rapports des vibrations, leurs intervalles s'expriment par les mêmes rapports: ce qui soumet toute la musique au calcul.

On voit par les théorèmes précédents qu'il y a

trois moyens de changer le son d'une *corde*; savoir, en changeant le diamètre, c'est-à-dire la grosseur de la *corde*, ou sa longueur, ou sa tension. Ce que ces altérations produisent successivement sur une même *corde*, on peut le produire à la fois sur diverses *cordes*, en leur donnant différents degrés de grosseur, de longueur, ou de tension. Cette méthode combinée est celle qu'on met en usage dans la fabrique, l'accord et le jeu du clavecin, du violon, de la basse, de la guitare, et autres pareils instruments composés de *cordes* de différentes grosseurs et différemment tendues, lesquelles ont par conséquent des sons différents. De plus, dans les uns, comme le clavecin, ces *cordes* ont différentes longueurs fixes par lesquelles les sons se varient encore; et dans les autres, comme le violon, les *cordes*, quoique égales en longueur fixe, se raccourcissent ou s'alongent à volonté sous les doigts du joueur, et ces doigts avancés ou reculés sur le manche font alors la fonction de chevalets mobiles, qui donnent à la *corde* ébranlée par l'archet autant de sons divers que de diverses longueurs. A l'égard des rapports des sons et de leurs intervalles relativement aux longueurs des *cordes* et à leurs vibrations, voyez Son, Intervalle, Consonnance.

La *corde sonore*, outre le son principal qui résulte de toute sa longueur, rend d'autres sons accessoires moins sensibles, et ces sons semblent prouver que cette *corde* ne vibre pas seulement dans toute sa longueur, mais fait vibrer aussi ses aliquotes chacune en particulier selon la loi de leurs dimensions. A quoi je dois ajouter que cette propriété qui sert ou doit servir de fondement à toute l'harmonie, et que plusieurs attribuent non à la *corde sonore*, mais à l'air frappé du son, n'est pas particulière aux *cordes* seulement, mais se trouve dans tous les corps sonores. (Voyez Corps sonore, Harmonique.)

Une autre propriété non moins surprenante de la *corde sonore*, et qui tient à la précédente, est que si le chevalet qui la divise n'appuie que légèrement et laisse un peu de communication aux vibrations d'une partie à l'autre, alors, au lieu du son total de chaque partie ou de l'une des deux, on n'entendra que le son de la plus grande aliquote commune aux deux parties. (Voyez Sons harmoniques.)

Le mot de *corde* se prend figurément en composition pour les sons fondamentaux du mode, et l'on appelle souvent *corde d'harmonie* les notes de basse qui, à la faveur de certaines dissonances, prolongent la phrase, varient et entrelacent la modulation.

Corde-a-jouer ou Corde-a-vide. (Voyez Vide.)

Cordes mobiles. (Voyez Mobile.)

Cordes stables. (Voyez Stable.)

Corps-de-voix, *s. m.* Les voix ont divers degrés de force ainsi que d'étendue. Le nombre de ces degrés que chacune embrasse porte le nom de *corps-de-voix* quand il s'agit de force, et de *volume* quand il s'agit d'étendue. (Voyez Volume.) Ainsi de deux voix semblables formant le même son, celle qui remplit le mieux l'oreille et se fait entendre de plus loin est dite avoir plus de *corps*. En Italie, les premières qualités qu'on recherche dans les voix sont la justesse et la flexibilité; mais en France on exige surtout un bon *corps-de-voix*.

Corps sonore. *s. m.* On appelle ainsi tout *corps* qui rend ou peut rendre immédiatement du son. Il ne suit pas de cette définition que tout instrument de musique soit un *corps sonore;* on ne doit donner ce nom qu'à la partie de l'instrument qui sonne elle-même, et sans laquelle il n'y auroit point de son. Ainsi, dans un violoncelle ou dans un violon, chaque corde est un *corps sonore :* mais la caisse de l'instrument, qui ne fait que répercuter et réfléchir le son, n'est point le *corps sonore* et n'en fait point partie. On doit avoir cet article présent à l'esprit toutes les fois qu'il sera parlé du *corps sonore* dans cet ouvrage.

Coryphée, *s. m.* Celui qui conduisoit le chœur dans les spectacles des Grecs et battoit la mesure dans leur musique. (Voyez Battre la mesure.)

Coulé, *participe pris substantivement.* Le

coulé se fait lorsqu'au lieu de marquer en chantant chaque note d'un coup de gosier, ou d'un coup d'archet sur les instruments à corde, ou d'un coup de langue sur les instruments à vent, on passe deux ou plusieurs notes sous la même articulation en prolongeant la même inspiration, ou en continuant de tirer ou de pousser le même coup d'archet sur toutes les notes couvertes d'un *coulé*. Il y a des instruments, tels que le clavecin, le tympanon, etc., sur lesquels le *coulé* paroît presque impossible à pratiquer; et cependant on vient à bout de l'y faire sentir par un toucher doux et lié, très-difficile à décrire, et que l'écolier apprend plus aisément de l'exemple du maître que de ses discours. Le *coulé* se marque par une liaison qui couvre toutes les notes qu'il doit embrasser.

COUPER, *v. a.* On coupe une note lorsqu'au lieu de la soutenir durant toute sa valeur, on se contente de la frapper au moment qu'elle commence, passant en silence le reste de sa durée. Ce mot ne s'emploie que pour les notes qui ont une certaine longueur; on se sert du mot *détacher* pour celles qui passent plus vite.

COUPLET. Nom qu'on donne dans les vaudevilles et autres chansons à cette partie du poème qu'on appelle *strophe* dans les odes. Comme tous les *couplets* sont composés sur la même mesure de vers, on les chante aussi sur le même air : ce qui fait estropier souvent l'accent et la prosodie, parce que deux vers françois n'en sont pas moins dans la même mesure, quoique les longues et brèves n'y soient pas dans les mêmes endroits.

Couplet se dit aussi des doubles et variations qu'on fait sur un même air, en le reprenant plusieurs fois avec de nouveaux changements, mais toujours sans défigurer le fond de l'air, comme dans les *Folies d'Espagne* et dans de vieilles chaconnes. Chaque fois qu'on reprend ainsi l'air en le variant différemment, on fait un nouveau *couplet.* (Voyez Variations.).

Courante, *s. f.* Air propre à une espèce de danse, ainsi nommée à cause des allées et des venues dont elle est remplie plus qu'aucune autre. Cet air est ordinairement d'une mesure à trois temps graves, et se note en triple de blanches avec deux reprises. Il n'est plus en usage, non plus que la danse dont il porte le nom.

Couronne, *s. f.* Espèce de C renversé avec un point dans le milieu, qui se fait ainsi : ⌒.

Quand la *couronne*, qu'on appelle aussi *point de repos,* est à la fois dans toutes les parties sur la note correspondante, c'est le signe d'un repos général ; on doit y suspendre la mesure, et souvent même on peut finir par cette note. Ordinairement la partie principale y fait à sa volonté quelque passage que les Italiens appellent *cadenza,* pendant que toutes les autres prolongent et soutiennent le son qui leur est marqué, ou même s'arrêtent tout-à-fait. Mais si la *couronne* est sur la note finale d'une seule partie, alors on l'appelle en françois *point d'orgue*, et elle marque qu'il faut continuer le son de cette note jusqu'à ce que les autres parties arrivent à leur conclusion naturelle. On s'en sert aussi dans les canons pour marquer l'endroit où toutes les parties peuvent s'arrêter quand on veut finir. (Voyez REPOS, CANON, POINT D'ORGUE.)

CRIER. C'est forcer tellement la voix en chantant que les sons n'en soient plus appréciables, et ressemblent plus à des cris qu'à du chant. La musique françoise veut être *criée* : c'est en cela que consiste sa plus grande expression.

CROCHE, *s. f.* Note de musique qui ne vaut en durée que le quart d'une blanche ou la moitié d'une noire. Il faut par conséquent huit *croches* pour une ronde ou pour une mesure à quatre temps. (Voyez MESURE, VALEUR DES NOTES.)

On peut voir (*Planche* 7, *figure* 2) comment se fait la *croche*, soit seule ou chantée seule sur une syllabe, soit liée avec d'autres *croches* quand on en passe plusieurs dans un même temps en jouant, ou sur une même syllabe en chantant. Elles se lient ordinairement de quatre en quatre dans les mesures à quatre temps et à deux, de trois en trois dans la mesure à six-huit, selon la division des temps, et de six en six dans la mesure à trois temps, selon la division des mesures.

Le nom de *crochè* a été donné à cette espèce de note à cause de l'espèce de crochet qui la distingue.

CROCHET. Signe d'abréviation dans la note. C'est un petit trait en travers sur la queue d'une blanche ou d'une noire, pour marquer sa division en croches, gagner de la place, et prévenir la confusion. Ce *crochet* désigne par conséquent quatre croches au lieu d'une blanche, ou deux au lieu d'une noire, comme on voit *planche* 8, à l'exemple A de la *figure* 1, où les trois portées accolées signifient exactement la même chose. La ronde, n'ayant point de queue, ne peut porter de *crochet*; mais on en peut cependant faire aussi huit croches par abréviation, en la divisant en deux blanches ou quatre noires, auxquelles on ajoute des *crochets*. Le copiste doit soigneusement distinguer la figure du *crochet*, qui n'est qu'une abréviation, de celle de la croche, qui marque une valeur réelle.

CROME, *s. f.* Ce pluriel italien signifie *croches*. Quand ce mot se trouve écrit sous des notes noires, blanches, ou rondes, il signifie la même chose que signifieroit le crochet, et marque qu'il faut diviser chaque note en croches, selon sa valeur. (Voyez CROCHET.)

CROQUE-NOTE ou CROQUE-SOL, *s. m.* Nom qu'on donne par dérision à ces musiciens ineptes qui, versés dans la combinaison des notes, et en état de rendre à livre ouvert les compositions les plus difficiles, exécutent au surplus sans sentiment, sans expression, sans goût. Un *croque-sol*, rendant plutôt les sons que les phrases, lit la musique la plus énergique sans y rien comprendre, comme un maître d'école pourroit lire un chef-d'œuvre d'éloquence écrit avec les caractères de sa langue dans une langue qu'il n'entendroit pas.

D.

D. Cette lettre signifie la même chose dans la musique françoise que *P* dans l'italienne, c'est-à-dire *doux*. Les Italiens l'emploient aussi quelquefois de même pour le mot *dolce*, et ce mot *dolce* n'est pas seulement opposé à *fort*, mais à *rude*.

D. C. (Voyez Da capo.)

D *la re*, D *sol re*, ou simplement D. Deuxième note de la gamme naturelle ou diatonique, laquelle s'appelle autrement *re*. (Voyez Gamme.)

Da capo. Ces deux mots italiens se trouvent fréquemment écrits à la fin des airs en rondeau, quelquefois tout au long, et souvent en abrégé par ces deux lettres D. C. Ils marquent qu'ayant fini la seconde partie de l'air, il en faut reprendre le commencement jusqu'au point final. Quelquefois il ne faut pas reprendre tout-à-fait au commencement, mais à un lieu marqué d'un renvoi.

Alors, au lieu de ces mots *da capo*, on trouve écrits ceux-ci, *al segno*.

DACTYLIQUE, *adj*. Nom qu'on donnoit, dans l'ancienne musique, à cette espèce de rhythme dont la mesure se partageoit en deux temps égaux. (Voyez RHYTHME.)

On appeloit aussi *dactylique* une sorte de nome où ce rhythme étoit fréquemment employé, tel que le nome harmathias et le nom orthien.

Julius Pollux révoque en doute si le *dactylique* étoit une sorte d'instrument ou une forme de chant, doute qui se confirme par ce qu'en dit Aristide Quintilien dans son second livre, et qu'on ne peut résoudre qu'en supposant que le mot *dactylique* signifioit à la fois un instrument et un air, comme parmi nous les mots *musette* et *tambourin*.

DÉBIT, *s. m.* Récitation précipitée. (Voyez l'article suivant.)

DÉBITER, *v. a. pris en sens neutre*. C'est presser à dessein le mouvement du chant, et le rendre d'une manière approchante de la rapidité de la parole; sens qui n'a lieu, non plus que le mot, que dans la musique françoise. On défigure toujours les airs en les *débitant*, parce que la mélodie, l'expression, la grâce, y dépendent toujours de la précision du mouvement, et que presser le mouvement c'est le détruire. On défigure encore le récitatif françois en le *débitant*, parce qu'alors il en devient plus rude, et fait mieux sentir l'opposition choquante qu'il y a parmi nous entre l'accent musical et celui du discours. A l'égard du récitatif italien, qui n'est qu'un parler harmonieux, vouloir le *débiter*, ce seroit vouloir parler plus vite que la parole, et par conséquent bredouiller; de sorte qu'en quelque sens que ce soit, le mot *débit* ne signifie qu'une chose barbare, qui doit être proscrite de la musique.

DÉCAMÉRIDE, *s. f.* C'est le nom de l'un des éléments du système de M. Sauveur, qu'on peut voir dans les Mémoires de l'académie des sciences, année 1701.

Pour former un système général qui fournisse le meilleur tempérament, et qu'on puisse ajuster à tous les systèmes, cet auteur, après avoir divisé l'octave en 43 parties, qu'il appelle *mérides*, et subdivisé chaque méride en 7 parties, qu'il appelle *eptamérides*; divise encore chaque *eptaméride* en 10 autres parties, auxquelles il donne le nom de *décamérides*. L'octave se trouve ainsi divisée en 3010 parties égales, par lesquelles on peut exprimer sans erreur sensible les rapports de tous les intervalles de la musique.

Ce mot est formé de δέκα, dix, et de μερίς, partie.

DÉCHANT ou DISCANT; *s. m.* Terme ancien par lequel on désignoit ce qu'on a depuis appelé contre-point. (Voyez CONTRE-POINT.)

DÉCLAMATION, *s. f.* C'est, en musique, l'art de

rendre par les inflexions et le nombre de la mélodie, l'accent grammatical et l'accent oratoire. (Voyez ACCENT, RÉCITATIF.)

DÉDUCTION, *s. f.* Suite de notes montant diatoniquement ou par degrés conjoints. Ce terme n'est guère en usage que dans le plain-chant.

DEGRÉ, *s. m.* Différence de position ou d'élévation qui se trouve entre deux notes placées dans une même portée. Sur la même ligne ou dans le même espace, elles sont au même *degré*; et elles y seroient encore, quand même l'une des deux seroit haussée ou baissée d'un demi-ton par un dièse ou par un bémol : au contraire elles pourroient être à l'unisson, quoique posées sur différents *degrés*, comme l'*ut* bémol et le *si* naturel, le *fa* dièse et le *sol* bémol, etc.

Si deux notes se suivent diatoniquement, de sorte que l'une étant sur une ligne, l'autre soit dans l'espace voisin, l'intervalle est d'un *degré*; de deux, si elles sont à la tierce; de trois, si elles sont à la quarte; de sept, si elles sont à l'octave, etc.

Ainsi, en ôtant 1 du nombre exprimé par le nom de l'intervalle, on a toujours le nombre des *degrés* diatoniques qui séparent les deux notes.

Ces *degrés* diatoniques ou simplement *degrés* sont encore appelés *degrés conjoints*, par opposition aux *degrés disjoints*, qui sont composés de plusieurs *degrés* conjoints. Par exemple, l'intervalle de seconde est un *degré* conjoint, mais celui de tierce est un *degré* disjoint, composé de deux *degrés* conjoints, et ainsi des autres. (Voyez Conjoint, Disjoint, Intervalle.)

Démancher, *v. n.* C'est sur les instruments à manche, tels que le violoncelle, le violon, etc., ôter la main gauche de sa position naturelle pour l'avancer sur une position plus haute ou plus à l'aigu. (Voyez Position.) Le compositeur doit connoître l'étendue qu'a l'instrument sans *démancher*, afin que quand il passe cette étendue et qu'il *démanche*, cela se fasse d'une manière praticable.

Demi-jeu, a demi-jeu, ou simplement a demi. Terme de musique instrumentale qui répond à l'italien *sotto voce*, ou *mezza voce*, ou *mezzo forte*, et qui indique une manière de jouer qui tienne le milieu entre le *fort* et le *doux*.

Demi-mesure, *s. f.* Espace de temps qui dure la moitié d'une mesure. Il n'y a proprement de *demi-mesure* que dans les mesures dont les temps sont en nombre pair; car dans la mesure à trois temps, la première *demi-mesure* commence avec le temps fort, et la seconde à contre-temps, ce qui les rend inégales.

Demi-pause, *s. f.* Caractère de musique qui se fait comme il est marqué dans la *figure* 2 de la *Planche* 7, et qui marque un silence dont la durée doit être égale à celle d'une demi-mesure à quatre temps, ou d'une blanche. Comme il y a des mesures de différentes valeurs, et que celle de la *demi-pause* ne varie point, elle n'équivaut à la moitié d'une mesure que quand la mesure entière vaut une ronde; à la différence de la pause entière, qui vaut toujours exactement une mesure grande ou petite. (Voyez Pause.)

Demi-soupir. Caractère de musique qui se fait comme il est marqué dans la *fig.* 2 de la *Planche* 7, et qui marque un silence dont la durée est égale à celle d'une croche ou de la moitié d'un soupir. (Voyez Soupir.)

Demi-temps. Valeur qui dure exactement la moitié d'un temps. Il faut appliquer au *demi-temps* par rapport au temps ce que j'ai dit cidevant de la demi-mesure par rapport à la mesure.

Demi-ton. Intervalle de musique valant à peu près la moitié d'un ton, et qu'on appelle plus communément *semi-ton*. (Voyez Semi-ton.)

Descendre, *v. n.* C'est baisser la voix, *vocem remittere*, c'est faire succéder les sons de l'aigu au grave, ou du haut au bas. Cela se présente à l'œil par notre manière de noter.

Dessin, *s. m.* C'est l'invention et la conduite du sujet, la disposition de chaque partie, et l'ordonnance générale du tout.

Ce n'est pas assez de faire de beaux chants et une bonne harmonie, il faut lier tout cela par un sujet principal auquel se rapportent toutes les parties de l'ouvrage, et par lequel il soit *un*. Cette unité doit régner dans le chant, dans le mouvement, dans le caractère, dans l'harmonie, dans la modulation : il faut que tout cela se rapporte à une idée commune qui le réunisse. La difficulté est d'associer ces préceptes avec une élégante variété, sans laquelle tout devient ennuyeux. Sans doute le musicien, aussi bien que le poète et le peintre, peut tout oser en faveur de cette variété charmante, pourvu que, sous prétexte de contraster, on ne nous donne pas pour des ouvrages bien dessinés des musiques toutes hâchées, composées de petits morceaux étranglés, et de caractères si opposés, que l'assemblage en fasse un tout monstrueux :

<blockquote>Non ut placidis coeant immitia ; non ut
Serpentes avibus geminentur, tigribus agni.</blockquote>

C'est donc dans une distribution bien entendue, dans une juste proportion entre toutes les parties, que consiste la perfection du *dessin*, et c'est surtout en ce point que l'immortel Pergolèse a montré son jugement, son goût, et a laissé si loin derrière lui tous ses rivaux. Son *Stabat Mater*, son *Orfeo*, sa *Serva padrona*, sont, dans trois genres différents, trois chefs-d'œuvre de *dessin* également parfaits.

Cette idée du *dessin* général d'un ouvrage s'applique aussi en particulier à chaque morceau qui le compose. Ainsi l'on dessine un air, un duo, un chœur, etc. Pour cela, après avoir imaginé son sujet, on le distribue, selon les règles d'une bonne modulation, dans toutes les parties où il doit être entendu, avec une telle proportion qu'il ne s'efface point de l'esprit des auditeurs, et qu'il ne se représente pourtant jamais à leur oreille qu'avec les grâces de la nouveauté. C'est une faute de *dessin* de laisser oublier son sujet ; c'en est une plus grande de le poursuivre jusqu'à l'ennui.

Dessiner, *v. a.* Faire le dessin d'une pièce ou d'un morceau de musique. (Voyez Dessin.). *Ce compositeur* dessine *bien ses ouvrages ; voilà un chœur fort mal* dessiné.

Dessus, *s. m.* La plus aiguë des parties de la musique, celle qui règne au-dessus de toutes les autres. C'est dans ce sens qu'on dit, dans la musique instrumentale, *dessus* de violon, *dessus* de flûte ou de hautbois, et en général *dessus* de symphonie.

Dans la musique vocale, le *dessus* s'exécute par des voix de femmes, d'enfants, et encore par des *castrati* dont la voix, par des rapports difficiles à concevoir, gagne une octave en haut, et en perd une en bas, au moyen de cette mutilation.

Le *dessus* se divise ordinairement en premier et second, et quelquefois même en trois. La partie vocale qui exécute le second *dessus* s'appelle *bas-dessus*, et l'on fait aussi des récits à voix seule pour cette partie. Un beau *bas-dessus* plein et sonore n'est pas moins estimé en Italie que les voix claires et aiguës : mais on n'en fait aucun cas en France. Cependant, par un caprice de la mode, j'ai vu fort applaudir à l'Opéra de Paris une mademoiselle Gondré, qui en effet avoit un fort beau *basdessus*.

DÉTACHÉ, *participe pris substantivement.* Genre d'exécution par lequel, au lieu de soutenir des notes durant toute leur valeur, on les sépare par des silences pris sur cette même valeur. Le détaché tout-à-fait bref et sec se marque sur les notes par des points alongés.

DÉTONNER, *v. n.* C'est sortir de l'intonation, c'est altérer mal à propos la justesse des intervalles, et par conséquent chanter faux. Il y a des musiciens dont l'oreille est si juste qu'ils ne *détonnent* jamais; mais ceux-là sont rares. Beaucoup d'autres ne *détonnent* point par une raison contraire; car pour sortir du ton il faudroit y être entré. Chanter sans clavecin, crier, forcer sa voix en haut ou en bas, et avoir plus d'égard au volume qu'à la justesse, sont des moyens presque sûrs de se gâter l'oreille et de *détonner*.

DIACOMMATIQUE, *adj.* Nom donné par M. Serre à une espèce de quatrième genre, qui consiste en certaines transitions harmoniques, par lesquelles la même note restant en apparence sur le même degré, monte ou descend d'un comma, en passant d'un accord à un autre avec lequel elle paroît faire liaison.

Par exemple, sur ce passage de basse $\overset{32\ 27}{fa\ re}$ dans le mode majeur d'*ut*, le $\overset{80}{la}$, tierce majeure de la première note, reste pour devenir quinte de *re* : or, la quinte juste de $\overset{27}{re}$ ou du $\overset{54}{re}$, n'est pas $\overset{80}{la}$, mais $\overset{81}{la}$; ainsi le musicien qui entonne le *la* doit naturellement lui donner les deux intonations consécutives $\overset{80\ 81}{la\ la}$, lesquelles diffèrent d'un comma.

De même dans la Folie d'Espagne, au troisième temps de la troisième mesure : on peut y concevoir que la tonique $\overset{80}{re}$ monte d'un comma pour former la seconde $\overset{81}{re}$ du mode majeur d'*ut*, lequel se déclare dans la mesure suivante et se trouve ainsi subitement amené par ce paralogisme musical, par ce double emploi du *re*.

Lors encore que, pour passer brusquement du mode mineur de *la* en celui d'*ut* majeur, on change l'accord de septième diminuée *sol* dièse, *si*, *re*, *fa*, en accord de simple septième *sol*, *si*, *re*, *fa*, le mouvement chromatique du *sol* dièse au *sol* naturel est bien le plus sensible, mais il n'est pas le seul; le *re* monte aussi d'un mouvement diacommatique de $\overset{80}{re}$ à $\overset{81}{re}$, quoique la note le suppose permanent sur le même degré.

On trouvera quantité d'exemples de ce genre *diacommatique*, particulièrement lorsque la modulation passe subitement du majeur au mineur, ou du mineur au majeur. C'est surtout dans l'adagio, ajoute M. Serre, que les grands maîtres, quoique guidés uniquement par le sentiment, font usage de ce genre de transitions, si propre à donner à la modulation une apparence d'indécision, dont l'oreille et le sentiment éprouvent souvent des effets qui ne sont point équivoques.

DIACOUSTIQUE, *s. f.* C'est la recherche des propriétés du son réfracté en passant à travers différents milieux, c'est-à-dire d'un plus dense dans un plus rare, et au contraire. Comme les rayons visuels se dirigent plus aisément que les sons par des lignes sur certains points, aussi les expériences de la *diacoustique* sont-elles infiniment plus difficiles que celles de la dioptrique. (Voyez SON.)

Ce mot est formé du grec διά, par, et d'ἀκούω, j'entends.

DIAGRAMME, *s. m.* C'étoit, dans la musique ancienne, la table ou le modèle qui présentoit à l'œil l'étendue générale de tous les sons d'un système, ou, ce que nous appelons aujourd'hui *échelle*, *gamme*, *clavier*. (Voyez ces mots.)

DIALOGUE, *s. m.* Composition à deux voix ou deux instruments qui se répondent l'un à l'autre et qui souvent se réunissent. La plupart des scènes d'opéra sont, en ce sens, des *dialogues*, et les *duo* italiens en sont toujours : mais ce mot s'applique plus précisément à l'orgue; c'est sur cet instrument qu'un organiste joue des *dialogues*, en se répondant avec différents jeux ou sur différents claviers.

DIAPASON, *s. m.* Terme de l'ancienne musique par lequel les Grecs exprimoient l'intervalle ou la consonnance de l'octave. (Voyez OCTAVE.)

Les facteurs d'instruments de musique nomment aujourd'hui *diapasons* certaines tables où sont marquées les mesures de ces instruments et de toutes leurs parties.

On appelle encore *diapason* l'étendue convenable à une voix ou à un instrument. Ainsi quand une voix se force, on dit qu'elle sort du *diapason*; et l'on dit la même chose d'un instrument dont les cordes sont trop lâches ou trop tendues, qui ne rend que peu de son, ou qui rend un son désagréable, parce que le ton en est trop haut ou trop bas.

Ce mot est formé de διὰ, par, et πασῶν, toutes, parce que l'octave embrasse toutes les notes du système parfait.

DIAPENTE, *s. f.* Nom donné par les Grecs à l'intervalle que nous appelons quinte, et qui est la seconde des consonnances. (Voyez CONSONNANCE, INTERVALLE, QUINTE.)

Ce mot est formé de διὰ, par, et de πέντε, cinq, parce qu'en parcourant cet intervalle diatoniquement, on prononce cinq différents sons.

DIAPENTER, *en latin* DIAPENTISSARE, *v. n.* Mot barbare employé par Muris et par nos anciens musiciens. (Voyez QUINTER.)

DIAPHONIE, *s. f.* Nom donné par les Grecs à tout intervalle ou accord dissonnant, parce que les deux sons, se choquant mutuellement, se divisent, pour ainsi dire, et font sentir désagréablement leur différence. Gui Arétin donne aussi le nom de *diaphonie* à ce qu'on a depuis appelé *discant*, à cause des deux parties qu'on y distingue.

DIAPTOSE, intercidence ou petite chute, *s. f.* C'est, dans le plain-chant, une sorte de périélèse ou de passage qui se fait sur la dernière note d'un chant, ordinairement après un grand intervalle en montant. Alors pour assurer la justesse de cette finale, on la marque deux fois, en séparant cette répétition par une troisième note, que l'on baisse d'un degré en manière de note sensible, comme *ut si ut*, ou *mi re mi*.

DIASCHISMA, *s. m.* C'est, dans la musique ancienne, un intervalle faisant la moitié du semi-ton mineur. Le rapport en est de 24 à $\sqrt[2]{600}$, et par conséquent irrationnel.

DIASTÈME, *s. m.* Ce mot, dans la musique ancienne, signifie proprement *intervalle*, et c'est le nom que donnoient les Grecs à l'intervalle simple, par opposition à l'intervalle composé, qu'ils appeloient *système*. (Voyez INTERVALLE, SYSTÈME.)

DIATESSARON. Nom que donnoient les Grecs à l'intervalle que nous appelons *quarte*, et qui est la troisième des consonnances. (Voyez Consonnance, Intervalle, Quarte.)

Ce mot est composé de διὰ, par, et du génitif de τέσσαρες, quatre, parce qu'en parcourant diatoniquement cet intervalle, on prononce quatre différents sons.

DIATESSERONER, *en latin* DIATESSERONARE, *v. n.* Mot barbare employé par Muris et par nos anciens musiciens. (Voyez Quarter.)

DIATONIQUE, *adj.* Le genre *diatonique* est celui des trois qui procède par tons et semi-tons majeurs, selon la division naturelle de la gamme, c'est-à-dire celui dont le moindre intervalle est d'un degré conjoint ; ce qui n'empêche pas que les parties ne puissent procéder par de plus grands intervalles, pourvu qu'ils soient tous pris sur des degrés *diatoniques*.

Ce mot vient du grec διὰ, par, et de τόνος, ton ; c'est-à-dire passant d'un ton à un autre.

Le genre *diatonique* des Grecs résultoit de l'une des trois règles principales qu'ils avoient établies pour l'accord des tétracordes. Ce genre se divisoit en plusieurs espèces, selon les divers rapports dans lesquels se pouvoit diviser l'intervalle qui le déterminoit ; car cet intervalle ne pouvoit se resserrer au-delà d'un certain point sans changer de genre. Ces diverses espèces du même genre sont appelées χρόμας, *couleurs*, par Ptolomée, qui en distingue six; mais la seule en usage dans la pratique étoit celle qu'il appelle *diatonique-ditonique*, dont le tétracorde étoit composé d'un semi-ton foible et de deux tons majeurs. Aristoxène divise ce même genre en deux espèces seulement; savoir, le *diatonique tendre* ou *mol*, et le *syntonique* ou *dur*. Ce dernier revient au *diatonique* de Ptolomée. (Voyez les rapports de l'un et de l'autre, *Pl*. 23, *figure* 1.)

Le genre *diatonique* moderne résulte de la marche consonnante de la basse sur les cordes d'un même mode, comme on peut le voir par la *figure* 5 de la *Planche* 19. Les rapports en ont été fixés par l'usage des mêmes cordes en divers tons; de sorte que si l'harmonie a d'abord engendré l'échelle *diatonique*, c'est la modulation qui l'a modifiée; et cette échelle, telle que nous l'avons aujourd'hui, n'est exacte ni quant au chant ni quant à l'harmonie, mais seulement quant au moyen d'employer les mêmes sons à divers usages.

Le genre *diatonique* est sans contredit le plus naturel des trois, puisqu'il est le seul qu'on peut employer sans changer de ton; aussi l'intonation en est-elle incomparablement plus aisée que celle des deux autres, et l'on ne peut guère douter que les premiers chants n'aient été trouvés dans ce genre : mais il faut remarquer que, selon les lois de la modulation, qui permet et qui prescrit même le passage d'un ton et d'un mode à l'autre, nous n'avons presque point, dans notre musique, de *diatonique* bien pur. Chaque ton particulier est bien, si l'on veut, dans le genre *diatonique;* mais on ne sauroit passer de l'un à l'autre sans quelque transition chromatique, au moins sous-entendue dans l'harmonie. Le *diatonique* pur, dans lequel aucun des sons n'est altéré ni par la clef ni accidentellement, est appelé par Zarlin *diatono-diatonique,* et il en donne pour exemple le plain-chant de l'église. Si la clef est armée d'un bémol, pour lors c'est, selon lui, le *diatonique mol,* qu'il ne faut pas confondre avec celui d'Aristoxène. (Voyez Mol.) A l'égard de la transposition par dièse, cet auteur n'en parle point, et l'on ne la pratiquoit pas encore de son temps. Sans doute il lui auroit donné le nom de *diatonique dur,* quand même il en auroit résulté un mode mineur, comme celui d'*E la mi:* car dans ces temps où l'on n'avoit point encore les notions harmoniques de ce que nous appelons tons et modes, et où l'on avoit déjà perdu les autres notions que les anciens attachoient aux mêmes mots, on regardoit plus aux altérations particulières des notes qu'aux rapports généraux qui en résultoient. (Voyez Transposition.)

Sons ou Cordes diatoniques. Euclide distingue sous ce nom, parmi les sons mobiles, ceux qui ne participent point du genre épais, même dans le chromatique et l'enharmonique. Ces sons, dans chaque genre, sont au nombre de cinq; savoir, le troisième de chaque tétracorde; et ce sont les mêmes que d'autres auteurs appellent *apycni*. (Voyez Apycni, Genre, Tétracorde.)

Diazeuxis, *s. f.* Mot grec qui signifie *division, séparation, disjonction*. C'est ainsi qu'on appeloit, dans l'ancienne musique, le ton qui séparoit deux tétracordes disjoints, et qui, ajouté à l'un des deux, en formoit la *diapente*. C'est notre *ton* majeur, dont le rapport est de 8 à 9, et qui est en effet la différence de la quinte à la quarte.

La *diazeuxis* se trouvoit, dans leur musique, entre la mèse et la paramèse, c'est-à-dire entre le son le plus aigu du second tétracorde et le plus grave du troisième, ou bien entre la nète synnéménon et la paramèse hyperboléon, c'est-à-dire entre le troisième et le quatrième tétracorde, selon que la disjonction se faisoit dans l'un ou dans l'autre lieu; car elle ne pouvoit se pratiquer à la fois dans tous les deux.

Les cordes homologues des deux tétracordes entre lesquels il y avoit *diazeuxis* sonnoient la quinte, au lieu qu'elles sonnoient la quarte quand ils étoient conjoints.

Diéser, *v. a.* C'est armer la clef des dièses, pour changer l'ordre et le lieu des semi-tons majeurs; ou donner à quelque note un dièse accidentel, soit pour le chant, soit pour la modulation. (Voyez Dièse.)

Diésis, *s. m.* C'est, selon le vieux Bacchius, le plus petit intervalle de l'ancienne musique. Zarlin dit que Philolaüs, pythagoricien, donna le nom de *diésis* au limma : mais il ajoute peu après que le *diésis* de Pythagore est la différence du limma et de l'apotome. Pour Aristoxène, il divisoit sans beaucoup de façon le *ton* en deux parties égales, ou en trois, ou en quatre. De cette dernière division résultoit le *dièse* enharmonique mineur ou quart-de-ton; de la seconde, le *dièse* mineur chromatique ou le tiers d'un ton; et de la troisième, le *dièse* majeur qui faisoit juste un demi-ton.

Dièse ou Diésis chez les modernes n'est pas proprement, comme chez les anciens, un intervalle de musique, mais un signe de cet intervalle, qui marque qu'il faut élever le son de la note devant laquelle il se trouve au-dessus de celui qu'elle devroit avoir naturellement, sans cependant la faire changer de degré ni même de nom. Or, comme cette élévation se peut faire du moins de trois manières dans les genres établis, il y a trois sortes de *dièses*; savoir :

1° Le *dièse* enharmonique mineur ou simple *dièse*, qui se figure par une croix de saint André, ainsi ✕. Selon tous nos musiciens qui suivent la pratique d'Aristoxène, il élève la note d'un quart de ton; mais il n'est proprement que l'excès du semi-ton majeur sur le semi-ton mineur. Ainsi du *mi* naturel au *fa* bémol il y a un dièse enharmonique, dont le rapport est de 125 à 128.

2° Le *dièse* chromatique, double *dièse* ou *dièse* ordinaire, marqué par une double croix ※, élève la note d'un demi-ton mineur. Cet intervalle est égal à celui du bémol, c'est-à-dire la différence du semi-ton majeur au ton mineur; ainsi, pour monter d'un ton depuis le *mi* naturel, il faut passer au *fa dièse*. Le rapport de ce *dièse* est de 24 à 25. (Voyez sur cet article une remarque essentielle au mot SEMI-TON.)

3° Le *dièse* enharmonique majeur ou triple *dièse*, marqué par une croix triple ※, élève, selon les aristoxéniens, la note d'environ trois quarts de ton. Zarlin dit qu'il l'élève d'un semi-ton mineur; ce qui ne sauroit s'entendre de notre semi-ton, puisqu'alors ce *dièse* ne différeroit en rien de notre *dièse* chromatique.

De ces trois *dièses*, dont les intervalles étoient tous pratiqués dans la musique ancienne, il n'y a plus que le chromatique qui soit en usage dans la nôtre, l'intonation des *dièses* enharmoniques étant pour nous d'une difficulté presque insurmontable, et leur usage étant d'ailleurs aboli par notre système tempéré.

Le *dièse*, de même que le bémol, se place toujours à gauche devant la note qui le doit porter; et devant ou après le chiffre, il signifie la même chose que devant une note. (Voyez CHIFFRES.) Les *dièses* qu'on mêle parmi les chiffres de la basse-continue ne sont souvent que de simples croix, comme le *dièse* enharmonique, mais cela ne sauroit causer d'équivoque, puisque celui-ci n'est plus en usage.

Il y a deux manières d'employer le *dièse* : l'une accidentelle, quand, dans le cours du chant, on le place à la gauche d'une note. Cette note, dans les modes majeurs, se trouve le plus communément la quatrième du ton; dans les modes mineurs, il faut le plus souvent deux *dièses* accidentels, surtout en montant, savoir, un sur la sixième note, et une autre sur la septième. Le *dièse* accidentel n'altère que la note qui le suit immédiatement, ou tout au plus celles qui, dans la même mesure, se trouvent sur le même degré, et quelquefois à l'octave, sans aucun signe contraire.

L'autre manière est d'employer le *dièse* à la clef, et alors il agit dans toute la suite de l'air, et sur toutes les notes qui sont placées sur le même degré où est le *dièse*, à moins qu'il ne soit contrarié par quelque bémol ou bécarre, ou bien que la clef ne change.

La position des *dièses* à la clef n'est pas arbitraire, non plus que celle des bémols; autrement les deux semi-tons de l'octave seroient sujets à se trouver entre eux hors des intervalles prescrits. Il faut donc appliquer aux *dièses* un raisonnement semblable à celui que nous avons fait au bémol; et l'on trouvera que l'ordre des *dièses* qui convient à la clef est celui des notes suivantes, en commençant par *fa* et montant successivement de quinte, ou descendant de quarte jusqu'au *la* auquel on s'arrête ordinairement, parce que le *dièse* du *mi*, qui le suivroit, ne diffère point du *fa* sur nos claviers.

ORDRE DES DIÈSES A LA CLEF.
Fa, ut, sol, re, la, etc.

Il faut remarquer qu'on ne sauroit employer un *dièse* à la clef sans employer aussi ceux qui le précèdent : ainsi le *dièse* de l'*ut* ne se pose qu'avec celui du *fa*, celui du *sol* qu'avec les deux précédents, etc.

J'ai donné au mot CLEF TRANSPOSÉE une formule pour trouver tout d'un coup si un ton ou mode doit porter des *dièses* à la clef, et combien.

Voilà l'acception du mot *dièse* et son usage dans la pratique. Le plus ancien manuscrit où j'en aie vu le signe employé est celui de Jean de Muris ; ce qui me fait croire qu'il pourroit bien être de son invention : mais il ne paroît avoir, dans ses exemples, que l'effet du bécarre ; aussi cet auteur donne-t-il toujours le nom de *diésis* au semi-ton majeur.

On appelle *dièses*, dans les calculs harmoniques, certains intervalles plus grands qu'un comma, et moindres qu'un semi-ton, qui font la différence d'autres intervalles engendrés par les progressions et rapports des consonnances. Il y a trois de ces *dièses*; 1° le *dièse majeur*, qui est la différence du semi-ton majeur au semi-ton mineur, et dont le rapport est de 125 à 128; 2° le *dièse mineur*, qui est la différence du semi-ton mineur au *dièse majeur*, et en rapport de 3072 à 3125; 3° et le *dièse maxime*, en rapport de 243 à 250, qui est la différence du ton mineur au semi-ton maxime. (Voyez Semi-ton.)

Il faut avouer que tant d'acceptions diverses du même mot dans le même art ne sont guère propres qu'à causer de fréquentes équivoques, et à produire un embrouillement continuel.

Diézeugménon, *génit. fémin. plur.* Tétracorde *diézeugménon* ou *des séparées*, est le nom que donnoient les Grecs à leur troisième tétracorde quand il étoit disjoint d'avec le second. (Voyez Tétracorde.)

Diminué, *adj.* Intervalle *diminué* est tout intervalle mineur dont on retranche un semi-ton par un dièse à la note inférieure, ou par un bémol à la supérieure. A l'égard des intervalles justes que forment les consonnances parfaites, lorsqu'on les diminue d'un semi-ton, l'on ne doit point les appeler *diminués*, mais *faux*, quoiqu'on dise quelquefois mal à propos *quarte diminuée*, au lieu de dire fausse-quarte, et *octave diminuée*, au lieu de dire fausse-octave.

Diminution, *s. f.* Vieux mot qui signifioit la

division d'une note longue, comme une ronde ou une blanche, entre plusieurs autres notes de moindre valeur. On entendoit encore par ce mot tous les fredons et autres passages qu'on a depuis appelés *roulements* ou *roulades*. (Voyez ces mots.)

DIOXIE, *s. f.* C'est, au rapport de Nicomaque, un nom que les anciens donnoient quelquefois à la consonnance de la quinte, qu'ils appeloient plus communément *diapente*. (Voyez DIAPENTE.)

DIRECT, *adj.* Un intervalle *direct* est celui qui fait un harmonique quelconque sur le son fondamental qui le produit : ainsi la quinte, la tierce majeure, l'octave, et leurs répliques, sont rigoureusement les seuls intervalles *directs*. Mais, par extension, l'on appelle encore intervalles *directs* tous les autres, tant consonnants que dissonants, que fait chaque partie avec le son fondamental pratique, qui est ou doit être au-dessous d'elle : ainsi la tierce mineure est un intervalle *direct* sur un accord en tierce mineure, et de même la septième ou la sixte ajoutée sur les accords qui portent leur nom.

Accord direct est celui qui a le son fondamental au grave, et dont les parties sont distribuées, non pas selon leur ordre le plus naturel, mais selon leur ordre le plus rapproché. Ainsi l'accord parfait *direct* n'est pas octave, quinte et tierce, mais tierce, quinte et octave.

DISCANT ou DÉCHANT, *s. m.* C'étoit, dans nos anciennes musiques, cette espèce de contre-point que composoient sur-le-champ les parties supérieures en chantant impromptu sur le tenor ou la basse ; ce qui fait juger de la lenteur avec laquelle devoit marcher la musique pour pouvoir être exécutée de cette manière par des musiciens aussi peu habiles que ceux de ce temps-là. « Discantat, « dit Jean Muris, qui simul cum uno vel pluribus « dulciter cantat, ut ex distinctis sonis sonus unus « fiat, non unitate simplicitatis, sed dulcis concor- « disque mixtionis unione. » Après avoir expliqué ce qu'il entend par consonnances et le choix qu'il convient de faire entre elles, il reprend aigrement les chanteurs de son temps qui les pratiquoient presque indifféremment. « De quel front, dit-il, « si nos règles sont bonnes, osent *déchanter* ou « composer le *discant* ceux qui n'entendent rien « au choix des accords, qui ne se doutent pas même « de ceux qui sont plus ou moins concordants, « qui ne savent ni desquels il faut s'abstenir, « ni desquels on doit user le plus fréquemment, « ni dans quels lieux il les faut employer, ni rien « de ce qu'exige la pratique de l'art bien entendu ? « S'ils rencontrent, c'est par hasard : leurs voix « errent sans règle sur le tenor : qu'elles s'ac- « cordent, si Dieu le veut ; ils jettent leurs sons à « l'aventure, comme la pierre que lance au but « une main maladroite, et qui de cent fois le

« touche à peine une. » Le bon magister Muris apostrophe ensuite ces corrupteurs de la pure et simple harmonie, dont son siècle abondoit ainsi que le nôtre. « Heu ! proh dolor ! His temporibus
« aliqui suum defectum inepto proverbio colorare
« moliuntur. Iste est, inquiunt, novus discan-
« tandi modus, novis scilicet uti consonantiis.
« Offendunt ii intellectum eorum qui tales defec-
« tus agnoscunt, offendunt sensum ; nam inducere
« cùm deberent delectationem, adducunt tris-
« titiam. O incongruum proverbium ! o mala
« coloratio ! irrationabilis excusatio ! o magnus
« abusus, magna ruditas, magna bestialitas, ut
« asinus sumatur pro homine, capra pro leone,
« ovis pro pisce, serpens pro salmone ! sic enim
« concordiæ confunduntur cum discordiis, ut nul-
« latenùs una distinguatur ab aliâ. O ! si antiqui
« periti musicæ doctores tales audissent discanta-
« tores, quid dixissent ? quid fecissent ? Sic dis-
« cantantem increparent, et dicerent : Non hunc
« discantum quo uteris de me sumis. Non tuum
« cantum unum et concordantem cum me facis.
« De quo te intromittis ? Mihi non congruis, mihi
« adversarius, scandalum tu mihi es ; ô utinam
« taceres ! Non concordas, sed deliras et dis-
« cordas. »

Discordant, *adj.* On appelle ainsi tout instrument dont on joue et qui n'est pas d'accord, toute voix qui chante faux, toute partie qui ne s'accorde pas avec les autres. Une intonation qui n'est pas juste fait un ton *faux*. Une suite de tons *faux* fait un chant *discordant* : c'est la différence de ces deux mots.

DISDIAPASON, *s. m.* Nom que donnoient les Grecs à l'intervalle que nous appelons *double octave*.

Le *disdiapason* est à peu près la plus grande étendue que puissent parcourir les voix humaines sans se forcer; il y en a même assez peu qui l'entonnent bien pleinement. C'est pourquoi les Grecs avoient borné chacun de leurs modes à cette étendue, et lui donnoient le nom de système parfait. (Voyez MODE, GENRE, SYSTÈME.)

DISJOINT, *adj.* Les Grecs donnoient le nom relatif de *disjoints* à deux tétracordes qui se suivoient immédiatement, lorsque la corde la plus grave de l'aigu étoit un *ton* au-dessus de la plus aiguë du grave, au lieu d'être la même. Ainsi les deux tétracordes hypaton et diézeugménon étoient *disjoints*; et les deux tétracordes synnéménon et hyperboléon l'étoient aussi. (Voyez TÉTRACORDE.)

On donne parmi nous le nom de *disjoints* aux intervalles qui ne se suivent pas immédiatement, mais sont séparés par un autre intervalle. Ainsi ces deux intervalles *ut mi* et *sol si* sont *disjoints*. Les degrés qui ne sont pas conjoints, mais qui sont composés de deux ou plusieurs degrés conjoints, s'appellent aussi degrés *disjoints*. Ainsi chacun des deux intervalles dont je viens de parler forme un degré *disjoint*.

DISJONCTION. C'étoit, dans l'ancienne musique, l'espace qui séparoit la mèse de la paramèse, ou en général un tétracorde du tétracorde voisin, lorsqu'ils n'étoient pas conjoints. Cet espace étoit d'un *ton*, et s'appeloit *diazeuxis*.

DISSONANCE, *s. f.* Tout son qui forme avec un autre un accord désagréable à l'oreille, ou mieux tout intervalle qui n'est pas consonnant. Or, comme il n'y a point d'autres consonnances que celles que forment entre eux et avec le fondamental les sons de l'accord parfait, il s'ensuit que tout autre intervalle est une véritable *dissonance*; même les anciens comptoient pour telles les tierces et les sixtes qu'ils retranchoient des accords consonnants.

Le terme de *dissonance* vient de deux mots, l'un grec, l'autre latin, qui signifient *sonner à double*. En effet, ce qui rend la *dissonance* désagréable est que les sons qui la forment, loin de s'unir à l'oreille, se repoussent, pour ainsi dire, et sont entendus par elle comme deux sons distincts, quoique frappés à la fois.

On donne le nom de *dissonance* tantôt à l'intervalle et tantôt à chacun des deux sons qui le forment. Mais quoique deux sons dissonent entre eux, le nom de *dissonance* se donne plus spécialement à celui des deux qui est étranger à l'accord.

Il y a une infinité de *dissonances* possibles; mais, comme dans la musique on exclut tous les intervalles que le système reçu ne fournit pas, elles se réduisent à un petit nombre; encore pour la pratique ne doit-on choisir parmi celles-là que celles qui conviennent au genre et au mode, et enfin exclure même de ces dernières celles qui ne peuvent s'employer selon les règles prescrites. Quelles sont ces règles? ont-elles quelque fondement naturel, ou sont-elles purement arbitraires? Voilà ce que je me propose d'examiner dans cet article.

Le principe physique de l'harmonie se tire de la production de l'accord parfait par la résonnance d'un son quelconque; toutes les consonnances en naissent, et c'est la nature même qui les fournit. Il n'en va pas ainsi de la *dissonance*, du moins telle que nous la pratiquons. Nous trouvons bien, si l'on veut, sa génération dans les progressions des intervalles consonnants et dans leurs différences, mais nous n'apercevons pas de raison physique qui nous autorise à l'introduire dans le corps même de l'harmonie. Le P. Mersenne se contente de montrer la génération par le calcul et les divers rapports des *dissonances*, tant de celles qui sont rejetées que de celles qui sont admises; mais il ne dit rien du droit de les employer. M. Rameau dit en termes formels que la *dissonance* n'est pas naturelle à l'harmonie, et qu'elle n'y peut être employée que par le secours de l'art; cependant, dans un autre ouvrage, il essaie d'en trouver le principe dans les rapports des nombres et les proportions harmonique et arithmétique, comme s'il y avoit quelque identité entre les propriétés de la quantité abstraite et les sensations de l'ouïe : mais après avoir bien épuisé des analogies, après bien des métamorphoses de ces diverses proportions les unes dans les autres, après bien des opérations et d'inutiles calculs, il finit par établir, sur de légères convenances, la *dissonance* qu'il s'est tant donné de peine à chercher. Ainsi, parce que dans l'ordre des sons harmoniques la proportion arithmétique lui donne, par les longueurs des cordes, une tierce mineure au grave (remarquez qu'elle la donne à l'aigu par le calcul des vibrations), il ajoute au grave de la sous-dominante une nouvelle tierce mineure. La proportion harmonique lui donne une tierce mineure à l'aigu (elle la donneroit au grave par les vibrations), et il ajoute à l'aigu de la dominante une nouvelle tierce mineure. Ces tierces ainsi ajoutées ne font point, il est vrai, de proportions avec les rapports précédents ; les rapports mêmes qu'elles devroient avoir se trouvent altérés : mais n'importe ; M. Rameau fait tout valoir pour le mieux ; la proportion lui sert pour introduire la *dissonance*, et le défaut de proportion pour la faire sentir.

L'illustre géomètre qui a daigné interpréter au

public le système de M. Rameau ayant supprimé tous ces vains calculs, je suivrai son exemple, ou plutôt je transcrirai ce qu'il dit de la *dissonance* : et M. Rameau me devra des remerciements d'avoir tiré cette explication des *Élémens de musique*, plutôt que de ses propres écrits.

Supposant qu'on connoisse les cordes essentielles du ton selon le système de M. Rameau, savoir, dans le ton d'*ut*, la tonique *ut*, la dominante *sol*, et la sous-dominante *fa*, on doit savoir aussi que ce même ton d'*ut* a les deux cordes *ut* et *sol* communes avec le ton de *sol*, et les deux cordes *ut* et *fa* communes avec le ton de *fa*. Par conséquent, cette marche de basse *ut sol* peut appartenir au ton d'*ut* ou au ton de *sol*, comme la marche de basse *fa ut* ou *ut fa* peut appartenir au ton d'*ut* ou au ton de *fa*. Donc quand on passe d'*ut* à *fa* ou à *sol* dans une basse fondamentale, on ignore encore jusque-là dans quel ton l'on est ; il seroit pourtant avantageux de le savoir, et de pouvoir par quelque moyen distinguer le générateur de ces quintes.

On obtiendra cet avantage en joignant ensemble les sons *sol* et *fa* dans une même harmonie, c'est-à-dire en joignant à l'harmonie *sol si re* de la quinte *sol* l'autre quinte *fa*, en cette manière, *sol si re fa*; ce *fa* ajouté étant la septième de *sol* fait *dissonance*; c'est pour cette raison que l'accord *sol si re fa* est appelé accord dissonant ou accord de septième : il sert à distinguer la quinte *sol* du générateur *ut*, qui porte toujours sans mélange et sans altération l'accord parfait *ut mi sol ut*, donné par la nature même. (Voyez Accord, Consonnance, Harmonie.) Par là on voit que quand on passe d'*ut* à *sol*, on passe en même temps d'*ut* à *fa*, parce que le *fa* se trouve compris dans l'accord de *sol*, et le ton d'*ut* se trouve par ce moyen entièrement déterminé, parce qu'il n'y a que ce ton seul auquel les sons *fa* et *sol* appartiennent à la fois.

Voyons maintenant, continue M. d'Alembert, ce que nous ajouterons à l'harmonie *fa la ut* de la quinte *fa* au-dessous du générateur, pour distinguer cette harmonie de celle de ce même générateur. Il semble d'abord que l'on doive y ajouter l'autre quinte *sol*, afin que le générateur *ut* passant à *fa* passe en même temps à *sol*, et que le ton soit déterminé par là; mais cette introduction de *sol* dans l'accord *fa la ut* donneroit deux secondes de suite, *fa sol la*, c'est-à-dire deux *dissonances* dont l'union seroit trop désagréable à l'oreille : inconvénient qu'il faut éviter; car si, pour distinguer le ton, nous altérons l'harmonie de cette quinte *fa*, il ne faut l'altérer que le moins qu'il est possible.

C'est pourquoi, au lieu de *sol*, nous prendrons sa quinte *re*, qui est le son qui en approche le plus; et nous aurons pour la sous-dominante *fa* l'accord *fa la ut re*, qu'on appelle accord de grande-sixte ou sixte-ajoutée.

On peut remarquer ici l'analogie qui s'observe entre l'accord de la dominante *sol* et celui de la sous-dominante *fa*.

La dominante *sol*, en montant au-dessus du générateur, a un accord tout composé de tierces en montant depuis *sol; sol si re fa*. Or la sous-dominante *fa* étant au-dessous du générateur *ut*, on trouvera, en descendant d'*ut* vers *fa* par tierces, *ut la fa re*, qui contient les mêmes sons que l'accord *fa la ut re* donne à la sous-dominante *fa*.

On voit de plus que l'altération de l'harmonie des deux quintes ne consiste que dans la tierce mineure *re fa* ou *fa re*, ajoutée de part et d'autre à l'harmonie de ces deux quintes.

Cette explication est d'autant plus ingénieuse qu'elle montre à la fois l'origine, l'usage, la marche de la *dissonance*, son rapport intime avec le ton, et le moyen de déterminer réciproquement l'un par l'autre. Le défaut que j'y trouve, mais défaut essentiel qui fait tout crouler, c'est l'emploi d'une corde étrangère au ton, comme corde essentielle du ton, et cela par une fausse analogie qui, servant de base au système de M. Rameau, le détruit en s'évanouissant.

Je parle de cette quinte au-dessous de la tonique, de cette sous-dominante, entre laquelle et la tonique on n'aperçoit pas la moindre liaison qui puisse autoriser l'emploi de cette sous-dominante, non seulement comme corde essentielle du ton, mais même en quelque qualité que ce puisse être. En effet qu'y a-t-il de commun entre la résonnance, le frémissement des unissons d'*ut*, et le son de sa quinte en dessous? Ce n'est point parce que la corde entière est un *fa* que ses aliquotes résonnent au son d'*ut*, mais parce qu'elle est un multiple de la corde *ut*; et il n'y a aucun des multiples de ce même *ut* qui ne donne un semblable phénomène. Prenez le septuple, il frémira et résonnera dans ses parties ainsi que le triple : est-ce à dire que le son de ce septuple ou ses octaves soient des cordes essentielles du ton? Tant s'en faut, puisqu'il ne forme pas même avec la tonique un rapport commensurable en note.

Je sais que M. Rameau a prétendu qu'au son d'une corde quelconque une autre corde à sa douzième en dessous frémissoit sans résonner ; mais outre que c'est un étrange phénomène en acoustique qu'une corde sonore qui vibre et ne résonne pas, il est maintenant reconnu que cette prétendue expérience est une erreur, que la corde grave frémit parce qu'elle se partage, et qu'elle paroît ne pas résonner parce qu'elle ne rend dans ses parties que l'unisson de l'aigu, qui ne se distingue pas aisément.

Que M. Rameau nous dise donc qu'il prend la quinte en dessous, parce qu'il trouve la quinte en dessus, et que ce jeu des quintes lui paroît commode pour établir son système, on pourra le féliciter d'une ingénieuse invention; mais qu'il ne s'autorise point d'une expérience chimérique, qu'il ne se tourmente point à chercher dans les renversements des proportions harmonique et arithmétique les fondements de l'harmonie, ni à prendre les propriétés des nombres pour celles des sons.

Remarquez encore que si la contre-génération qu'il suppose pouvoit avoir lieu, l'accord de la sous-dominante *fa* ne devroit point porter une tierce majeure, mais mineure; parce que le *la* bémol est l'harmonique véritable qui lui est assi-
$$1 \quad \tfrac{1}{3} \quad \tfrac{1}{5}$$
gné par ce renversement *ut fa la* ♭. De sorte qu'à ce compte la gamme du mode majeur devroit avoir naturellement la sixte mineure; mais elle l'a majeure, comme quatrième quinte ou comme quinte de la seconde note : ainsi voilà encore une contradiction.

Enfin remarquez que la quatrième note donnée par la série des aliquotes, d'où naît le vrai diatonique naturel, n'est point l'octave de la prétendue sous-dominante dans le rapport de 4 à 3, mais une autre quatrième note toute différente dans le rapport de 11 à 8, ainsi que tout théoricien doit l'apercevoir au premier coup d'œil.

J'en appelle maintenant à l'expérience et à l'oreille des musiciens. Qu'on écoute combien la cadence imparfaite de la sous-dominante à la tonique est dure et sauvage en comparaison de cette même cadence dans sa place naturelle, qui est de la tonique à la dominante. Dans le premier cas peut-on dire que l'oreille ne désire rien après l'accord de la tonique ? n'attend-on pas, malgré qu'on en ait, une suite ou une fin ? Or qu'est-ce qu'une tonique après laquelle l'oreille désire quelque chose ? Peut-on la regarder comme une véritable tonique, et n'est-ce pas alors réellement dans le ton de *fa*, tandis qu'on pense être dans celui d'*ut*? Qu'on observe combien l'intonation diatonique et successive de la quatrième note et de la note sensible, tant en montant qu'en descendant, paroît étrangère au mode et même pénible à la voix. Si la longue habitude y accoutume l'oreille et la voix du musicien, la difficulté des commençants à entonner cette note doit lui montrer assez combien elle est peu naturelle. On attribue cette difficulté aux trois *tons* consécutifs; ne devroit-on pas voir que ces trois *tons* consécutifs, de même que la note qui les introduit, donnent une modulation barbare qui n'a nul fondement dans la nature ? Elle avoit assurément mieux guidé les Grecs lorsqu'elle leur fit arrêter leur tétracorde précisément au *mi* de notre échelle, c'est-à-dire à la note qui précède cette quatrième : ils aimèrent mieux prendre cette quatrième en dessous, et ils trouvèrent ainsi avec leur seule oreille ce que toute notre théorie harmonique n'a pu encore nous faire apercevoir.

Si le témoignage de l'oreille et celui de la raison se réunissent, au moins dans le système donné, pour rejeter la prétendue sous-dominante non seulement du nombre des cordes essentielles du ton, mais du nombre des sons qui peuvent entrer dans l'échelle du mode, que devient toute cette théorie des *dissonances?* que devient l'explication du mode mineur? que devient tout le système de M. Rameau?

N'apercevant donc ni dans la physique ni dans le calcul la véritable génération de la *dissonance*, je lui cherchois une origine purement mécanique; et c'est de la manière suivante que je tâchois de l'expliquer dans l'Encyclopédie, sans m'écarter du système pratique de M. Rameau.

Je suppose la nécessité de la *dissonance* reconnue. (Voyez HARMONIE et CADENCE.) Il s'agit de voir où l'on doit prendre cette *dissonance* et comment il faut l'employer.

Si l'on compare successivement tous les sons de l'échelle diatonique avec le son fondamental dans chacun des deux modes, on n'y trouvera pour toute *dissonance* que la seconde et la septième, qui n'est qu'une seconde renversée, et qui fait réellement seconde avec l'octave. Que la septième soit renversée de la seconde, et non la seconde de la septième, c'est ce qui est évident par l'expression des rapports; car celui de la seconde 8, 9, étant plus simple que celui de la septième 9, 16, l'intervalle qu'il représente n'est pas par conséquent l'engendré, mais le générateur.

Je sais bien que d'autres intervalles altérés peuvent devenir dissonants; mais si la seconde ne s'y trouve pas exprimée ou sous-entendue, ce sont seulement des accidents de modulation auxquels l'harmonie n'a aucun égard, et ces *dissonances* ne sont point alors traitées comme telles. Ainsi c'est une chose certaine qu'où il n'y a point de seconde il n'y a point de *dissonance;* et la seconde est proprement la seule *dissonance* qu'on puisse employer.

Pour réduire toutes les consonnances à leur moindre espace ne sortons point des bornes de l'octave, elles y sont toutes contenues dans l'accord parfait. Prenons donc cet accord parfait, *sol si re sol,* et voyons en quel lieu de cet accord, que je ne suppose encore dans aucun ton, nous pourrions placer une *dissonance,* c'est-à-dire une seconde, pour la rendre le moins choquante à l'oreille qu'il est possible. Sur le *la* entre le *sol* et le *si* elle feroit une seconde avec l'un et avec l'autre, et par conséquent dissoneroit doublement. Il en seroit de même entre le *si* et le *re,* comme entre tout intervalle de tierce : reste l'intervalle de quarte entre le *re* et le *sol.* Ici l'on peut introduire un son de deux manières : 1° on peut ajouter la note *fa*, qui fera seconde avec le *sol* et tierce avec le *re* ; 2º ou la note *mi*, qui fera seconde avec le *re* et tierce avec le *sol*. Il est évident qu'on aura de chacune de ces deux manières la *dissonance* la moins dure qu'on puisse trouver; car elle ne dissonera qu'avec un seul son, et elle engendrera une nouvelle tierce, qui, aussi bien que les deux précédentes, contribuera à la douceur de l'accord total. D'un côté nous aurons l'accord de septième, et de l'autre celui de sixte-ajoutée, les deux seuls accords dissonants admis dans le système de la basse-fondamentale.

Il ne suffit pas de faire entendre la *dissonance*, il faut la résoudre : vous ne choquez d'abord l'oreille que pour la flatter ensuite plus agréablement. Voilà deux sons joints : d'un côté la quinte et la sixte, de l'autre la septième et l'octave ; tant qu'ils feront ainsi la seconde, ils resteront dissonants; mais que les parties qui les font entendre s'éloignent d'un degré, que l'une monte et que l'autre descende diatoniquement, votre seconde de part et d'autre sera devenue une tierce, c'est-à-dire une des plus agréables consonnances. Ainsi après *sol fa* vous aurez *sol mi* ou *fa la*; et après *re mi, mi ut* ou *re fa* : c'est ce qu'on appelle sauver la *dissonance*.

Reste à déterminer lequel des deux sons joints doit monter ou descendre, et lequel doit rester en place : mais le motif de détermination saute aux yeux. Que la quinte ou l'octave restent comme cordes principales, que la sixte monte et que la septième descende, comme sons accessoires, comme *dissonance*. De plus, si, des deux sons joints, c'est à celui qui a le moins de chemin à faire de marcher par préférence, le *fa* descendra encore sur le *mi* après la septième, et le *mi* de l'accord de sixte-ajoutée montera sur le *fa*; car il n'y a point d'autre marche plus courte pour sauver la *dissonance*.

Voyons maintenant quelle marche doit faire le son fondamental relativement au mouvement assigné à la *dissonance*. Puisque l'un des deux sons joints reste en place, il doit faire liaison dans l'accord suivant. L'intervalle que doit former la basse-fondamentale en quittant l'accord doit donc être déterminé sur ces deux conditions: 1° que l'octave du son fondamental précédent puisse rester en place après l'accord de septième, la quinte après l'accord de sixte-ajoutée; 2° que le son sur lequel se résout la *dissonnance* soit un des harmoniques de celui auquel passe la basse-fondamentale. Or le meilleur mouvement de la basse étant par intervalle de quinte, si elle descend de quinte dans le premier cas, ou qu'elle monte de quinte dans le second, toutes les conditions seront parfaitement remplies, comme il est évident par la seule inspection de l'exemple, *Planche* 2, *fig*. 1.

De là on tire un moyen de connoître à quelle

corde du ton chacun de ces deux accords convient le mieux. Quels sont dans chaque ton les deux cordes les plus essentielles? c'est la tonique et la dominante. Comment la basse peut-elle marcher en descendant de quinte sur deux cordes essentielles du ton? c'est en passant de la dominante à la tonique : donc la dominante est la corde à laquelle convient le mieux l'accord de septième. Comment la basse en montant de quinte peut-elle marcher sur deux cordes essentielles du ton? c'est en passant de la tonique à la dominante : donc la tonique est la corde à laquelle convient l'accord de sixte-ajoutée. Voilà pourquoi, dans l'exemple, j'ai donné un dièse au *fa* de l'accord qui suit celui-là ; car le *ré*, étant dominante tonique, doit porter la tierce majeure. La basse peut avoir d'autres marches ; mais ce sont là les plus parfaites, et les deux principales cadences. (Voy. CADENCE.)

Si l'on compare ces deux *dissonances* avec le son fondamental, on trouve que celle qui descend est une septième mineure, et celle qui monte une sixte majeure, d'où l'on tire cette nouvelle règle que les *dissonances* majeures doivent monter et les mineures descendre ; car en général un intervalle majeur a moins de chemin à faire en montant, et un intervalle mineur en descendant, et en général aussi, dans les marches diatoniques, les moindres intervalles sont à préférer.

Quand l'accord de septième porte tierce majeure, cette tierce fait avec la septième une autre *dissonance*, qui est la fausse quinte, ou, par renversement, le triton. Cette tierce vis-à-vis de la septième s'appelle encore *dissonance* majeure, et il lui est prescrit de monter, mais c'est en qualité de note sensible ; et sans la seconde, cette prétendue dissonance n'existeroit point, ou ne seroit point traitée comme telle.

Une observation qu'il ne faut pas oublier est que les deux seules notes de l'échelle qui ne se trouvent point dans les harmoniques des deux cordes principales *ut* et *sol* sont principalement celles qui s'y trouvent introduites par la *dissonance*, et achèvent par ce moyen la gamme diatonique, qui sans cela seroit imparfaite : ce qui explique comment le *fa* et le *la*, quoique étrangers au mode, se trouvent dans son échelle, et pourquoi leur intonation, toujours rude malgré l'habitude, éloigne l'idée du ton principal.

Il faut remarquer encore que ces deux *dissonances*, savoir, la sixte majeure et la septième mineure, ne diffèrent que d'un semi-ton, et différeroient encore moins si les intervalles étoient bien justes. A l'aide de cette observation l'on peut tirer du principe de la résonnance une origine très-approchée de l'une et de l'autre, comme je vais le montrer.

Les harmoniques qui accompagnent un son quelconque ne se bornent pas à ceux qui composent l'accord parfait : il y en a une infinité d'autres moins sensibles à mesure qu'ils deviennent plus aigus et leurs rapports plus composés, et ces rapports sont exprimés par la série naturelle des aliquotes $\frac{1}{2}, \frac{1}{3}, \frac{1}{4}, \frac{1}{5}, \frac{1}{6}, \frac{1}{7}$, etc. Les six premiers termes de cette série donnent les sons qui composent l'accord parfait et ses répliques ; le septième en est exclu : cependant ce septième terme entre comme eux dans la résonnance totale du son générateur, quoique moins sensiblement ; mais il n'y entre point comme consonnance ; il y entre donc comme *dissonance*, et cette *dissonance* est donnée par la nature. Reste à voir son rapport avec celles dont je viens de parler.

Or ce rapport est intermédiaire entre l'un et l'autre, et fort rapproché de tous deux ; car le rapport de la sixte majeure est $\frac{3}{5}$, et celui de la septième mineure $\frac{9}{16}$. Ces deux rapports réduits aux mêmes termes sont $\frac{48}{80}$ et $\frac{45}{80}$.

Le rapport de l'aliquote $\frac{1}{7}$ rapproché au simple par ses octaves est $\frac{4}{7}$, et ce rapport réduit au même terme avec les précédents se trouve intermédiaire entre les deux de cette manière $\frac{336}{560}, \frac{320}{560}, \frac{315}{560}$, où l'on voit que ce rapport moyen ne diffère de la sixte majeure que d'un $\frac{1}{55}$ ou à peu près deux comma, et de la septième mineure que d'un $\frac{1}{112}$, qui est beaucoup moins qu'un comma. Pour employer les mêmes sons dans le genre diatonique et dans divers modes, il a fallu les altérer, mais cette altération n'est pas assez grande pour nous faire perdre la trace de leur origine.

J'ai fait voir, au mot CADENCE, comment l'introduction de ces deux principales *dissonances*, la septième et la sixte-ajoutée, donne le moyen de lier une suite d'harmonie en la faisant monter ou descendre à volonté par l'entrelacement des *dissonances*.

Je ne parle point de la préparation de la *dissonance*, moins parce qu'elle a trop d'exceptions pour en faire une règle générale que parce que ce n'est pas ici le lieu. (Voyez PRÉPARER.) A l'égard des *dissonances* par supposition ou par suspension, voyez aussi ces deux mots. Enfin je ne dis rien non plus de la septième diminuée, accord singulier dont j'aurai occasion de parler au mot ENHARMONIQUE.

Quoique cette manière de concevoir la *dissonance* en donne une idée assez nette, comme cette idée n'est point tirée du fond de l'harmonie, mais de certaines convenances entre les parties, je suis bien éloigné d'en faire plus de cas qu'elle ne mérite, et je ne l'ai jamais donnée que pour ce qu'elle valoit; mais on avoit jusqu'ici raisonné si mal sur la *dissonance*, que je ne crois pas avoir fait en cela pis que les autres. M. Tartini est le premier, et jusqu'à présent le seul qui ait déduit une théorie des *dissonances* des vrais principes de l'harmonie. Pour éviter d'inutiles répétitions, je renvoie là-dessus au mot Système, où j'ai fait l'exposition du sien. Je m'abstiendrai de juger s'il a trouvé ou non celui de la nature; mais je dois remarquer au moins que les principes de cet auteur paroissent avoir dans leurs conséquences cette universalité et cette connexion qu'on ne trouve guère que dans ceux qui mènent à la vérité.

Encore une observation avant de finir cet article. Tout intervalle commensurable est réellement consonnant; il n'y a de vraiment dissonants que ceux dont les rapports sont irrationnels; car il n'y a que ceux-là auxquels on ne puisse assigner aucun son fondamental commun. Mais passé le point où les harmoniques naturels sont encore sensibles, cette consonnance des intervalles commensurables ne s'admet plus que par induction. Alors des intervalles font bien partie du système harmonique, puisqu'ils sont dans l'ordre de sa génération naturelle et se rapportent au son fondamental commun; mais ils ne peuvent être admis comme consonnants par l'oreille, parce qu'elle ne les aperçoit point dans l'harmonie naturelle du corps sonore. D'ailleurs plus l'intervalle se compose, plus il s'élève à l'aigu du son fondamental: ce qui se prouve par la génération réciproque du son fondamental et des intervalles supérieurs. (Voyez le système de M. Tartini.) Or, quand la distance du son fondamental au plus aigu de l'intervalle générateur ou engendré excède l'étendue du système musical ou appréciable, tout ce qui est au-delà de cette étendue devant être censé nul, un tel intervalle n'a point de fondement sensible, et doit être rejeté de la pratique, ou seulement admis comme dissonant. Voilà non le système de M. Rameau, ni celui de M. Tartini, ni le mien, mais le texte de la nature, qu'au reste je n'entreprends pas d'expliquer.

Dissonance majeure est celle qui se sauve en montant. Cette *dissonance* n'est telle que relativement à la *dissonance* mineure; car elle fait tierce ou sixte majeure sur le vrai son fondamental, et n'est autre que la note sensible dans un accord dominant, ou la sixte-ajoutée dans son accord.

Dissonance-mineure est celle qui se sauve en descendant : c'est toujours la *dissonance* proprement dite, c'est-à-dire la septième du vrai son fondamental.

La *dissonance majeure* est aussi celle qui se forme par un intervalle superflu, et la *dissonance mineure* est celle qui se forme par un intervalle diminué. Ces diverses acceptions viennent de ce que le mot même de *dissonance* est équivoque, et signifie quelquefois un intervalle et quelquefois un simple son.

Dissonant, *partic.* (Voyez Dissoner.)

Dissoner. *v. n.* Il n'y a que les sons qui *dissonent*, et un son *dissone* quand il forme dissonance avec un autre son. On ne dit pas qu'un intervalle *dissone*, on dit qu'il est dissonant.

DITHYRAMBE, *s. m.* Sorte de chanson grecque en l'honneur de Bacchus, laquelle se chantoit sur le mode phrygien, et se sentoit du feu et de la gaieté qu'inspire le dieu auquel elle étoit consacrée. Il ne faut pas demander si nos littérateurs modernes, toujours sages et compassés, se sont récriés sur la fougue et le désordre des *dithyrambes*. C'est fort mal fait sans doute de s'enivrer, surtout en l'honneur de la divinité; mais j'aimerois mieux encore être ivre moi-même que de n'avoir que ce sot bon sens qui mesure sur la froide raison tous les discours d'un homme échauffé par le vin.

DITON, *s. m.* C'est, dans la musique grecque, un intervalle composé de deux tons, c'est-à-dire une tierce majeure. (Voyez INTERVALLE, TIERCE.)

DIVERTISSEMENT, *s. m.* C'est le nom qu'on donne à certains recueils de danses et de chansons qu'il est de règle à Paris d'insérer dans chaque acte d'un opéra, soit ballet, soit tragédie; *divertissement* importun dont l'auteur a soin de couper l'action dans quelque moment intéressant, et que les acteurs assis et les spectateurs debout ont la patience de voir et d'entendre.

DIX-HUITIÈME, *s. f.* Intervalle qui comprend dix-sept degrés conjoints, et par conséquent dix-huit sons diatoniques, en comptant les deux extrêmes. C'est la double-octave de la quarte. (Voyez Quarte.)

Dixième, *s. f.* Intervalle qui comprend neuf degrés conjoints, et par conséquent dix sons diatoniques, en comptant les deux qui le forment. C'est l'octave de la tierce ou la tierce de l'octave ; et la *dixième* est majeure ou mineure, comme l'intervalle simple dont elle est la réplique. (Voyez Tierce.)

Dix-neuvième, *s. f.* Intervalle qui comprend dix-huit degrés conjoints, et par conséquent dix-neuf sons diatoniques, en comptant les deux extrêmes. C'est la double-octave de la quinte. (Voyez Quinte.)

Dix-septième, *s. f.* Intervalle qui comprend seize degrés conjoints, et par conséquent dix-sept sons diatoniques, en comptant les deux extrêmes. C'est la double-octave de la tierce; et la dix-septième est majeure et mineure comme elle.

Toute corde sonore rend avec le son principal celui de sa *dix-septième* majeure, plutôt que celui de sa tierce simple ou de sa dixième, parce que cette dix-septième est produite par une aliquote de la corde entière, savoir, la cinquième partie; au lieu que les $\frac{4}{5}$ que donneroit la tierce, ni les $\frac{2}{5}$ que donneroit la dixième, ne sont pas une aliquote de cette même corde. (Voyez Son, Intervalle, Harmonie.)

Do. Syllabe que les Italiens substituent en solfiant à celle d'*ut*, dont ils trouvent le son trop sourd. Le même motif a fait entreprendre à plusieurs personnes, et entre autres à M. Sauveur, de changer les noms de toutes les syllabes de notre gamme, mais l'ancien usage a toujours prévalu parmi nous. C'est peut-être un avantage; il est bon de s'accoutumer à solfier par des syllabes sourdes, quand on n'en a guère de plus sonores à leur substituer dans le chant.

DODÉCACORDE. C'est le titre donné par Henri Gláréan à un gros livre de sa composition, dans lequel, ajoutant quatre nouveaux tons aux huit usités de son temps, et qui restent encore aujourd'hui dans le chant ecclésiastique romain, il pense avoir rétabli dans leur pureté les douze modes d'Aristoxène, qui cependant en avoit treize; mais cette prétention a été réfutée par J. B. Doni, dans son *Traité des Genres et des Modes*.

DOIGTER, *v. n.* C'est faire marcher d'une manière convenable et régulière les doigts sur quelque instrument, et principalement sur l'orgue ou le clavecin, pour en jouer le plus facilement et le plus nettement qu'il est possible.

Sur les instruments à manche, tels que le violon et le violoncelle, la plus grande règle du *doigter* consiste dans les diverses positions de la main gauche sur le manche; c'est par là que les mêmes passages peuvent devenir faciles ou difficiles, selon les positions et selon les cordes sur lesquelles on peut prendre ces passages ; c'est quand un symphoniste est parvenu à passer rapidement, avec justesse et précision, par toutes ces différentes positions, qu'on dit qu'il possède bien son manche. (Voyez Position.)

Sur l'orgue ou le clavecin, le *doigter* est autre chose. Il y a deux manières de jouer sur ces instruments ; savoir, l'accompagnement et les pièces. Pour jouer des pièces, on a égard à la facilité de l'exécution et à la bonne grâce de la main. Comme il y a un nombre excessif de passages possibles dont la plupart demandent une manière particulière de faire marcher les doigts, et que d'ailleurs chaque pays et chaque maître a sa règle, il faudroit sur cette partie des détails que cet ouvrage ne comporte pas, et sur lesquels l'habitude et la commodité tiennent lieu de règles, quand une fois on a la main bien posée. Les préceptes généraux qu'on peut donner sont, 1° de placer les deux mains sur le clavier, de manière qu'on n'ait rien de gêné dans l'attitude : ce qui oblige d'exclure communément le pouce de la main droite, parce que les deux pouces posés sur le clavier, et principalement sur les touches blanches, donneroient aux bras une situation contrainte et de mauvaise grâce. Il faut observer aussi que les coudes soient un peu plus élevés que le niveau du clavier, afin que la main tombe comme d'elle-même sur les touches, ce qui dépend de la hauteur du siége; 2° de tenir le poignet à peu près à la hauteur du clavier, c'est-à-dire au niveau du coude; les doigts écartés de la largeur des touches, et un peu recourbés sur elles, pour être prêts à tomber sur des touches différentes; 3° de ne point porter successivement le même doigt sur deux touches consécutives, mais d'employer tous les doigts de chaque main. Ajoutez à ces observations les règles suivantes, que je donne avec confiance, parce que je les tiens de M. Duphli, excellent maître de clavecin, et qui possède surtout la perfection du *doigter*.

Cette perfection consiste en général dans un mouvement doux, léger et régulier.

Le mouvement des doigts se prend à leur racine, c'est-à-dire à la jointure qui les attache à la main.

Il faut que les doigts soient courbés naturellement, et que chaque doigt ait son mouvement propre indépendant des autres doigts. Il faut que les doigts tombent sur les touches, et non qu'ils les frappent, et de plus, qu'ils coulent de l'une à l'autre en se succédant, c'est-à-dire qu'il ne faut quitter une touche qu'après en avoir pris une autre. Ceci regarde particulièrement le jeu françois.

Pour continuer un roulement, il faut s'accoutumer à passer le pouce par-dessous tel doigt que ce soit, et à passer tel autre doigt par-dessus le pouce. Cette manière est excellente, surtout quand il se rencontre des dièses ou des bémols ; alors faites en sorte que le pouce se trouve sur la touche qui précède le dièse ou le bémol, ou placez-le immédiatement après : par ce moyen vous vous procurerez autant de doigts de suite que vous aurez de notes à faire.

Évitez autant qu'il se pourra de toucher du pouce ou du cinquième doigt une touche blanche, surtout dans les roulements de vitesse.

Souvent on exécute un même roulement avec les deux mains, dont les doigts se succèdent pour lors consécutivement. Dans ces roulements les mains passent l'une sur l'autre ; mais il faut observer que le son de la première touche sur laquelle passe une des mains soit aussi lié au son précédent que s'ils étoient touchés de la même main.

Dans le genre de musique harmonieux et lié, il est bon de s'accoutumer à substituer un doigt à la place d'un autre sans relever la touche : cette manière donne des facilités pour l'exécution et prolonge la durée des sons.

Pour l'accompagnement, le *doigter* de la main gauche est le même que pour les pièces, parce qu'il faut toujours que cette main joue les basses qu'on doit accompagner : ainsi les règles de M. Duphli y servent également pour cette partie, excepté dans les occasions où l'on veut augmenter le bruit au moyen de l'octave, qu'on embrasse du pouce et du petit doigt; car alors, au lieu de *doigter*, la main entière se transporte d'une touche à l'autre. Quant à la main droite, son *doigter* consiste dans l'arrangement des doigts et dans les marches qu'on leur donne pour faire entendre les accords et leur succession : de sorte que quiconque entend bien la mécanique des doigts en cette partie possède l'art de l'accompagnement. M. Rameau a fort bien expliqué cette mécanique dans sa *Dissertation sur l'accompagnement*, et je crois ne pouvoir mieux faire que de donner ici un précis de la partie de cette dissertation qui regarde le *doigter*.

Tout accord peut s'arranger par tierces. L'accord parfait, c'est-à-dire l'accord d'une tonique ainsi arrangé sur le clavier, est formé par trois touches qui doivent être frappées du second, du quatrième et du cinquième doigt. Dans cette situation, c'est le doigt le plus bas, c'est-à-dire le second, qui touche la tonique; dans les deux autres faces, il se trouve toujours un doigt au moins au-dessous de cette même tonique : il faut le placer à la quarte. Quant au troisième doigt, qui se trouve au-dessus ou au-dessous des deux autres, il faut le placer à la tierce de son voisin.

Une règle générale pour la succession des accords est qu'il doit y avoir liaison entre eux, c'est-à-dire que quelqu'un des sons de l'accord précédent doit être prolongé sur l'accord suivant et entrer dans son harmonie. C'est de cette règle que se tire toute la mécanique du *doigter*.

Puisque pour passer régulièrement d'un accord à un autre il faut que quelque doigt reste en place, il est évident qu'il n'y a que quatre manières de succession régulière entre deux accords parfaits; savoir, la basse-fondamentale montant ou descende tierce ou de quinte.

Quand la basse procède par tierces, deux doigts restent en place; en montant, ceux qui formoient la tierce et la quinte restent pour former l'octave et la tierce, tandis que celui qui formoit l'octave descend sur la quinte; en descendant, les doigts qui formoient l'octave et la tierce restent pour former la tierce et la quinte, tandis que celui qui faisoit la quinte monte sur l'octave.

Quand la basse procède par quintes, un doigt seul reste en place, et les deux autres marchent; en montant, c'est la quinte qui reste pour faire l'octave, tandis que l'octave et la tierce descendent sur la tierce et sur la quinte; en descendant, l'octave reste pour faire la quinte, tandis que la tierce et la quinte montent sur l'octave et sur la tierce. Dans toutes ces successions les deux mains ont toujours un mouvement contraire.

En s'exerçant ainsi sur divers endroits du clavier, on se familiarise bientôt au jeu des doigts sur chacune de ces marches, et les suites d'accords parfaits ne peuvent plus embarrasser.

Pour les dissonances, il faut d'abord remarquer que tout accord dissonant complet occupe les quatre doigts, lesquels peuvent être arrangés tous par tierces, ou trois par tierces, et l'autre joint à quelqu'un des premiers faisant avec lui un intervalle de seconde. Dans le premier cas, c'est le plus bas des doigts, c'est-à-dire l'index, qui sonne le son fondamental de l'accord; dans le second cas, c'est le supérieur des deux doigts joints. Sur cette observation l'on connoît aisément le doigt qui fait la dissonance, et qui par conséquent doit descendre pour la sauver.

Selon les différents accords consonnants ou dissonants qui suivent un accord dissonant, il faut faire descendre un doigt seul, ou deux, ou trois. A la suite d'un accord dissonant, l'accord parfait qui le sauve se trouve aisément sous les doigts. Dans une suite d'accords dissonants, quand un doigt seul descend, comme dans la cadence interrompue, c'est toujours celui qui a fait la dissonance, c'est-à-dire l'inférieur des deux joints, ou le supérieur de tous, s'ils sont arrangés par tierces. Faut-il faire descendre deux doigts, comme dans la cadence parfaite, ajoutez à celui dont je viens de parler son voisin au-dessous, et s'il n'en a point, le supérieur de tous: ce sont les deux doigts qui doivent descendre. Faut-il en faire descendre trois, comme dans la cadence rompue, conservez le fondamental sur sa touche, et faites descendre les trois autres.

La suite de toutes ces différentes successions bien étudiée vous montre le jeu des doigts dans toutes les phrases possibles; et comme c'est des cadences parfaites que se tire la succession la plus commune des phrases harmoniques, c'est aussi à celles-là qu'il faut s'exercer davantage; on y trouvera toujours deux doigts marchant et s'arrêtant alternativement. Si les deux doigts d'en haut descendent sur un accord où les deux inférieurs restent en place, dans l'accord suivant les deux supérieurs restent, et les deux inférieurs descendent à leur tour; ou bien ce sont les deux doigts extrêmes qui font le même jeu avec les deux moyens.

On peut trouver encore une succession harmonique ascendante par dissonances, à la faveur de la sixte-ajoutée : mais cette succession, moins commune que celle dont je viens de parler, est plus difficile à ménager, moins prolongée, et les accords se remplissent rarement de tous leurs sons. Toutefois la marche des doigts auroit encore ici ses règles; et en supposant un entrelacement de cadences imparfaites, on y trouveroit toujours ou les quatre doigts par tierces ou deux doigts joints: dans le premier cas, ce seroit aux deux inférieurs à monter, et ensuite aux deux supérieurs alternativement; dans le second, le supérieur des deux doigts joints doit monter avec celui qui est au-dessus de lui, et, s'il n'y en a point, avec le plus bas de tous, etc.

On n'imagine pas jusqu'à quel point l'étude du *doigter*, prise de cette manière, peut faciliter la pratique de l'accompagnement. Après un peu d'exercice, les doigts prennent insensiblement l'habitude de marcher comme d'eux-mêmes; ils préviennent l'esprit, et accompagnent avec une facilité qui a de quoi surprendre. Mais il faut convenir que l'avantage de cette méthode n'est pas sans inconvénient, car, sans parler des octaves et des quintes de suite qu'on y rencontre à tout moment, il résulte de tout ce remplissage une harmonie brute et dure dont l'oreille est étrangement choquée, surtout dans les accords par supposition.

Les maîtres enseignent d'autres manières de *doigter*, fondées sur les mêmes principes, sujettes, il est vrai, à plus d'exceptions, mais par lesquelles, retranchant des sons, on gêne moins la main par trop d'extension, l'on évite les octaves et les quintes de suite, et l'on rend une harmonie non pas aussi pleine, mais plus pure et plus agréable.

DOLCE. (Voyez D.)

DOMINANT, *adj.* Accord *dominant* ou sensible est celui qui se pratique sur la dominante du ton, et qui annonce la cadence parfaite. Tout accord parfait majeur devient *dominant* sitôt qu'on lui ajoute la septième mineure.

DOMINANTE, *s. f.* C'est des trois notes essentielles du ton celle qui est une quinte au-dessus de la tonique. La tonique et la *dominante* déterminent le ton ; elles y sont chacune la fondamentale d'un accord particulier; au lieu que la médiante, qui constitue le mode, n'a point d'accord à elle, et fait seulement partie de celui de la tonique.

M. Rameau donne généralement le nom de *dominante* à toute note qui porte un accord de septième, et distingue celle qui porte l'accord sensible par le nom de *dominante tonique;* mais, à cause de la longueur du mot, cette addition n'est pas adoptée des artistes; ils continuent d'appeler simplement *dominante* la quinte de la tonique, et ils n'appellent pas *dominantes*, mais *fondamentales*, les autres notes portant accord de septième; ce qui suffit pour s'expliquer, et prévient la confusion.

DOMINANTE, dans le plain-chant, est la note que l'on rebat le plus souvent, à quelque degré que l'on soit de la tonique. Il y a dans le plain-chant *dominante* et *tonique*, mais point de médiante.

DORIEN, *adj.* Le mode *dorien* étoit un des plus anciens de la musique des Grecs, et c'étoit le plus grave ou le plus bas de ceux qu'on a depuis appelés authentiques.

Le caractère de ce mode étoit sérieux et grave, mais d'une gravité tempérée; ce qui le rendoit propre pour la guerre et pour les sujets de religion.

Platon regarde la majesté du mode *dorien*

comme très-propre à conserver les bonnes mœurs ; et c'est pour cela qu'il en permet l'usage dans sa république.

Il s'appeloit *dorien* parce que c'étoit chez les peuples de ce nom qu'il avoit été d'abord en usage. On attribue l'invention de ce mode à Thamiris de Thrace, qui, ayant eu le malheur de défier les muses et d'être vaincu, fut privé par elles de la lyre et des yeux.

DOUBLE, *adj*. Intervalles *doubles* ou *doublés* sont tous ceux qui excèdent l'étendue de l'octave. En ce sens, la dixième est *double* de la tierce, et la douzième *double* de la quinte. Quelques-uns donnent aussi le nom d'intervalles *doubles* à ceux qui sont composés de deux intervalles égaux, comme la fausse-quinte qui est composée de deux tierces mineures.

DOUBLE, *s. m.* On appelle *doubles* des airs d'un chant simple en lui-même, qu'on figure et qu'on double par l'addition de plusieurs notes qui varient et ornent le chant sans le gâter : c'est ce que les Italiens appellent *variazioni*. (Voy. VARIATIONS.)

Il y a cette différence des *doubles* aux broderies ou fleurtis, que ceux-ci sont à la liberté du musicien, qu'il peut les faire ou les quitter quand il lui plaît pour reprendre le simple. Mais le *double* ne se quitte point, et sitôt qu'on l'a commencé, il faut le poursuivre jusqu'à la fin de l'air.

DOUBLE est encore un mot employé à l'Opéra

de Paris pour désigner les acteurs en sous-ordre qui remplacent les premiers acteurs dans les rôles que ceux-ci quittent par maladie ou par air, ou lorsqu'un opéra est sur ses fins et qu'on en prépare un autre. Il faut avoir entendu un opéra en *doubles* pour concevoir ce que c'est qu'un tel spectacle, et quelle doit être la patience de ceux qui veulent bien le fréquenter en cet état. Tout le zèle des bons citoyens françois bien pourvus d'oreilles à l'épreuve suffit à peine pour tenir à ce détestable charivari.

DOUBLER, *v. a. Doubler* un air, c'est y faire des doubles; *doubler* un rôle, c'est y remplacer l'acteur principal. (Voyez DOUBLE.)

DOUBLE-CORDE, *s. f.* Manière de jeu sur le violon, laquelle consiste à toucher deux cordes à la fois faisant deux parties différentes. *La double-corde fait souvent beaucoup d'effet. Il est difficile de jouer très-juste sur la* double-corde.

DOUBLE-CROCHE, *s. f.* Note de musique qui ne vaut que le quart d'une noire, ou la moitié d'une croche. Il faut par conséquent seize *doubles-croches* pour une ronde ou pour une mesure à quatre temps. (Voyez MESURE, VALEUR DES NOTES.)

On peut voir la figure de la *double-croche* liée ou détachée dans la figure 2 de la Planche 7. Elle s'appelle *double-croche* à cause du double-crochet qu'elle porte à sa queue, et qu'il faut pourtant bien distinguer du double-crochet proprement dit, qui fait le sujet de l'article suivant.

DOUBLE-CROCHET, *s. m.* Signe d'abréviation qui marque la division des notes en doubles-croches, comme le simple crochet marque leur division en croches simples. (Voyez CROCHET.) Voyez aussi la figure et l'effet du double-crochet, figure 1 de la Planche 8, à l'exemple B.

DOUBLE-EMPLOI, *s. m.* Nom donné par M. Rameau aux deux différentes manières dont on peut considérer et traiter l'accord de sous-dominante ; savoir, comme accord fondamental de sixte-ajoutée, ou comme accord de grande-sixte, renversé d'un accord fondamental de septième. En effet, ces deux accords portent exactement les mêmes notes, se chiffrent de même, s'emploient sur les mêmes cordes du ton ; de sorte que souvent on ne peut discerner celui que l'auteur a voulu employer qu'à l'aide de l'accord suivant qui le sauve, et qui est différent dans l'un et dans l'autre cas.

Pour faire ce discernement, on considère le progrès diatonique des deux notes qui font la quinte et la sixte, et qui, formant entre elles un intervalle de seconde, sont l'une ou l'autre la dissonance de l'accord. Or ce progrès est déterminé par le mouvement de la basse. Si donc de ces deux notes la supérieure est dissonante, elle montera d'un degré dans l'accord suivant ; l'inférieure restera en place, et l'accord sera une sixte-ajoutée.

Si c'est l'inférieure qui est dissonante, elle descendra dans l'accord suivant ; la supérieure restera en place, et l'accord sera celui de grande-sixte. Voyez les deux cas du *double-emploi*, *Planche* 8, *figure* 2.

A l'égard du compositeur, l'usage qu'il peut faire du *double-emploi* est de considérer l'accord qui le comporte sous une face pour y entrer, et sous l'autre pour en sortir ; de sorte qu'y étant arrivé comme à un accord de sixte-ajoutée, il le sauve comme un accord de grande-sixte, et réciproquement.

M. d'Alembert a fait voir qu'un des principaux usages du *double-emploi* est de pouvoir porter la succession diatonique de la gamme jusqu'à l'octave sans changer de mode, du moins en montant ; car en descendant on en change. On trouvera (*Planche* 8, *figure* 3) l'exemple de cette gamme et de sa basse-fondamentale. Il est évident, selon le système de M. Rameau, que toute la succession harmonique qui en résulte est dans le même ton ; car on n'y emploie à la rigueur que les trois accords, de la tonique, de la dominante, et de la sous-dominante, ce dernier donnant par le *double-emploi* celui de septième de la seconde note, qui s'emploie sur la sixième.

A l'égard de ce qu'ajoute M. d'Alembert dans ses *Élémens de musique*, page 80, et qu'il répète dans l'*Encyclopédie*, article *Double-emploi*, savoir, que l'accord de septième *re fa la ut*, quand même on le regarderoit comme renversé de *fa la ut re*, ne peut être suivi de l'accord *ut mi sol ut*, je ne puis être de son avis sur ce point.

La preuve qu'il en donne est que la dissonance *ut* du premier accord ne peut être sauvée dans le second; et cela est vrai, puisqu'elle reste en place: mais dans cet accord de septième *re fa la ut* renversé de cet accord *fa la ut re* de sixte-ajoutée, ce n'est point *ut*, mais *re* qui est la dissonance; laquelle par conséquent doit être sauvée en montant sur *mi*, comme elle fait réellement dans l'accord suivant; tellement que cette marche est forcée dans la basse même, qui de *re* ne pourroit sans faute retourner à *ut*, mais doit monter à *mi* pour sauver la dissonance.

M. d'Alembert fait voir ensuite que cet accord *re fa la ut*, précédé et suivi de celui de la tonique, ne peut s'autoriser par le double-emploi; et cela est encore très-vrai, puisque cet accord, quoique chiffré d'un 7, n'est traité comme accord de septième ni quand on y entre ni quand on en sort, ou du moins qu'il n'est point nécessaire de le traiter comme tel, mais simplement comme un renversement de la sixte-ajoutée, dont la dissonance est à la base : sur quoi l'on ne doit pas oublier que cette dissonance ne se prépare jamais. Ainsi, quoique dans un tel passage il ne soit pas question du *double-emploi*, que l'accord de septième n'y soit qu'apparent et impossible à sauver dans les règles, cela n'empêche pas que le passage ne soit bon et régulier, comme je viens de le prouver aux théoriciens, et comme je vais le prouver aux artistes par un exemple de ce passage, qui sûrement ne sera condamné d'aucun d'eux, ni justifié par aucune autre basse-fondamentale que la mienne. (Voyez *Planche* 9, *figure* 1.)

J'avoue que ce renversement de l'accord de sixte-ajoutée, qui transporte la dissonance à la basse, a été blâmé par M. Rameau ; cet auteur, prenant pour fondamental l'accord de septième qui en résulte, a mieux aimé faire descendre diatoniquement la basse-fondamentale, et sauver une septième par une autre septième, que d'expliquer cette septième par un renversement. J'avois relevé cette erreur et beaucoup d'autres dans des papiers qui depuis long-temps avoient passé dans les mains de M. d'Alembert, quand il fit ses *Élémens de musique*; de sorte que ce n'est pas son sentiment que j'attaque, c'est le mien que je défends.

Au reste, on ne sauroit user avec trop de réserve du *double-emploi;* et les plus grands maîtres sont les plus sobres à s'en servir.

DOUBLE-FUGUE, *s. f.* On fait une *double-fugue,* lorsqu'à la suite d'une fugue déjà annoncée on annonce une autre fugue d'un dessin tout différent; et il faut que cette seconde fugue ait sa réponse et ses rentrées ainsi que la première, ce qui ne peut guère se pratiquer qu'à quatre parties. (Voyez Fugue.) On peut avec plus de parties faire entendre à la fois un plus grand nombre encore de différentes fugues; mais la confusion est toujours à craindre, et c'est alors le chef-d'œuvre de l'art de les bien traiter. Pour cela il faut, dit M. Rameau, observer, autant qu'il est possible, de ne les faire entrer que l'une après l'autre; surtout la première fois, que leur progression soit renversée, qu'elles soient caractérisées différemment, et que si elles ne peuvent être entendues ensemble, au moins une portion de l'une s'entende avec une portion de l'autre. Mais ces exercices pénibles sont plus faits pour les écoliers que pour les maîtres : ce sont les semelles de plomb qu'on attache aux pieds des jeunes coureurs, pour les faire courir plus légèrement quand ils en sont délivrés.

DOUBLE-OCTAVE, *s. f.* Intervalle composé de deux octaves, qu'on appelle autrement *quinzième*, et que les Grecs appeloient *disdiapason*.

La *double-octave* est en raison doublée de l'octave simple, et c'est le seul intervalle qui ne change pas de nom en se composant avec lui-même.

DOUBLE-TRIPLE. Ancien nom de la triple de blanches ou de la mesure à trois pour deux, laquelle se bat à trois temps, et contient une blanche pour chaque temps. Cette mesure n'est plus en usage qu'en France, où même elle commence à s'abolir.

Doux, *adj. pris adverbialement.* Ce mot en musique est opposé à *fort*, et s'écrit au-dessus des portées pour la musique françoise, et au-dessous pour l'italienne, dans les endroits où l'on veut faire diminuer le bruit, tempérer et radoucir l'éclat et la véhémence du son, comme dans les échos et dans les parties d'accompagnement. Les Italiens écrivent *dolce*, et plus communément *piano* dans le même sens; mais leurs puristes en musique soutiennent que ces deux mots ne sont pas synonymes, et que c'est par abus que plusieurs auteurs les emploient comme tels. Ils disent que *piano* signifie simplement une modération de son, une diminution de bruit, mais que *dolce* indique, outre cela, une manière de jouer *più soave*, plus douce, plus liée, et répondant à peu près au mot *louré* des François.

Le *doux* a trois nuances qu'il faut bien distinguer; savoir, le *demi-jeu*, le *doux*, et le *très-doux*. Quelque voisines que paroissent être ces trois nuances, un orchestre entendu les rend très-sensibles et très-distinctes.

Douzième, *s. f.* Intervalle composé de onze degrés conjoints, c'est-à-dire de douze sons diatoniques en comptant les deux extrêmes : c'est l'octave de la quinte. (Voyez Quinte.)

Toute corde sonore rend avec le son principal

celui de la *douzième* plutôt que celui de la quinte, parce que cette *douzième* est produite par une aliquote de la corde entière qui est le tiers; au lieu que les deux tiers, qui donneroient la quinte, ne sont pas une aliquote de cette même corde.

DRAMATIQUE, *adj.* Cette épithète se donne à la musique imitative, propre aux pièces de théâtre qui se chantent, comme les opéra. On l'appelle aussi musique lyrique. (Voyez IMITATION.)

Duo, *s. m.* Ce nom se donne en général à toute musique à deux parties; mais on en restreint aujourd'hui le sens à deux parties récitantes, vocales ou instrumentales, à l'exclusion des simples accompagnements qui ne sont comptés pour rien. Ainsi l'on appelle *duo* une musique à deux voix, quoiqu'il y ait une troisième partie pour la basse-continue, et d'autres pour la symphonie. En un mot, pour constituer un *duo*, il faut deux parties principales entre lesquelles le chant soit également distribué.

Les règles du *duo*, et en général de la musique à deux parties, sont les plus rigoureuses pour l'harmonie : on y défend plusieurs passages, plusieurs mouvements qui seroient permis à un plus grand nombre de parties; car tel passage ou tel accord, qui plaît à la faveur d'un troisième ou d'un quatrième son, sans eux choqueroit l'oreille. D'ailleurs on ne seroit pas pardonnable de mal choisir, n'ayant que deux sons à prendre dans chaque accord. Ces règles étoient encore bien plus sévères autrefois; mais on s'est relâché sur tout cela dans ces derniers temps où tout le monde s'est mis à composer.

On peut envisager le *duo* sous deux aspects, savoir : simplement comme un chant à deux parties, tel, par exemple, que le premier verset du *Stabat* de Pergolèse, *duo* le plus parfait et le plus touchant qui soit sorti de la plume d'aucun musicien; ou comme partie de la musique imitative et théâtrale, telle que sont les *duo* des scènes d'opéra. Dans l'un et dans l'autre cas, le *duo* est de toutes les sortes de musique celle qui demande le plus de goût, de choix, et la plus difficile à traiter sans sortir de l'unité de mélodie. On me permettra de faire ici quelques observations sur le *duo* dramatique, dont les difficultés particulières se joignent à celles qui sont communes à tous les *duo*.

L'auteur [1] de la Lettre sur l'opéra d'*Omphale* a sensément remarqué que les *duo* sont hors de la nature dans la musique imitative; car rien n'est moins naturel que de voir deux personnes se parler à la fois durant un certain temps, soit pour dire la même chose, soit pour se contredire, sans jamais s'écouter ni se répondre; et quand cette

[1] Grimm, qui, dans cette lettre sur l'opéra de Lamotte, critique la musique attribuée à Destouches, puis à Campra. Voyez, sur la discussion élevée à ce sujet, *Histoire de J. J. Rousseau*, tome II, page 455.

supposition pourroit s'admettre en certains cas, ce ne seroit pas du moins dans la tragédie, où cette indécence n'est convenable ni à la dignité des personnages qu'on y fait parler, ni à l'éducation qu'on leur suppose. Il n'y a donc que les transports d'une passion violente qui puissent porter deux interlocuteurs héroïques à s'interrompre l'un l'autre, à parler tous deux à la fois ; et même, en pareil cas, il est très-ridicule que ces discours simultanés soient prolongés de manière à faire une suite chacun de leur côté.

Le premier moyen de sauver cette absurdité est donc de ne placer les *duo* que dans des situations vives et touchantes, où l'agitation des interlocuteurs les jette dans une sorte de délire capable de faire oublier aux spectateurs et à eux-mêmes ces bienséances théâtrales qui renforcent l'illusion dans les scènes froides, et la détruisent dans la chaleur des passions. Le second moyen est de traiter le plus qu'il est possible le *duo* en dialogue. Ce dialogue ne doit pas être phrasé, et divisé en grandes périodes comme celui du récitatif, mais formé d'interrogations, de réponses, d'exclamations vives et courtes, qui donnent occasion à la mélodie de passer alternativement et rapidement d'une partie à l'autre, sans cesser de former une suite que l'oreille puisse saisir. Une troisième attention est de ne pas prendre indifféremment pour sujets toutes les passions violentes, mais seulement celles qui sont susceptibles de la mélodie douce et un peu contrastée, convenable au *duo*, pour en rendre le chant accentué et l'harmonie agréable. La fureur, l'emportement, marchent trop vite; on ne distingue rien, on n'entend qu'un aboiement confus, et le *duo* ne fait point effet. D'ailleurs ce retour perpétuel d'injures, d'insultes, conviendroit mieux à des bouviers qu'à des héros, et cela ressemble tout-à-fait aux fanfaronnades de gens qui veulent se faire plus de peur que de mal. Bien moins encore faut-il employer ces propos doucereux d'*appas*, de *chaînes*, de *flammes*, jargon plat et froid que la passion ne connut jamais, et dont la bonne musique n'a pas plus besoin que la bonne poésie. L'instant d'une séparation, celui où l'un des deux amants va à la mort ou dans les bras d'un autre, le retour sincère d'un infidèle, le touchant combat d'une mère et d'un fils voulant mourir l'un pour l'autre; tous ces moments d'affliction où l'on ne laisse pas de verser des larmes délicieuses : voilà les vrais sujets qu'il faut traiter en *duo* avec cette simplicité de paroles qui convient au langage du cœur. Tous ceux qui ont fréquenté les théâtres lyriques savent combien ce seul mot *addio* peut exciter d'attendrissement et d'émotion dans tout un spectacle. Mais sitôt qu'un trait d'esprit ou un tour phrasé se laisse apercevoir, à l'instant le charme est détruit, et il faut s'ennuyer ou rire.

Voilà quelques-unes des observations qui regardent le poète. A l'égard du musicien, c'est à lui de trouver un chant convenable au sujet, et distribué de telle sorte que, chacun des interlocuteurs parlant à son tour, toute la suite du dialogue ne forme qu'une mélodie; qui, sans changer de sujet, ou du moins sans altérer le mouvement, passe dans son progrès d'une partie à l'autre, sans cesser d'être une et sans enjamber. Les *duo* qui font le plus d'effet sont ceux des voix égales, parce que l'harmonie en est plus rapprochée; et entre les voix égales celles qui font le plus d'effet sont les dessus, parce que leur diapason plus aigu se rend plus distinct, et que le son en est plus touchant. Aussi les *duo* de cette espèce sont-ils les seuls employés par les Italiens dans leurs tragédies; et je ne doute pas que l'usage des castrati dans les rôles d'hommes ne soit dû en partie à cette observation. Mais quoiqu'il doive y avoir égalité entre les voix, et unité dans la mélodie, ce n'est pas à dire que les deux parties doivent être exactement semblables dans leur tour de chant; car outre la diversité des styles qui leur convient, il est très-rare que la situation des deux acteurs soit si parfaitement la même qu'ils doivent exprimer leurs sentiments de la même manière : ainsi le musicien doit varier leur accent, et donner à chacun des deux le caractère qui peint le mieux l'état de son ame, surtout dans le récit alternatif.

Quand on joint ensemble les deux parties (ce

qui doit se faire rarement et durer peu); il faut trouver un chant susceptible d'une marche par tierces ou par sixtes, dans lequel la seconde partie fasse son effet sans distraire de la première. (Voyez UNITÉ DE MÉLODIE.) Il faut garder la dureté des dissonances, les sons perçants et renforcés, le *fortissimo* de l'orchestre, pour des instants de désordre et de transports où les acteurs, semblant s'oublier eux-mêmes, portent leur égarement dans l'ame de tout spectateur sensible, et lui font éprouver le pouvoir de l'harmonie sobrement ménagée : mais ces instants doivent être rares, courts, et amenés avec art. Il faut, par une musique douce et affectueuse, avoir déjà disposé l'oreille et le cœur à l'émotion, pour que l'une et l'autre se prêtent à ces ébranlements violents, et il faut qu'ils passent avec la rapidité qui convient à notre foiblesse : car quand l'agitation est trop forte, elle ne peut durer, et tout ce qui est au-delà de la nature ne touche plus.

Comme je ne me flatte pas d'avoir pu me faire entendre partout assez clairement dans cet article, je crois devoir y joindre un exemple sur lequel le lecteur comparant mes idées pourra les concevoir plus aisément : il est tiré de *l'Olympiade* de M. Metastasio : les curieux feront bien de chercher dans la musique du même opéra, par Pergolèse, comment ce premier musicien de son temps et du nôtre a traité ce *duo* dont voici le sujet.

Mégaclès s'étant engagé à combattre pour son ami dans les jeux où le prix du vainqueur doit être la belle Aristée, retrouve dans cette même Aristée la maîtresse qu'il adore. Charmée du combat qu'il va soutenir et qu'elle attribue à son amour pour elle, Aristée lui dit à ce sujet les choses les plus tendres, auxquelles il répond non moins tendrement, mais avec le désespoir secret de ne pouvoir retirer sa parole, ni se dispenser de faire, aux dépens de tout son bonheur, celui d'un ami auquel il doit la vie. Aristée, alarmée de la douleur qu'elle lit dans ses yeux et que confirment ses discours équivoques et interrompus, lui témoigne son inquiétude; et Mégaclès, ne pouvant plus supporter à la fois son désespoir et le trouble de sa maîtresse, part sans s'expliquer, et la laisse en proie aux plus vives craintes. C'est dans cette situation qu'ils chantent le *duo* suivant.

MÉGACLÈS.

Mia vita.....addio.
Ne' giorni tuoi felici
Ricordati di me.

ARISTÉE.

Perchè così mi dici,
Anima mia, perchè?

MÉGACLÈS.

Taci, bell' idol mio.

ARISTÉE.

Parla, mio dolce amor.

(*ensemble.*)
{
MÉGACLÈS.
Ah ! che parlando,
ARISTÉE.
Ah ! che tacendo,
} oh Dio !

Tu mi traffigi il cor !
(*à part.*)
Veggio languir chi adoro,
Ne intendo il suo languir !

MÉGACLÈS, *à part.*

Di gelosia mi moro,
E non lo posso dir !

TOUS DEUX, *ensemble.*

Chi mai provò di questo
Affanno più funesto,
Più barbaro dolor ?

Bien que tout ce dialogue semble n'être qu'une suite de la scène, ce qui le rassemble en un seul *duo*, c'est l'unité de dessin par laquelle le musicien en réunit toutes les parties, selon l'intention du poète.

A l'égard des *duo* bouffons qu'on emploie dans les intermèdes et autres opéra comiques, ils ne sont pas communément à voix égales, mais entre basse et dessus. S'ils n'ont pas le pathétique des *duo* tragiques, en revanche ils sont susceptibles d'une variété plus piquante, d'accents plus différents et de caractères plus marqués. Toute la gentillesse de la coquetterie, toute la charge des rôles à manteaux, tout le contraste des sottises de notre sexe et de la ruse de l'autre, enfin toutes les idées accessoires dont le sujet est susceptible ; ces choses peuvent concourir toutes à jeter de l'agrément et de l'intérêt dans ces *duo*, dont les règles sont d'ailleurs les mêmes que des précédents en ce qui regarde le dialogue et l'unité de mélodie. Pour trouver un *duo* comique parfait à mon gré dans toutes ses parties, je ne quitterai point l'auteur immortel qui m'a fourni les deux autres exemples; mais je citerai le premier *duo* de la *Serva Padrona*, *Lo conosco a quegl' occhietti*, etc., et je le citerai hardiment comme un modèle de chant agréable, d'unité de mélodie, d'harmonie simple, brillante et pure, d'accent, de dialogue et de goût, auquel rien ne peut manquer, quand il sera bien rendu, que des auditeurs qui sachent l'entendre et l'estimer ce qu'il vaut.

DUPLICATION, *s. f.* Terme de plain-chant. L'intonation par *duplication* se fait par une sorte de périélèse, en doublant la pénultième note du mot qui termine l'intonation : ce qui n'a lieu que lorsque cette pénultième note est immédiatement au-dessous de la dernière. Alors la *duplication* sert à la marquer davantage, en manière de note sensible.

DUR, *adj.* On appelle ainsi tout ce qui blesse l'oreille par son âpreté. Il y a des voix *dures* et glapissantes, des instruments aigres et *durs*, des compositions *dures*. La *dureté* du bécarre lui fit donner autrefois le nom de B *dur*. Il y a des intervalles *durs* dans la mélodie; tel est le progrès diatonique des trois tons, soit en montant, soit en descendant, et telles sont en général toutes les fausses relations. Il y a dans l'harmonie des accords *durs*, tels que sont le triton, la quinte-superflue, et en général toutes les dissonances majeures. La *dureté* prodiguée révolte l'oreille et rend une musique désagréable ; mais, ménagée avec art, elle sert au clair-obscur, et ajoute à l'expression.

E.

E *si mi*, E *la mi*, ou simplement E. Troisième son de la gamme de l'Arétin, que l'on appelle autrement *mi*. (Voyez Gamme.)

Ecbolé, ou *élévation*. C'étoit, dans les plus anciennes musiques grecques, une altération du genre enharmonique, lorsqu'une corde étoit accidentellement élevée de cinq dièses au-dessus de son accord ordinaire.

Échelle, *s. f.* C'est le nom qu'on a donné à la succession diatonique des sept notes, *ut re mi fa sol la si* de la gamme notée, parce que ces notes se trouvent rangées en manière d'échelons sur les portées de notre musique.

Cette énumération de tous les sons diatoniques de notre système, rangés par ordre, que nous appelons *échelle*, les Grecs, dans le leur, l'appeloient tétracorde, parce qu'en effet leur *échelle* n'étoit composée que de quatre sons qu'ils répétoient de tétracorde en tétracorde, comme nous faisons d'octave en octave. (Voyez TÉTRACORDE.)

Saint Grégoire fut, dit-on, le premier qui changea les tétracordes des anciens en un eptacorde ou système de sept notes, au bout desquelles commençant une autre octave, on trouve des sons semblables répétés dans le même ordre. Cette découverte est très-belle; et il semblera singulier que les Grecs, qui voyoient fort bien les propriétés de l'octave, aient cru, malgré cela, devoir rester attachés à leurs tétracordes. Grégoire exprima ces sept notes avec les sept premières lettres de l'alphabet latin. Gui Arétin donna des noms aux six premières; mais il négligea d'en donner un à la septième, qu'en France on a depuis appelée *si*, et qui n'a point encore d'autre nom que B *mi* chez la plupart des peuples de l'Europe.

Il ne faut pas croire que les rapports des tons et semi-tons dont l'*échelle* est composée soient des choses purement arbitraires, et qu'on eût pu par d'autres divisions tout aussi bonnes donner aux sons de cette *échelle* un ordre et des rapports différents. Notre système diatonique est le meilleur à certains égards, parce qu'il est engendré par les consonnances et par les différences qui sont entre elles. « Que l'on ait entendu plusieurs fois, dit « M. Sauveur, l'accord de la quinte et celui de la « quarte, on est porté naturellement à imaginer

« la différence qui est entre eux ; elle s'unit et se
« lie avec eux dans notre esprit, et participe à leur
« agrément : voilà le ton majeur. Il en va de même
« du ton mineur, qui est la différence de la tierce
« mineure à la quarte, et du semi-ton majeur, qui
« est celle de la même quarte à la tierce majeure. »
Or le ton majeur, le ton mineur, et le semi-ton
majeur, voilà les degrés diatoniques dont notre
échelle est composée selon les rapports suivants.

Ton majeur.	Ton mineur.	Semi-ton majeur.	Ton majeur.	Ton mineur.	Ton majeur.	Semi-ton majeur.
ut	re	mi	fa	sol	la	si	ut.
8/9	9/10	15/16	8/9	9/10	8/9	15/16	

Pour faire la preuve de ce calcul, il faut composer tous les rapports compris entre deux termes consonnants, et l'on trouvera que leur produit donne exactement le rapport de la consonnance ; et si l'on réunit tous les termes de l'*échelle*, on trouvera le rapport total en raison sous-double, c'est-à-dire comme 1 est à 2 ; ce qui est en effet le rapport exact des deux termes extrêmes, c'est-à-dire de l'*ut* à son octave.

L'*échelle* qu'on vient de voir est celle qu'on nomme naturelle ou diatonique ; mais les modernes, divisant ses degrés en d'autres intervalles plus petits, en ont tiré une autre *échelle*, qu'ils ont appelée *échelle* semi-tonique ou chromatique, parce qu'elle procède par semi-tons.

Pour former cette *échelle* on n'a fait que partager en deux intervalles égaux, ou supposés tels, chacun des cinq tons entiers de l'octave, sans distinguer le ton majeur du ton mineur; ce qui, avec les deux semi-tons majeurs qui s'y trouvoient déjà, fait une succession de douze semi-tons sur treize sons consécutifs d'une octave à l'autre.

L'usage de cette *échelle* est de donner les moyens de moduler sur telle note qu'on veut choisir pour fondamentale, et de pouvoir non seulement faire sur cette note un intervalle quelconque, mais y établir une *échelle* diatonique semblable à l'*échelle* diatonique de l'*ut*. Tant qu'on s'est contenté d'avoir pour tonique une note de la gamme prise à volonté, sans s'embarrasser si les sons par lesquels devoit passer la modulation étoient avec cette note et entre eux dans les rapports convenables, l'*échelle* semi-tonique étoit peu nécessaire; quelque *fa* dièse, quelque *si* bémol, composoient ce qu'on appeloit les *feintes* de la musique: c'étoient seulement deux touches à ajouter au clavier diatonique. Mais, depuis qu'on a cru sentir la nécessité d'établir entre les divers tons une similitude parfaite, il a fallu trouver des moyens de transporter les mêmes chants et les mêmes intervalles plus haut ou plus bas, selon le ton que l'on choisissoit. L'*échelle* chromatique est donc devenue d'une nécessité indispensable; et c'est par son moyen qu'on porte un chant sur tel degré du clavier que l'on veut choisir, et qu'on le rend exactement sur cette nouvelle position, tel qu'il peut avoir été imaginé pour une autre.

Ces cinq sons ajoutés ne forment pas dans la musique de nouveaux degrés, mais ils se marquent tous sur le degré le plus voisin par un bémol si le degré est plus haut, par un dièse s'il est plus bas ; et la note prend toujours le nom du degré sur lequel elle est placée. (Voyez Bémol et Dièse.)

Pour assigner maintenant les rapports de ces nouveaux intervalles, il faut savoir que les deux parties, ou semi-tons qui composent le ton majeur, sont dans les rapports de 15 à 16 et de 128 à 135, et que les deux qui composent aussi le ton mineur sont dans les rapports de 15 à 16, et de 24 à 25 : de sorte qu'en divisant toute l'octave selon l'*échelle* semi-tonique, on en a tous les termes dans les rapports exprimés dans la *Pl.* 21, *fig.* 1.

Mais il faut remarquer que cette division, tirée de M. Malcolm, paroît à bien des égards manquer de justesse. Premièrement, les semi-tons, qui doivent être mineurs, y sont majeurs, et celui du *sol* dièse au *la*, qui doit être majeur, y est mineur. En second lieu, plusieurs tierces majeures, comme celle du *la* à l'*ut* dièse et du *mi* au *sol* dièse, y sont trop fortes d'un comma ; ce qui doit les rendre insupportables : enfin le semi-ton moyen y étant substitué au semi-ton maxime, donne des intervalles faux partout où il est employé. Sur quoi l'on ne doit pas oublier que ce semi-ton moyen est plus grand que le majeur même, c'est-à-dire moyen entre le maxime et le majeur. (Voyez Semi-ton.)

Une division meilleure et plus naturelle seroit donc de partager le ton majeur en deux semi-tons, l'un mineur de 24 à 25, et l'autre maxime de 25 à 27, laissant le ton mineur divisé en deux semi-tons, l'un majeur et l'autre mineur, comme dans la table ci-dessus.

Il y a encore deux autres *échelles* semi-toniques, qui viennent de deux autres manières de diviser l'octave par semi-tons.

La première se fait en prenant une moyenne harmonique ou arithmétique entre les deux termes du ton majeur, et une autre entre ceux du ton mineur qui divise l'un et l'autre ton en deux semi-tons presque égaux : ainsi le ton majeur $\frac{8}{9}$ est divisé en $\frac{16}{17}$ et $\frac{17}{18}$ arithmétiquement, les nombres représentant les longueurs des cordes ; mais quand ils représentent les vibrations, les longueurs des cordes sont réciproques et en proportion harmonique comme $1 \; \frac{16}{17} \; \frac{8}{9}$; ce qui met le plus grand semi-ton au grave.

De la même manière le ton mineur $\frac{9}{10}$ se divise arithmétiquement en deux semi-tons $\frac{18}{19}$ et $\frac{19}{20}$, ou réciproquement $1\frac{18}{19}\frac{9}{10}$: mais cette dernière division n'est pas harmonique.

Toute l'octave ainsi calculée donne les rapports exprimés dans la *Pl.* 21, *fig.* 2.

M. Salmon rapporte, dans les *Transactions philosophiques*, qu'il a fait devant la Société royale une expérience de cette *échelle* sur des cordes divisées exactement selon ces proportions, et qu'elles furent parfaitement d'accord avec d'autres instruments touchés par les meilleures mains. M. Malcolm ajoute qu'ayant calculé et comparé ces rapports, il en trouva un plus grand nombre de faux dans cette *échelle* que dans la précédente, mais que les erreurs étoient considérablement moindres; ce qui fait compensation.

Enfin l'autre *échelle* semi-tonique est celle des aristoxéniens, dont le P. Mersenne a traité fort au long, et que M. Rameau a tenté de renouveler dans ces derniers temps. Elle consiste à diviser géométriquement l'octave par onze moyennes proportionnelles en douze semi-tons parfaitement égaux. Comme les rapports n'en sont pas rationnels, je ne donnerai point ici ces rapports, qu'on ne peut exprimer que par la formule même, ou par les logarithmes des termes de la progression entre les extrêmes 1 et 2. (Voyez TEMPÉRAMENT.)

Comme au genre diatonique et au chromatique les harmonistes en ajoutent un troisième, savoir, l'enharmonique, ce troisième genre doit avoir aussi son *échelle*, du moins par supposition; car, quoique les intervalles vraiment enharmoniques n'existent point dans notre clavier, il est certain que tout passage enharmonique les suppose, et que l'esprit, corrigeant sur ce point la sensation de l'oreille, ne passe alors d'une idée à l'autre qu'à la faveur de cet intervalle sous-entendu. Si chaque ton étoit exactement composé de deux semi-tons mineurs, tout intervalle enharmonique seroit nul, et ce genre n'existeroit pas; mais comme un ton mineur même contient plus de deux semi-tons mineurs, le complément de la somme de ces deux semi-tons au ton, c'est-à-dire l'espace qui reste entre le dièse de la note inférieure et le bémol de la supérieure, est précisément l'intervalle enharmonique, appelé communément quart-de-ton. Ce quart-de-ton est de deux espèces; savoir, l'enharmonique majeur et l'enharmonique mineur, dont on trouvera les rapports au mot QUART-DE-TON.

Cette explication doit suffire à tout lecteur pour concevoir aisément l'*échelle* enharmonique que j'ai calculée et insérée dans la *Pl.* 21, *fig.* 3. Ceux qui chercheront de plus grands éclaircissements sur ce point pourront lire le mot ENHARMONIQUE.

Écho, *s. m.* Son renvoyé ou réfléchi par un corps solide, et qui par là se répète et se renouvelle à l'oreille. Ce mot vient du grec ἦχος, son.

On appelle aussi *écho* le lieu où la répétition se fait entendre.

On distingue les *échos* pris en ce sens en deux espèces; savoir :

1° L'*écho simple*, qui ne répète la voix qu'une fois; et 2° l'*écho double* ou *multiple*, qui répète les mêmes sons deux ou plusieurs fois.

Dans les *échos* simples, il y en a de toniques, c'est-à-dire qui ne répètent que le son musical et soutenu; et d'autres syllabiques, qui répètent aussi la voix parlante.

On peut tirer parti des *échos* multiples pour former des accords et de l'harmonie avec une seule voix, en faisant entre la voix et l'*écho* une espèce de canon dont la mesure doit être réglée sur le temps qui s'écoule entre les sons prononcés et les mêmes sons répétés. Cette manière de faire un concert à soi tout seul devroit, si le chanteur étoit habile et l'*écho* vigoureux, paroître étonnante et presque magique aux auditeurs non prévenus.

Le nom d'*écho* se transporte en musique à ces sortes d'airs ou de pièces dans lesquelles, à l'imitation de l'*écho*, l'on répète de temps en temps et fort doux un certain nombre de notes. C'est sur l'orgue qu'on emploie le plus communément cette manière de joüer, à cause de la facilité qu'on a de faire des *échos* sur le positif; on peut faire aussi des *échos* sur le clavecin au moyen du petit clavier.

L'abbé Brossard dit qu'on se sert quelquefois du mot *écho* en la place de celui de *doux* ou *piano*, pour marquer qu'il faut adoucir la voix ou le son de l'instrument, comme pour faire un *écho*. Cet usage ne subsiste plus.

Échomètre, *s. m.* Espèce d'échelle graduée, ou de règle divisée en plusieurs parties, dont on se sert pour mesurer la durée ou longueur des sons, pour déterminer leurs valeurs diverses, et même les rapports de leurs intervalles.

Ce mot vient du grec ἦχος, son, et de μέτρον, mesure.

Je n'entreprendrai pas la description de cette machine, parce qu'on n'en fera jamais aucun usage, et qu'il n'y a de bon *échomètre* qu'une oreille sensible et une longue habitude de la musique. Ceux qui voudront en savoir là-dessus davantage peuvent consulter le Mémoire de M. Sauveur, inséré dans ceux de l'Académie des sciences, année 1701 : ils y trouveront deux échelles de cette espèce, l'une de M. Sauveur, et l'autre de M. Loulié. (Voyez aussi l'article Chronomètre.)

Éclyse, *s. f.* Abaissement. C'étoit, dans les plus anciennes musiques grecques, une altération dans le genre enharmonique, lorsqu'une corde étoit accidentellement abaissée de trois dièses au-dessous de son accord ordinaire. Ainsi l'*éclyse* étoit le contraire du *spondéasme*.

Ecmèle, *adj.* Les sons *ecmèles* étoient, chez les Grecs, ceux de la voix inappréciable ou parlante, qui ne peut fournir de mélodie, par opposition aux sons *emmèles* ou musicaux.

Effet, *s. m.* Impression agréable et forte que produit une excellente musique sur l'oreille et l'esprit des écoutants : ainsi le seul mot *effet* signifie en musique un grand et bel *effet;* et non seulement on dira d'un ouvrage qu'il fait de l'*effet*, mais on y distinguera sous le nom de *choses d'effet* toutes celles où la sensation produite paroît supérieure aux moyens employés pour l'exciter.

Une longue pratique peut apprendre à connoître sur le papier les choses d'*effet;* mais il n'y a que le génie qui les trouve. C'est le défaut des mauvais compositeurs et de tous les commençants d'entasser parties sur parties, instruments sur instruments, pour trouver l'*effet* qui les fuit, et d'ouvrir, comme disoit un ancien, une grande bouche pour souffler dans une petite flûte. Vous diriez, à voir leurs partitions si chargées, si hérissées, qu'ils vont vous surprendre par des effets prodigieux ; et si vous êtes surpris en écoutant tout cela, c'est d'entendre une petite musique maigre, chétive, confuse, sans *effet*, et plus propre à étourdir les oreilles qu'à les remplir. Au contraire, l'œil cherche sur les partitions des grands maîtres ces *effets* sublimes et ravissants que produit leur musique exécutée. C'est que les menus détails sont ignorés ou dédaignés du vrai génie, qu'il ne vous amuse point par des foules d'objets petits et puérils, mais qu'il vous émeut par de grands *effets*, et que la force et la simplicité réunies forment toujours son caractère.

Égal, *adj*. Nom donné par les Grecs au système d'Aristoxène, parce que cet auteur divisoit généralement chacun de ses rétracordes en trente parties égales, dont il assignoit ensuite un certain nombre à chacune des trois divisions du tétracorde, selon le genre et l'espèce du genre qu'il vouloit établir. (Voyez Genre, Système.)

Élégie, sorte de nome pour les flûtes, inventé, dit-on, par Sacadas, Argien.

Élévation, *s. f. Arsis*. L'*élévation* de la main ou du pied, en battant la mesure, sert à marquer le temps foible, et s'appelle proprement *levé* : c'étoit le contraire chez les anciens. L'*élévation* de la voix en chantant, c'est le mouvement par lequel on la porte à l'aigu.

Éline. Nom donné par les Grecs à la chanson des tisserands. (Voyez Chanson.)

Emmèle, *adjectif*. Les sons *emmèles* étoient chez les Grecs ceux de la voix distincte, chantante et appréciable, qui peuvent donner une mélodie.

ENDÉMATIE, *s. f.* C'étoit l'air d'une sorte de danse particulière aux Argiens.

ENHARMONIQUE, *adj. pris subst.* Un des trois genres de la musique des Grecs, appelé aussi très-fréquemment *harmonie* par Aristoxène et ses sectateurs.

Ce genre résultoit d'une division particulière du tétracorde, selon laquelle l'intervalle qui se trouve entre le lichanos ou la troisième corde, et la mèse ou la quatrième, étant d'un diton ou d'une tierce majeure, il ne restoit, pour achever le tétracorde au grave, qu'un semi-ton à partager entre deux intervalles, savoir, de l'hypate à la parhypate, et de la parhypate au lichanos. Nous expliquerons au mot GENRE comment se faisoit cette division.

Le genre *enharmonique* étoit le plus doux des trois, au rapport d'Aristide Quintilien : il passoit pour très-ancien, et la plupart des auteurs en attribuoient l'invention à Olympe, Phrygien. Mais son tétracorde, ou plutôt son diatessaron de ce genre, ne contenoit que trois cordes, qui formoient entre elles deux intervalles incomposés, le premier d'un semi-ton, et l'autre d'une tierce majeure ; et de ces deux seuls intervalles, répétés de tétracorde en tétracorde, résultoit alors tout le genre *enharmonique*. Ce ne fut qu'après Olympe qu'on s'avisa d'insérer, à l'imitation des autres genres, une quatrième corde entre les deux premières, pour faire la division dont je viens de parler. On en trouvera les rapports selon les systèmes de Ptolémée et d'Aristoxène. (*Pl.* 23, *fig.* 1.)

Ce genre si merveilleux, si admiré des anciens, et, selon quelques-uns, le premier trouvé des trois, ne demeura pas long-temps en vigueur : son extrême difficulté le fit bientôt abandonner à mesure que l'art gagnoit des combinaisons en perdant de l'énergie, et qu'on suppléoit à la finesse de l'oreille par l'agilité des doigts. Aussi Plutarque reprend-il vivement les musiciens de son temps d'avoir perdu le plus beau des trois genres, et d'oser dire que les intervalles n'en sont pas sensibles; comme si tout ce qui échappe à leurs sens grossiers, ajoute ce philosophe, devoit être hors de la nature.

Nous avons aujourd'hui une sorte de genre *enharmonique* entièrement différent de celui des Grecs : il consiste, comme les deux autres, dans une progression particulière de l'harmonie, qui engendre dans la marche des parties des intervalles *enharmoniques*, en employant à la fois ou successivement entre deux notes qui sont à un ton l'une de l'autre le bémol de la supérieure et le dièse de l'inférieure. Mais quoique, selon la rigueur des rapports, ce dièse et ce bémol dussent former un intervalle entre eux (voyez Échelle et Quart-de-ton), cet intervalle se trouve nul au moyen du tempérament qui, dans le système établi, fait servir le même son à deux usages; ce qui n'empêche pas qu'un tel passage ne produise, par la force de la modulation et de l'harmonie, une partie de l'effet qu'on cherche dans les transitions *enharmoniques*.

Comme ce genre est assez peu connu, et que nos auteurs se sont contentés d'en donner quelques notions trop succinctes, je crois devoir l'expliquer un peu plus au long.

Il faut remarquer d'abord que l'accord de septième diminuée est le seul sur lequel on puisse pratiquer des passages vraiment *enharmoniques*, et cela en vertu de cette propriété singulière qu'il a de diviser l'octave entière en quatre intervalles égaux. Qu'on prenne dans les quatre sons qui composent cet accord celui qu'on voudra pour fondamental, on trouvera toujours également que les trois autres sons forment sur celui-ci un accord de septième diminuée. Or le son fondamental de l'accord de septième diminuée est toujours une note sensible, de sorte que, sans rien changer à cet accord, on peut, par une manière de double ou de quadruple emploi, le faire servir successivement sur quatre différentes fondamentales, c'est-à-dire sur quatre différentes notes sensibles.

Il suit de là que ce même accord, sans rien changer ni à l'accompagnement ni à la basse, peut porter quatre noms différents, et par conséquent se chiffrer de quatre différentes manières; savoir, d'un 7♭ sous le nom de septième diminuée; d'un $\frac{6}{5}\times$ sous le nom de sixte majeure et fausse-quinte; d'un $\times\frac{4}{♭}$ sous le nom de tierce mineure et triton; et enfin d'un $\times$ 2 sous le nom de seconde superflue. Bien entendu que la clef doit être censée armée différemment, selon les tons où l'on est supposé être.

Voilà donc quatre manières de sortir d'un accord de septième diminuée en se supposant successivement dans quatre accords différents; car la marche fondamentale et naturelle du son qui porte un accord de septième diminuée, est de se résoudre sur la tonique du mode mineur, dont il est la note sensible.

Imaginons maintenant l'acccord de septième diminuée sur *ut* dièse note sensible. Si je prends la tierce *mi* pour fondamentale, elle deviendra note sensible à son tour, et annoncera par conséquent le mode mineur de *fa;* or, cet *ut* dièse reste bien dans l'accord de *mi* note sensible, mais c'est en qualité de *re* bémol, c'est-à-dire de sixième note du ton, et de septième diminuée de la note sensible : ainsi cet *ut* dièse, qui, comme note sensible, étoit obligé de monter dans le ton de *re*, devenu *re* bémol dans le ton de *fa,* est obligé de descendre comme septième diminuée : voilà une transition *enharmonique*. Si, au lieu de la tierce, on prend, dans le même accord d'*ut* dièse, la fausse quinte *sol* pour nouvelle note sensible, l'*ut* dièse deviendra encore *re* bémol, en qualité de quatrième note: autre passage *enharmonique*. Enfin, si l'on prend pour note sensible la septième diminuée elle-même, au lieu de *si* bémol, il faudra nécessairement la considérer comme *la* dièse : ce qui fait un troisième passage *enharmonique* sur le même accord.

A la faveur de ces quatre différentes manières d'envisager successivement le même accord, on passe d'un ton à un autre qui en paroît fort éloigné ; on donne aux parties des progrès différents de celui qu'elles auroient dû avoir en premier lieu, et ces passages ménagés à propos sont capables non seulement de surprendre, mais de ravir l'auditeur, quand ils sont bien rendus.

Une autre source de variété dans le même genre se tire des différentes manières dont on peut résoudre l'accord qui l'annonce ; car, quoique la modulation la plus naturelle soit de passer de l'accord de septième diminuée sur la note sensible à celui de la tonique en mode mineur, on peut, en substituant la tierce majeure à la mineure, rendre le mode majeur, et même y ajouter la septième pour changer cette tonique en dominante, et passer ainsi dans un autre ton. A la faveur de ces diverses combinaisons réunies, on peut sortir de l'accord en douze manières ; mais de ces douze, il n'y en a que neuf qui, donnant la conversion du dièse en bémol ou réciproquement, soient véritablement *enharmoniques*, parce que dans les trois autres on ne change point de note sensible ; encore dans ces neuf diverses modulations n'y a-t-il que trois diverses notes sensibles, chacune desquelles se résout par trois passages différents ; de sorte qu'à bien prendre la chose, on ne trouve sur chaque note sensible que trois vrais passages *enharmoniques* possibles, tous les autres n'étant point réellement *enharmoniques*, ou se rapportant à quelqu'un des trois premiers. (Voyez *Planche* 21, *figure* 4, un exemple de tous ces passages.)

A l'imitation des modulations du genre diatonique, on a plusieurs fois essayé de faire des morceaux entiers dans le genre *enharmonique*, et, pour donner une sorte de règle aux marches fondamentales de ce genre, on l'a divisé en *diatonique-enharmonique*, qui procède par une succession de semi-tons majeurs, et en *chromatique-enharmonique*, qui procède par une succession de semi-tons mineurs.

Le chant de la première espèce est *diatonique*, parce que les semi-tons y sont majeurs ; et il est *enharmonique*, parce que deux semi-tons majeurs de suite forment un ton trop fort d'un intervalle *enharmonique*. Pour former cette espèce de chant, il faut faire une basse qui descende de quarte et monte de tierce majeure alternativement. Une partie du trio des Parques de l'opéra d'*Hippolyte* est dans ce genre ; mais il n'a jamais pu être exécuté à l'opéra de Paris, quoique M. Rameau assure qu'il l'avoit été ailleurs par des musiciens de bonne volonté, et que l'effet en fut surprenant.

Le chant de la seconde espèce est *chromatique*, parce qu'il procède par semi-tons mineurs ; il est *enharmonique*, parce que les deux semi-tons mineurs consécutifs forment un ton trop foible d'un intervalle *enharmonique*. Pour former cette espèce de chant, il faut faire une basse fondamentale qui descende de tierce mineure et monte de tierce majeure alternativement. M. Rameau nous apprend qu'il avoit fait dans ce genre de musique un tremblement de terre dans l'opéra des *Indes galantes*, mais qu'il fut si mal servi qu'il fut obligé de le changer en une musique commune. (Voyez les *Éléments de Musique* de M. d'Alembert, pages 91, 92, 93, et 166.)

Malgré les exemples cités et l'autorité de M. Rameau, je crois devoir avertir les jeunes artistes que l'*enharmonique-diatonique* et l'*enharmonique-chromatique* me paroissent tous deux à rejeter comme genres ; et je ne puis croire qu'une musique modulée de cette manière, même avec la plus parfaite exécution, puisse jamais rien valoir. Mes raisons sont que les passages brusques d'une idée à une autre idée extrêmement éloignée y sont si fréquents, qu'il n'est pas possible à l'esprit de suivre ces transitions avec autant de rapidité que la musique les présente ; que l'oreille n'a pas le temps d'apercevoir le rapport très-secret et très-composé des modulations, ni de sous-entendre les intervalles supposés ; qu'on ne trouve plus dans de pareilles successions ombre de ton ni de mode ; qu'il est également impossible de retenir celui d'où l'on sort, ni de prévoir celui où l'on va ; et qu'au milieu de tout cela l'on ne sait plus du tout où l'on est. L'*enharmonique* n'est qu'un passage inattendu dont l'étonnante impression se fait fortement et dure long-temps ; passage que par conséquent on ne doit pas trop brusquement ni trop souvent répéter, de peur que l'idée de la modulation ne se trouble et ne se perde entièrement ; car sitôt qu'on n'entend que des accords isolés qui n'ont plus de rapport sensible et de fondement commun, l'harmonie n'a plus aussi d'union ni de suite apparente, et l'effet qui en résulte n'est qu'un vain bruit sans liaison et sans agrément. Si M. Rameau, moins occupé de calculs inutiles, eût mieux étudié la métaphysique de son art, il est à croire que le feu naturel de ce savant artiste eût produit des prodiges, dont le germe étoit dans son génie, mais que ses préjugés ont toujours étouffé.

Je ne crois pas même que les simples transitions *enharmoniques* puissent jamais bien réussir ni dans les chœurs ni dans les airs, parce que chacun de ces morceaux forment un tout où doit régner l'unité, et dont les parties doivent avoir entre elles une liaison plus sensible que ce genre ne peut la marquer.

Quel est donc le vrai lieu de l'*enharmonique?* C'est, selon moi, le récitatif obligé. C'est dans une scène sublime et pathétique où la voix doit multiplier et varier les inflexions musicales à l'imitation de l'accent grammatical, oratoire, et souvent inappréciable; c'est, dis-je, dans une telle scène que les transitions *enharmoniques* sont bien placées, quand on sait les ménager pour les grandes expressions, et les affermir, pour ainsi dire, par des traits de symphonie qui suspendent la parole et renforcent l'expression. Les Italiens, qui font un usage admirable de ce genre, ne l'emploient que de cette manière. On peut voir dans le premier récitatif de l'*Orphée* de Pergolèse un exemple frappant et simple des effets que ce grand musicien sut tirer de l'*enharmonique*, et comment, loin de faire une modulation dure, ces transitions, devenues naturelles et faciles à entonner, donnent une douceur énergique à toute la déclamation.

J'ai déjà dit que notre genre *enharmonique* est entièrement différent de celui des anciens; j'ajouterai que, quoique nous n'ayons point comme eux d'intervalles *enharmoniques* à entonner, cela n'empêche pas que l'*enharmonique* moderne ne soit d'une exécution plus difficile que le leur. Chez les Grecs les intervalles *enharmoniques*, purement mélodieux, ne demandoient ni dans le chanteur ni dans l'écoutant aucun changement d'idées, mais seulement une grande délicatesse d'organe; au lieu qu'à cette même délicatesse il faut joindre encore, dans notre musique, une connoissance exacte et un sentiment exquis des métamorphoses harmoniques les plus brusques et les moins naturelles : car si l'on n'entend pas la phrase, on ne sauroit donner aux mots le ton qui leur convient, ni chanter juste dans un système harmonieux, si l'on ne sent l'harmonie.

ENSEMBLE, *adv. souvent pris substantivement.* Je ne m'arrêterai point à l'explication de ce mot pris pour le rapport convenable de toutes les parties d'un ouvrage entre elles et avec le tout, parce que c'est un sens qu'on lui donne rarement en musique. Ce n'est guère qu'à l'exécution que ce terme s'applique, lorsque les concertants sont si parfaitement d'accord, soit pour l'intonation, soit pour la mesure, qu'ils semblent être tous animés d'un même esprit, et que l'exécution rend fidèlement à l'oreille tout ce que l'œil voit sur la partition.

L'*ensemble* ne dépend pas seulement de l'habileté avec laquelle chacun lit sa partie, mais de l'intelligence avec laquelle il en sent le caractère particulier et la liaison avec le tout, soit pour phraser avec exactitude, soit pour suivre la précision des mouvements, soit pour saisir le moment et les nuances des *fort* et des *doux*, soit enfin pour ajouter aux ornements marqués, ceux qui sont si nécessairement supposés par l'auteur, qu'il n'est permis à personne de les omettre. Les musiciens ont beau être habiles, il n'y a d'*ensemble* qu'autant qu'ils ont l'intelligence de la musique qu'ils exécutent, et qu'ils s'entendent entre eux : car il seroit impossible de mettre un parfait *ensemble* dans un concert de sourds, ni dans une musique dont le style seroit parfaitement étranger à ceux qui l'exécutent. Ce sont surtout les maîtres de musique, conducteurs et chefs d'orchestre, qui doivent guider, ou retenir, ou presser les musiciens pour mettre partout l'*ensemble*; et c'est ce que fait toujours un bon premier violon par une certaine charge d'exécution qui en imprime fortement le caractère dans toutes les oreilles. La voix récitante est assujettie à la basse et à la mesure; le premier violon doit écouter et suivre la voix; la symphonie doit écouter et suivre le premier violon : enfin le clavecin, qu'on suppose tenu par le compositeur, doit être le véritable et premier guide de tout.

En général, plus le style, les périodes, les phrases, la mélodie et l'harmonie ont de caractère, plus l'*ensemble* est facile à saisir, parce que la même idée imprimée vivement dans tous les esprits préside à toute l'exécution. Au contraire, quand la musique ne dit rien, et qu'on n'y sent qu'une suite de notes sans liaison, il n'y a point de tout auquel chacun rapporte sa partie, et l'exécution va toujours mal. Voilà pourquoi la musique françoise n'est jamais *ensemble*.

ENTONNER, *v. a.* C'est, dans l'exécution d'un chant, former avec justesse les sons et les intervalles qui sont marqués ; ce qui ne peut guère se faire qu'à l'aide d'une idée commune à laquelle doivent se rapporter ces sons et ces intervalles, savoir, celle du ton et du mode où ils sont employés ; d'où vient peut-être le mot *entonner* : on peut aussi l'attribuer à la marche diatonique, marche qui paroît la plus commode et la plus naturelle à la voix. Il y a plus de difficulté à *entonner* des intervalles plus grands ou plus petits, parce qu'alors la glotte se modifie par des rapports trop grands dans le premier cas, ou trop composés dans le second.

Entonner est encore commencer le chant d'une hymne, d'un psaume, d'une antienne, pour donner le ton à tout le chœur. Dans l'Église catholique, c'est, par exemple, l'officiant qui *entonne* le *Te Deum;* dans nos temples, c'est le chantre qui *entonne* les psaumes.

ENTR'ACTE, *s. m.* Espace de temps qui s'écoule entre la fin d'un acte d'opéra et le commencement de l'acte suivant, et durant lequel la représentation est suspendue, tandis que l'action est supposée se continuer ailleurs. L'orchestre remplit cet espace en France par l'exécution d'une symphonie qui porte aussi le nom d'*entr'acte*.

Il ne paroît pas que les Grecs aient jamais divisé leurs drames par actes, ni par conséquent connu les *entr'actes*.

La représentation n'étoit point suspendue sur leurs théâtres depuis le commencement de la pièce jusqu'à la fin. Ce furent les Romains qui, moins épris du spectacle, commencèrent les premiers à le partager en plusieurs parties, dont les intervalles offroient du relâche à l'attention des spectateurs; et cet usage s'est continué parmi nous.

Puisque l'*entr'acte* est fait pour suspendre l'attention et reposer l'esprit du spectateur, le théâtre doit rester vide, et les intermèdes dont on le remplissoit autrefois formoient une interruption de très-mauvais goût, qui ne pouvoit manquer de nuire à la pièce en faisant perdre le fil de l'action. Cependant Molière lui-même ne vit point cette vérité si simple, et les *entr'actes* de sa dernière pièce étoient remplis par des intermèdes. Les François, dont les spectacles ont plus de raison que de chaleur, et qui n'aiment pas qu'on les tienne long-temps en silence, ont depuis lors réduit les *entr'actes* à la simplicité qu'ils doivent avoir, et il est à désirer, pour la perfection des théâtres, qu'en cela leur exemple soit suivi partout.

Les Italiens, qu'un sentiment exquis guide souvent mieux que le raisonnement, ont proscrit la danse de l'action dramatique (voyez Opéra); mais, par une inconséquence qui naît de la trop grande durée qu'ils veulent donner au spectacle, ils remplissent les *entr'actes* des ballets qu'ils bannissent de la pièce; et s'ils évitent l'absurdité de la double imitation, ils donnent dans celle de la transposition de scène, et promenant ainsi le spectateur d'objet en objet, lui font oublier l'action principale, perdre l'intérêt, et, pour lui donner le plaisir des yeux, lui ôtent celui du cœur. Ils commencent pourtant à sentir le défaut de ce monstrueux assemblage; et après avoir déjà presque chassé les intermèdes des *entr'actes*, sans doute ils ne tarderont pas d'en chasser encore la danse, et de la réserver, comme il convient, pour en faire un spectacle brillant et isolé à la fin de la grande pièce.

Mais quoique le théâtre reste vide dans l'*entr'acte*, ce n'est pas à dire que la musique doive être interrompue; car à l'Opéra, où elle fait une partie de l'existence des choses, le sens de l'ouïe doit avoir une telle liaison avec celui de la vue, que tant qu'on voit le lieu de la scène on entende l'harmonie qui en est supposée inséparable, afin que son concours ne paroisse ensuite étranger ni nouveau sous le chant des acteurs.

La difficulté qui se présente à ce sujet est de

savoir ce que le musicien doit dicter à l'orchestre quand il ne se passe plus rien sur la scène : car si la symphonie, ainsi que toute la musique dramatique, n'est qu'une imitation continuelle, que doit-elle dire quand personne ne parle? que doit-elle faire quand il n'y a plus d'action? Je réponds à cela que quoique le théâtre soit vide, le cœur des spectateurs ne l'est pas; il a dû leur rester une forte impression de ce qu'ils viennent de voir et d'entendre. C'est à l'orchestre à nourrir et soutenir cette impression durant l'*entr'acte*, afin que le spectateur ne se trouve pas au début de l'acte suivant aussi froid qu'il l'étoit au commencement de la pièce, et que l'intérêt soit, pour ainsi dire, lié dans son ame comme les évènements le sont dans l'action représentée. Voilà comment le musicien ne cesse jamais d'avoir un objet d'imitation ou dans la situation des personnages, ou dans celle des spectateurs. Ceux-ci, n'entendant jamais sortir de l'orchestre que l'expression des sentiments qu'ils éprouvent, s'identifient, pour ainsi dire, avec ce qu'ils entendent, et leur état est d'autant plus délicieux qu'il règne un accord plus parfait entre ce qui frappe leurs sens et ce qui touche leur cœur.

L'habile musicien tire encore de son orchestre un autre avantage pour donner à la représentation tout l'effet qu'elle peut avoir, en amenant par degrés le spectateur oisif à la situation d'ame la plus favorable à l'effet des scènes qu'il va voir dans l'acte suivant.

La durée de l'*entr'acte* n'a pas de mesure fixe, mais elle est supposée plus ou moins grande à proportion du temps qu'exige la partie de l'action qui se passe derrière le théâtre. Cependant cette durée doit avoir des bornes de supposition relativement à la durée hypothétique de l'action totale, et des bornes réelles relatives à la durée de la représentation.

Ce n'est pas ici le lieu d'examiner si la règle des vingt-quatre heures a un fondement suffisant, et s'il n'est jamais permis de l'enfreindre; mais si l'on veut donner à la durée supposée d'un *entr'acte* des bornes tirées de la nature des choses, je ne vois point qu'on en puisse trouver d'autres que celles du temps durant lequel il ne se fait aucun changement sensible et régulier dans la nature, comme il ne s'en fait point d'apparent sur la scène durant l'*entr'acte;* or, ce temps est, dans sa plus grande étendue, à peu près de douze heures, qui font la durée moyenne d'un jour ou d'une nuit : passé cet espace, il n'y a plus de possibilité ni d'illusion dans la durée supposée de l'*entr'acte*.

Quant à la durée réelle, elle doit être, comme je l'ai dit, proportionnée à la durée totale de la représentation, et à la durée partielle et relative de ce qui se passe derrière le théâtre. Mais il y a d'autres bornes tirées de la fin générale qu'on se propose, savoir, la mesure de l'attention : car on doit bien se garder de faire durer l'*entr'acte* jusqu'à laisser le spectateur tomber dans l'engourdissement et approcher de l'ennui. Cette mesure n'a pas, au reste, une telle précision par elle-même, que le musicien qui a du feu, du génie et de l'ame, ne puisse, à l'aide de son orchestre, l'étendre beaucoup plus qu'un autre.

Je ne doute pas même qu'il n'y ait des moyens d'abuser le spectateur sur la durée effective de l'*entr'acte*, en la lui faisant estimer plus ou moins grande par la manière d'entrelacer le caractère de la symphonie. Mais il est temps de finir cet article qui n'est déjà que trop long.

ENTRÉE, *s. f.* Air de symphonie par lequel débute un ballet.

Entrée se dit encore à l'Opéra d'un acte entier dans les opéra-ballets dont chaque acte forme un sujet séparé; l'*entrée* de Vertumne dans *les Éléments*; l'*entrée* des Incas dans *les Indes galantes*.

Enfin *entrée* se dit aussi du moment où chaque partie qui en suit une autre commence à se faire entendre.

ÉOLIEN, *adj.* Le ton ou mode *éolien* étoit un des cinq modes moyens ou principaux de la musique grecque, et sa corde fondamentale étoit immédiatement au-dessus de celle du mode phrygien. (Voyez MODE.)

Le mode *éolien* étoit grave, au rapport de Lasus.

Je chante, dit-il, *Cérès et sa fille Mélibée, épouse de Pluton, sur le mode* éolien, *rempli de gravité.*

Le nom d'*éolien* que portoit ce mode ne lui venoit pas des îles Éoliennes, mais de l'Éolie, contrée de l'Asie Mineure, où il fut premièrement en usage.

ÉPAIS, *adj.* Genre *épais,* dense, ou *serré,* πυκνὸς, est, selon la définition d'Aristoxène, celui où dans chaque tétracorde la somme des deux premiers intervalles est moindre que le troisième. Ainsi le genre enharmonique est *épais,* parce que les deux premiers intervalles, qui sont chacun d'un quart de ton, ne forment ensemble qu'un semi-ton; somme beaucoup moindre que le troisième intervalle, qui est une tierce majeure. Le chromatique est aussi un genre *épais;* car ses deux premiers intervalles ne forment qu'un ton moindre encore que la tierce mineure qui suit. Mais le genre diatonique n'est point *épais,* puisque ses deux premiers intervalles forment un ton et demi, somme plus grande que le ton qui suit. (Voyez GENRE, TÉTRACORDE.)

De ce mot πυκνὸς, comme radical, sont composés les termes *apycni, baripycni, mesopycni, oxipycni,* dont on trouvera les articles chacun à sa place.

Cette dénomination n'est point en usage dans la musique moderne.

ÉPITAULIE. Nom que donnoient les Grecs à la

chanson des meuniers, appelée autrement *Hymée*. (Voyez CHANSON.)

Le mot burlesque *piauler* ne tireroit-il point d'ici son étymologie? Le piaulement d'une femme ou d'un enfant qui pleure et se lamente long-temps sur le même ton ressemble assez à la chanson d'un moulin, et par métaphore à celle d'un meunier.

ÉPILÈNE: Chanson des vendangeurs, laquelle s'accompagnoit de la flûte. (Voy. *Athénée*, liv. V.)

ÉPINICION. Chant de victoire, par lequel on célébroit chez les Grecs le triomphe des vainqueurs.

ÉPISYNAPHE, *s. f.* C'est, au rapport de Bacchius, la conjonction des trois tétracordes consécutifs, comme sont les tétracordes *hypaton*, *méson*, et *synnéménon*. (Voyez SYSTÈME, TÉTRACORDE.)

ÉPITHALAME, *s. m.* Chant nuptial qui se chantoit autrefois à la porte des nouveaux époux, pour leur souhaiter une heureuse union. De telles chansons ne sont guère en usage parmi nous, car on sait bien que c'est peine perdue. Quand on en fait pour ses amis et familiers, on substitue ordinairement à ces vœux honnêtes et simples quelques pensées équivoques et obscènes, plus conformes au goût du siècle.

ÉPITRIDE. Nom d'un des rhythmes de la musique grecque, duquel les temps étoient en raison sesquitierce, ou de 3 à 4. Ce rhythme étoit représenté par le pied que les poètes et grammairiens appellent aussi *épitrite*, pied composé de quatre syllabes dont les deux premières sont en effet aux deux dernières dans la raison de 3 à 4. (Voyez Rhythme.)

Épode, *s. f.* Chant du troisième couplet, qui, dans les odes, terminoit ce que les Grecs appeloient la *période*, laquelle étoit composée de trois couplets ; savoir, la *strophe*, l'*antistrophe*, et l'*épode*. On attribue à Archiloque l'invention de l'*épode*.

Eptacorde, *s. m.* Lyre ou cithare à sept cordes, comme, au dire de plusieurs, étoit celle de Mercure.

Les Grecs donnoient aussi le nom d'*eptacorde* à un système de musique formé de sept sons, tel qu'est aujourd'hui notre gamme. L'*eptacorde* synnéménon, qu'on appeloit autrefois *lyre de Terpandre*, étoit composé des sons exprimés par ces lettres de la gamme, E, F, G, *a*, *b*, *c*, *d*. L'*eptacorde* de Philolaüs substituoit le bécarre au bémol, et peut s'exprimer ainsi, E, F, G, *a*, ♭|♮|♯ *c*, *d*. Il en rapportoit chaque corde à une des planètes, l'hypate à Saturne, la parhypate à Jupiter, et ainsi de suite.

Eptamérides, *s. f.* Nom donné par M. Sauveur à l'un des intervalles de son système exposé dans les Mémoires de l'académie, année 1701.

Cet auteur divise d'abord l'octave en 43 parties ou *mérides;* puis chacune de celles-ci en 7 *eptamérides;* de sorte que l'octave entière comprend

301 *eptamérides*, qu'il subdivise encore. (Voyez Décaméride.)

Ce mot est formé de ἑπτὰ, sept, et de μέρις, partie.

EPTAPHONE, *s. m.* Nom d'un portique de la ville d'Olympie, dans lequel on avoit ménagé un écho qui répétoit la voix sept fois de suite. Il y a grande apparence que l'écho se trouva là par hasard, et qu'ensuite les Grecs, grands charlatans, en firent honneur à l'art de l'architecte.

ÉQUISONNANCE, *s. f.* Nom par lequel les anciens distinguoient des autres consonnances celles de l'octave et de la double-octave, les seules qui fassent paraphonie. Comme on a aussi quelquefois besoin de la même distinction dans la musique moderne, on peut l'employer avec d'autant moins de scrupule que la sensation de l'octave se confond très-souvent à l'oreille avec celle de l'unisson.

ESPACE, *s. m.* Intervalle blanc, ou distance qui se trouve dans la portée entre une ligne et celle qui la suit immédiatement au-dessus ou au-dessous. Il y a quatre *espaces* dans les cinq lignes, et il y a de plus deux *espaces*, l'un au-dessus, l'autre au-dessous de la portée entière : l'on borne, quand il le faut, ces deux *espaces* indéfinis par des lignes postiches ajoutées en haut ou en bas, lesquelles augmentent l'étendue de la portée et fournissent de nouveaux *espaces*. Chacun de ces *espaces* divise l'intervalle des deux lignes qui le terminent en deux degrés diatoniques; savoir, un de la ligne inférieure à l'*espace*, et l'autre de l'*espace* à la ligne supérieure. (Voyez Portée.)

Étendue, *s. f.* Différence de deux sons donnés qui en ont d'intermédiaires, ou somme de tous les intervalles compris entre les deux extrêmes. Ainsi, la plus grande *étendue* possible, ou celle qui comprend toutes les autres, est celle du plus grave au plus aigu de tous les sons sensibles ou appréciables. Selon les expériences de M. Euler, toute cette *étendue* forme un intervalle d'environ huit octaves, entre un son qui fait 30 vibrations par seconde, et un autre qui en fait 7552 dans le même temps.

Il n'y a point d'*étendue* en musique entre les deux termes de laquelle on ne puisse insérer une infinité de sons intermédiaires qui la partagent en une infinité d'intervalles; d'où il suit que l'*étendue* sonore ou musicale est divisible à l'infini comme celle du temps et du lieu. (Voyez Intervalle.)

Eudromé. Nom de l'air que jouoient les hautbois aux jeux Sthéniens, institués dans Argos en l'honneur de Jupiter. Hiérax, Argien, étoit l'inventeur de cet air.

Éviter, *v. a. Éviter* une cadence; c'est ajouter une dissonance à l'accord final, pour changer le mode ou prolonger la phrase. (Voyez Cadence.)

Évité, *part.* Cadence *évitée*. (Voyez Cadence.)

Évovaé, *s. m.* Mot barbare formé de six voyelles

qui marquent les syllabes des deux mots *seculorum amen*, qui n'est d'usage que dans le plainchant. C'est sur les lettres de ce mot qu'on trouve indiquées dans les psautiers et antiphonaires des églises catholiques les notes par lesquelles, dans chaque ton et dans les diverses modifications du ton, il faut terminer les versets des psaumes ou des cantiques.

L'*Évovaé* commence toujours par la dominante du ton de l'antienne qui le précède, et finit toujours par la finale.

Euthia, *s. f.* Terme de la musique grecque, qui signifie une suite de notes procédant du grave à l'aigu. L'*euthia* étoit une des parties de l'ancienne mélopée.

Exacorde, *s. m.* Instrument à six cordes, ou système composé de six sons, tel que l'*exacorde* de Gui d'Arezzo.

Exécutant, *part. pris subst.* Musicien qui exécute sa partie dans un concert; c'est la même chose que concertant. (V. Concertant.) Voyez aussi les deux mots qui suivent.

Exécuter, *v. a. Exécuter* une pièce de musique, c'est chanter et jouer toutes les parties qu'elle contient, tant vocales qu'instrumentales, dans l'ensemble qu'elles doivent avoir, et la rendre telle qu'elle est notée sur la partition.

Comme la musique est faite pour être entendue, on n'en peut bien juger que par l'exécution.

Telle partition paroît admirable sur le papier, qu'on ne peut entendre *exécuter* sans dégoût; et telle autre n'offre aux yeux qu'une apparence simple et commune, dont l'exécution ravit par des effets inattendus. Les petits compositeurs, attentifs à donner de la symétrie et du jeu à toutes leurs parties, paroissent ordinairement les plus habiles gens du monde, tant qu'on ne juge de leurs ouvrages que par les yeux. Aussi ont-ils souvent l'adresse de mettre tant d'instruments divers, tant de parties dans leur musique, qu'on ne puisse rassembler que très-difficilement tous les sujets nécessaires pour l'*exécuter*.

Exécution, *s. f.* L'action d'exécuter une pièce de musique.

Comme la musique est ordinairement composée de plusieurs parties dont le rapport exact, soit pour l'intonation, soit pour la mesure, est extrêmement difficile à observer, et dont l'esprit dépend plus du goût que des signes, rien n'est si rare qu'une bonne *exécution*. C'est peu de lire la musique exactement sur la note, il faut entrer dans toutes les idées du compositeur, sentir et rendre le feu de l'expression, avoir surtout l'oreille juste et toujours attentive pour écouter et suivre l'ensemble. Il faut, en particulier dans la musique françoise, que la partie principale sache presser ou ralentir le mouvement selon que l'exigent le goût du chant, le volume de voix, et le développement des bras du chanteur; il faut, par conséquent, que toutes les autres parties soient, sans relâche, attentives à bien suivre celle-là. Aussi l'ensemble de l'Opéra de Paris, où la musique n'a point d'autre mesure que celle du geste, seroit-il, à mon avis, ce qu'il y a de plus admirable en fait d'*exécution*.

« Si les François, dit Saint-Évremont, par leur « commerce avec les Italiens, sont parvenus à « composer plus hardiment, les Italiens ont aussi « gagné au commerce des François, en ce qu'ils « ont appris d'eux à rendre leur *exécution* plus « agréable, plus touchante, et plus parfaite. » Le lecteur se passeroit bien, je crois, de mon commentaire sur ce passage. Je dirai seulement que les François croient toute la terre occupée de leur musique, et qu'au contraire, dans les trois quarts de l'Italie, les musiciens ne savent pas même qu'il existe une musique françoise différente de la leur.

On appelle encore *exécution* la facilité de lire et d'exécuter une partie instrumentale; et l'on dit, par exemple, d'un symphoniste qu'il a beaucoup d'*exécution*, lorsqu'il exécute correctement, sans hésiter, et à la première vue, les choses les plus difficiles : l'*exécution* prise en ce sens dépend surtout de deux choses : premièrement, d'une habitude parfaite de la touche et du doigter de son instrument; en second lieu, d'une grande habitude de lire la musique et de la phraser en la regardant : car tant qu'on ne voit que des notes isolées, on hésite toujours à les prononcer : on n'acquiert la grande facilité de l'*exécution* qu'en les unissant par le sens commun qu'elles doivent former, et en mettant la chose à la place du signe. C'est ainsi que la mémoire du lecteur ne l'aide pas moins que ses yeux, et qu'il liroit avec peine une langue inconnue, quoique écrite avec les mêmes caractères, et composée des mêmes mots qu'il lit couramment dans la sienne.

EXPRESSION, *s. f.* Qualité par laquelle le musicien sent vivement et rend avec énergie toutes les idées qu'il doit rendre, et tous les sentiments qu'il doit exprimer. Il y a une *expression* de composition et une d'exécution, et c'est de leur concours que résulte l'effet musical le plus puissant et le plus agréable.

Pour donner de l'*expression* à ses ouvrages, le compositeur doit saisir et comparer tous les rapports qui peuvent se trouver entre les traits de son objet et les productions de son art; il doit connoître ou sentir l'effet de tous les caractères, afin de porter exactement celui qu'il choisit au degré qui lui convient; car, comme un bon peintre ne donne pas la même lumière à tous ses sujets, l'habile musicien ne donnera pas non plus la même énergie à tous ses sentiments, ni la même force à tous ses tableaux, et placera chaque partie au lieu qui convient, moins pour la faire valoir seule que pour donner un plus grand effet au tout.

Après avoir bien vu ce qu'il doit dire, il cherche comment il le dira; et voici où commence l'application des préceptes de l'art, qui est comme la langue particulière dans laquelle le musicien veut se faire entendre.

La mélodie, l'harmonie, le mouvement, le choix des instruments et des voix, sont les éléments du langage musical; et la mélodie, par son rapport immédiat avec l'accent grammatical et oratoire, est celui qui donne le caractère à tous les autres. Ainsi c'est toujours du chant que se doit tirer la principale *expression*, tant dans la musique instrumentale que dans la vocale.

Ce qu'on cherche donc à rendre par la mélodie, c'est le ton dont s'expriment les sentiments qu'on veut représenter; et l'on doit bien se garder d'imiter en cela la déclamation théâtrale, qui n'est elle-même qu'une imitation, mais la voix de la nature parlant sans affectation et sans art. Ainsi le musicien cherchera d'abord un genre de mélodie qui lui fournisse les inflexions musicales les plus convenables au sens des paroles, en subordonnant toujours l'*expression* des mots à celle de la pensée, et celle-ci même à la situation de l'ame de l'interlocuteur: car, quand on est fortement affecté, tous les discours que l'on tient prennent, pour ainsi dire, la teinte du sentiment général qui domine en nous, et l'on ne querelle point ce qu'on aime du ton dont on querelle un indifférent.

La parole est diversement accentuée selon le diverses passions qui l'inspirent, tantôt aiguë et véhémente, tantôt remisse et lâche, tantôt variée et impétueuse, tantôt égale et tranquille dans ses inflexions. De là le musicien tire les différences des modes de chant qu'il emploie et des lieux divers dans lesquels il maintient la voix, la faisant procéder dans le bas par de petits intervalles pour exprimer les langueurs de la tristesse et de l'abattement, lui arrachant dans le haut les sons aigus de l'emportement et de la douleur, et l'entraînant rapidement, par tous les intervalles de son diapason, dans l'agitation du désespoir ou l'égarement des passions contrastées. Surtout il faut bien observer que le charme de la musique ne consiste pas seulement dans l'imitation, mais dans une imitation agréable, et que la déclamation même, pour faire un si grand effet, doit être subordonnée à la mélodie; de sorte qu'on ne peut peindre le sentiment sans lui donner ce charme secret qui en est inséparable, ni toucher le cœur si l'on ne plaît à l'oreille. Et ceci est encore très-conforme à la nature, qui donne au ton des personnes sensibles je ne sais quelles inflexions touchantes et délicieuses que n'eut jamais celui des gens qui ne sentent rien. N'allez donc pas prendre le baroque pour l'expressif, ni la dureté pour de l'énergie, ni donner un tableau hideux des passions que vous voulez rendre, ni faire, en un mot, comme à l'Opéra françois, où le ton passionné ressemble aux cris de la colique bien plus qu'aux transports de l'amour.

Le plaisir physique qui résulte de l'harmonie augmente à son tour le plaisir moral de l'imitation, en joignant les sensations agréables des accords à l'*expression* de la mélodie par le même principe dont je viens de parler. Mais l'harmonie fait plus encore; elle renforce l'*expression* même en donnant plus de justesse et de précision aux intervalles mélodieux; elle anime leur caractère, et, marquant exactement leur place dans l'ordre de la modulation, elle rappelle ce qui précède, annonce ce qui doit suivre, et lie ainsi les phrases dans le chant, comme les idées se lient dans le discours. L'harmonie, envisagée de cette manière, fournit au compositeur de grands moyens d'*expression*, qui lui échappent quand il ne cherche l'*expression* que dans la seule harmonie; car alors, au lieu d'animer l'accent, il l'étouffe par ses accords, et tous les intervalles, confondus dans un continuel remplissage, n'offrent à l'oreille qu'une suite de sons fondamentaux qui n'ont rien de touchant ni d'agréable, et dont l'effet s'arrête au cerveau.

Que fera donc l'harmoniste pour concourir à l'*expression* de la mélodie et lui donner plus d'effet? Il évitera soigneusement de couvrir le son principal dans la combinaison des accords; il subordonnera tous ses accompagnements à la partie chantante; il en aiguisera l'énergie par le concours des autres parties; il renforcera l'effet de certains passages par des accords sensibles; il en dérobera d'autres par supposition ou par suspension, en les comptant pour rien sur la basse; il fera sortir les *expressions* fortes par des dissonances majeures; il réservera les mineures pour des sentiments plus doux : tantôt il liera toutes ces parties par des sons continus et coulés; tantôt il les fera contraster sur le chant par des notes piquées; tantôt il frappera l'oreille par des accords pleins; tantôt il renforcera l'accent par le choix d'un seul intervalle : partout il rendra présent et sensible l'enchaînement des modulations, et fera servir la basse et son harmonie à déterminer le lieu de chaque passage dans le mode, afin qu'on n'entende jamais un intervalle ou un trait de chant sans sentir en même temps son rapport avec le tout.

A l'égard du rhythme, jadis si puissant pour donner de la force, de la variété, de l'agrément à l'harmonie poétique, si nos langues, moins accentuées et moins prosodiques, ont perdu le charme qui en résultoit, notre musique en substitue un autre plus indépendant du discours dans l'égalité de la mesure, et dans les diverses combinaisons de ses temps, soit à la fois dans le tout, soit séparément dans chaque partie. Les quantités de la langue sont presque perdues sous celles des notes; et la musique, au lieu de parler avec la parole, emprunte en quelque sorte de la mesure un langage à part. La force de l'*expression* consiste, en cette partie, à réunir ces deux langages le plus qu'il est possible, et à faire que si la mesure et le rhythme ne parlent pas de la même manière, ils disent au moins les mêmes choses.

La gaieté, qui donne de la vivacité à tous nos mouvements, en doit donner de même à la mesure; la tristesse resserre le cœur, ralentit les mouvements, et la même langueur se fait sentir dans les chants qu'elle inspire; mais quand la douleur est vive ou qu'il se passe dans l'ame de grands combats, la parole est inégale; elle marche alternativement avec la lenteur du spondée et avec la rapidité du pyrrhique, et souvent s'arrête tout court comme dans le récitatif obligé: c'est pour cela que les musiques les plus expressives, ou du moins les plus passionnées, sont communément celles où les temps, quoique égaux entre eux, sont le plus inégalement divisés; au lieu que l'image du sommeil, du repos, de la paix de l'ame, se peint volontiers avec des notes égales, qui ne marchent ni vite ni lentement.

Une observation que le compositeur ne doit pas négliger, c'est que plus l'harmonie est recherchée, moins le mouvement doit être vif, afin que l'esprit ait le temps de saisir la marche des dissonances et le rapide enchaînement des modulations; il n'y a que le dernier emportement des passions qui permette d'allier la rapidité de la mesure et la dureté des accords. Alors, quand la tête est perdue, et qu'à force d'agitation l'acteur semble ne savoir plus ce qu'il dit, ce désordre énergique et terrible peut se porter ainsi jusqu'à l'ame du spectateur, et le mettre de même hors de lui. Mais si vous n'êtes bouillant et sublime, vous ne serez que baroque et froid. Jetez vos auditeurs dans le délire, ou gardez-vous d'y tomber : car celui qui perd la raison n'est jamais qu'un insensé aux yeux de ceux qui la conservent, et les fous n'intéressent plus.

Quoique la plus grande force de l'*expression* se tire de la combinaison des sons, la qualité de leur timbre n'est pas indifférente pour le même effet. Il y a des voix fortes et sonores qui en imposent par leur étoffe; d'autres légères et flexibles, bonnes pour les choses d'exécution; d'autres sensibles et délicates, qui vont au cœur par des chants doux et pathétiques. En général les dessus et toutes les voix aiguës sont plus propres pour exprimer la tendresse et la douceur, les basses et concordants pour l'emportement et la colère : mais les Italiens ont banni les basses de leurs tragédies, comme une partie dont le chant est trop rude pour le genre héroïque, et leur ont substitué les tailles ou tenor, dont le chant a le même caractère avec un effet plus agréable. Ils emploient ces mêmes basses plus convenablement dans le comique pour les rôles à manteau, et généralement pour tous les caractères de charge.

Les instruments ont aussi des *expressions* très-différentes selon que le son en est fort ou foible, que le timbre en est aigre ou doux, que le diapason en est grave ou aigu, et qu'on en peut tirer des sons en plus grande ou moindre quantité. La flûte est tendre, le hautbois gai, la trompette guerrière, le cor sonore, majestueux, propre aux grandes *expressions*. Mais il n'y a point d'instrument dont on tire une *expression* plus variée et plus universelle que du violon. Cet instrument admirable fait le fond de tous les orchestres, et suffit au grand compositeur pour en tirer tous les effets que les mauvais musiciens cherchent inutilement dans l'alliage d'une multitude d'instruments divers. Le compositeur doit connoître le manche du violon pour doigter ses airs, pour disposer ses arpéges, pour savoir l'effet des cordes à vide, et pour employer et choisir ses tons selon les divers caractères qu'ils ont sur cet instrument.

Vainement le compositeur saura-t-il animer son ouvrage, si la chaleur qui doit y régner ne passe à ceux qui l'exécutent. Le chanteur qui ne voit que des notes dans sa partie n'est point en état de saisir l'*expression* du compositeur, ni d'en donner une à ce qu'il chante, s'il n'en a bien saisi le sens.

Il faut entendre ce qu'on lit pour le faire entendre aux autres, et il ne suffit pas d'être sensible en général, si l'on ne l'est en particulier à l'énergie de la langue qu'on parle. Commencez donc par bien connoître le caractère du chant que vous avez à rendre, son rapport au sens des paroles, la distinction de ses phrases, l'accent qu'il a par lui-même, celui qu'il suppose dans la voix de l'exécutant, l'énergie que le compositeur a donnée au poète, et celle que vous pouvez donner à votre tour au compositeur; alors livrez vos organes à toute la chaleur que ces considérations vous auront inspirée; faites ce que vous feriez si vous étiez à la fois le poète, le compositeur, l'acteur et le chanteur, et vous aurez toute l'*expression* qu'il vous est possible de donner à l'ouvrage que vous avez à rendre. De cette manière il arrivera naturellement que vous mettrez de la délicatesse et des ornements dans les chants qui ne sont qu'élégants et gracieux, du piquant et du feu dans ceux qui sont animés et gais, des gémissements et des plaintes dans ceux qui sont tendres et pathétiques, et toute l'agitation du *forte-piano* dans l'emportement des passions violentes. Partout où l'on réunira fortement l'accent musical à l'accent oratoire, partout où la mesure se fera vivement sentir et servira de guide aux accents du chant, partout où l'accompagnement et la voix sauront tellement accorder et unir leurs effets qu'il n'en résulte qu'une mélodie, et que l'auditeur trompé attribue à la voix les passages dont l'orchestre l'embellit; enfin partout où les ornements, sobrement ménagés, porteront témoignage de la facilité du chanteur, sans couvrir et défigurer le chant, l'*expression* sera douce, agréable et forte; l'oreille sera charmée, et le cœur ému; le physique et le moral concourront à la fois au plaisir des écoutants, et il régnera un tel accord entre la parole et le chant, que le tout semblera n'être qu'une langue délicieuse qui sait tout dire et plaît toujours.

EXTENSION, *s. f.*, est, selon Aristoxène, une des quatre parties de la mélopée, qui consiste à soutenir long-temps certains sons, et au-delà même de leur quantité grammaticale. Nous appelons aujourd'hui tenues les sons ainsi soutenus. (Voyez TENUE.)

F.

F *ut fa*, F *fa ut*, ou simplement F. Quatrième son de la gamme diatonique et naturelle, lequel s'appelle autrement *fa*. (Voyez GAMME.)

C'est aussi le nom de la plus basse des trois clefs de la musique. (Voyez CLEF.)

FACE, *s. f.* Combinaison ou des sons d'un accord, en commençant par un de ces sons et prenant les autres selon leur suite naturelle, ou des touches du clavier qui forment le même accord.

D'où il suit qu'un accord peut avoir autant de *faces* qu'il y a de sons qui le composent, car chacun peut être le premier à son tour.

L'accord parfait *ut mi sol* a trois *faces*. Par la première, tous les doigts sont rangés par tierces, et la tonique est sous l'index; par la seconde, *mi sol ut*, il y a une quarte entre les deux derniers doigts, et la tonique est sous le dernier; par la troisième, *sol ut mi*, la quarte est entre l'index et le quatrième, et la tonique est sous celui-ci. (Voyez Renversement.)

Comme les accords dissonants ont ordinairement quatre sons, ils ont aussi quatre *faces*, qu'on peut trouver avec la même facilité. (Voyez Doicter.)

Facteur, *s. m.* Ouvrier qui fait des orgues ou des clavecins.

Fanfare, *s. f.* Sorte d'air militaire, pour l'ordinaire court et brillant, qui s'exécute par des trompettes, et qu'on imite sur d'autres instruments. La *fanfare* est communément à deux dessus de trompettes accompagnées de tymbales; et bien exécutée, elle a quelque chose de martial et de gai qui convient fort à son usage. De toutes les troupes de l'Europe, les allemandes sont celles qui ont les meilleurs instruments militaires: aussi leurs marches et *fanfares* font-elles un effet admirable. C'est une chose à remarquer que dans tout le royaume de France il n'y a pas un seul trompette qui sonne juste, et la nation la plus guerrière de l'Europe a les instruments militaires les plus discordants; ce qui n'est pas sans inconvénient. Durant les dernières guerres, les paysans de Bohême, d'Autriche, et de Bavière, tous musiciens nés, ne pouvant croire que les troupes réglées eussent des instruments si faux et si détestables, prirent tous ces vieux corps pour de nouvelles levées qu'ils commencèrent à mépriser, et l'on ne sauroit dire à combien de braves gens des tons faux ont coûté la vie : tant il est vrai que dans l'appareil de la guerre, il ne faut rien négliger de ce qui frappe les sens!

FANTAISIE, *s. f.* Pièce de musique instrumentale qu'on exécute en la composant. Il y a cette différence du *caprice* à la *fantaisie*, que le caprice est un recueil d'idées singulières et disparates que rassemble une imagination échauffée, et qu'on peut même composer à loisir; au lieu que la *fantaisie* peut être une pièce très-régulière, qui ne diffère des autres qu'en ce qu'on l'invente en l'exécutant, et qu'elle n'existe plus sitôt qu'elle est achevée. Ainsi le *caprice* est dans l'espèce et l'assortiment des idées, et la *fantaisie* dans leur promptitude à se présenter. Il suit de là qu'un *caprice* peut fort bien s'écrire, mais jamais une *fantaisie*; car sitôt qu'elle est écrite ou répétée, ce n'est plus une *fantaisie*, c'est une pièce ordinaire.

Faucet. (Voyez Fausset.)

Fausse-quarte. (Voyez Quarte.)

Fausse-quinte, *s. f.* Intervalle dissonant, appelé par les Grecs *hémi-diapente*, dont les deux termes sont distants de quatre degrés diatoniques, ainsi que ceux de la quinte juste, mais dont l'intervalle est moindre d'un semi-ton, celui de la quinte étant de deux tons majeurs, d'un ton mineur, et d'un semi-ton majeur, et celui de la *fausse-quinte* seulement d'un ton majeur, d'un ton mineur, et de deux semi-tons majeurs. Si, sur nos claviers ordinaires, on divise l'octave en deux parties égales, on aura d'un côté la *fausse-quinte*, comme *si fa*, et de l'autre le triton, comme *fa si*: mais ces deux intervalles, égaux en ce sens, ne le sont ni quant au nombre des degrés, puisque le triton n'en a que trois, ni dans la précision des rapports, celui de la *fausse-quinte* étant de 45 à 64, et celui du triton de 32 à 45.

L'accord de *fausse-quinte* est renversé de l'accord dominant, en mettant la note sensible au grave. Voyez au mot Accord comment celui-là s'accompagne.

Il faut bien distinguer la *fausse-quinte*, dissonance de la *quinte-fausse* réputée consonnance, et qui n'est altérée que par accident. (Voyez Quinte.)

Fausse-relation, *s. f.* Intervalle diminué ou superflu. (Voyez Relation.)

Fausset, *s. m.* C'est cette espèce de voix par laquelle un homme, sortant à l'aigu du diapason de sa voix naturelle, imite celle de la femme. Un homme fait à peu près, quand il chante le *fausset*, ce que fait un tuyau d'orgue quand il octavie. (Voyez Octavier.)

Si ce mot vient du françois *faux* opposé à *juste*, il faut l'écrire comme je fais ici, en suivant l'orthographe de l'Encyclopédie : mais s'il vient, comme je le crois, du latin *faux*, *faucis*, la gorge, il falloit, au lieu des deux *ss* qu'on a substituées, laisser le *c* que j'y avois mis : *faucet*.

Faux, *adj.* et *adv.* Ce mot est opposé à *juste*.

On chante *faux* quand on n'entonne pas les intervalles dans leur justesse, qu'on forme des sons trop hauts ou trop bas.

Il y a des voix *fausses*, des cordes *fausses*, des instruments *faux*. Quant aux voix, on prétend que le défaut est dans l'oreille et non dans la glotte : cependant j'ai vu des gens qui chantoient très-*faux*, et qui accordoient un instrument très-juste. La fausseté de leur voix n'avoit donc pas sa cause dans leur oreille. Pour les instruments, quand les tons en sont *faux*, c'est que l'instrument est mal construit, que les tuyaux en sont mal proportionnés, ou les cordes fausses, ou qu'elles ne sont pas d'accord; que celui qui en joue touche *faux*, ou qu'il modifie mal le vent ou les lèvres.

Faux-accord. Accord discordant, soit parce

qu'il contient des dissonances proprement dites, soit parce que les consonnances n'en sont pas justes. (Voyez Accord-faux.)

Faux-Bourdon, *s. m.* Musique à plusieurs parties, mais simple et sans mesure, dont les notes sont presque toutes égales, et dont l'harmonie est toujours syllabique. C'est la psalmodie des catholiques romains chantée à plusieurs parties. Le chant de nos psaumes à quatre parties peut aussi passer pour une espèce de *faux-bourdon*, mais qui procède avec beaucoup de lenteur et de gravité.

Feinte, *s. f.* Altération d'une note ou d'un intervalle par un dièse ou par un bémol. C'est proprement le nom commun et générique du dièse et du bémol accidentels. Ce mot n'est plus en usage, mais on ne lui en a point substitué. La crainte d'employer des tours surannés énerve tous les jours notre langue; la crainte d'employer de vieux mots l'appauvrit tous les jours : ses plus grands ennemis sont toujours les puristes.

On appeloit aussi *feintes* les touches chromatiques du clavier, que nous appelons aujourd'hui touches blanches, et qu'autrefois on faisoit noires, parce que nos grossiers ancêtres n'avoient pas songé à faire le clavier noir, pour donner de l'éclat à la main des femmes. On appelle encore aujourd'hui *feintes-coupées* celles de ces touches qui sont brisées pour suppléer au ravalement.

FÊTE, *s. f.* Divertissement de chant et de danse qu'on introduit dans un acte d'opéra, et qui interrompt ou suspend toujours l'action.

Ces *fêtes* ne sont amusantes qu'autant que l'opéra même est ennuyeux. Dans un drame intéressant et bien conduit, il seroit impossible de les supporter.

La différence qu'on assigne à l'Opéra entre les mots de *fête* et de *divertissement* est que le premier s'applique plus particulièrement aux tragédies, et le second aux ballets.

FI. Syllabe avec laquelle quelques musiciens solfient le *fa* dièse comme ils solfient par *ma* le *mi* bémol ; ce qui paroît assez bien entendu. (Voyez SOLFIER.)

FIGURÉ. Cet adjectif s'applique aux notes ou à l'harmonie : aux notes, comme dans ce mot, *basse-figurée*, pour exprimer une basse dont les notes portant accord sont subdivisées en plusieurs autres notes de moindre valeur (voyez BASSE-FIGURÉE); à l'harmonie, quand on emploie, par supposition et dans une marche diatonique, d'autres notes que celles qui forment l'accord. (Voyez HARMONIE-FIGURÉE et SUPPOSITION.)

FIGURER, *v. a.* C'est passer plusieurs notes pour une ; c'est faire des doubles, des variations ; c'est ajouter des notes au chant de quelque manière que ce soit ; enfin c'est donner aux sons harmonieux une figure de mélodie, en les liant par d'autres sons intermédiaires. (Voyez Double, Fleurtis, Harmonie-figurée.)

Filer un son, c'est, en chantant, ménager sa voix, en sorte qu'on puisse le prolonger long-temps sans reprendre haleine. Il y a deux manières de *filer* un son : la première, en le soutenant toujours également ; ce qui se fait pour l'ordinaire sur les tenues où l'accompagnement travaille : la seconde, en le renforçant ; ce qui est plus usité dans les passages et roulades. La première manière demande plus de justesse, et les Italiens la préfèrent ; la seconde a plus d'éclat, et plaît davantage aux François.

Fin, *s. f.* Ce mot se place quelquefois sur la finale de la première partie d'un rondeau, pour marquer qu'ayant repris cette première partie, c'est sur cette finale qu'on doit s'arrêter et finir. (Voyez Rondeau.)

On n'emploie plus guère ce mot à cet usage, les François lui ayant substitué le point final, à l'exemple des Italiens. (Voyez Point-final.)

Finale, *s. f.* Principale corde du mode qu'on appelle aussi tonique, et sur laquelle l'air ou la pièce doit finir. (Voyez Mode.)

Quand on compose à plusieurs parties, et surtout des chœurs, il faut toujours que la basse tombe en finissant sur la note même de la *finale*. Les autres parties peuvent s'arrêter sur sa tierce ou sur sa quinte. Autrefois c'étoit une règle de donner toujours à la fin d'une pièce la tierce majeure à la *finale*, même en mode mineur; mais cet usage a été trouvé de mauvais goût et tout-à-fait abandonné.

Fixe, *adj.* Cordes ou sons *fixes* ou stables. (Voyez Son, Stable.)

Flatté, *s. m.* Agrément du chant françois, difficile à définir, mais dont on comprendra suffisamment l'effet par un exemple. (Voy. *Planche* 5, *figure* 15, *au mot* Flatté.)

Fleurtis, *s. m.* Sorte de contre-point figuré, lequel n'est point syllabique ou note sur note. C'est aussi l'assemblage des divers agréments dont on orne un chant trop simple. Ce mot a vieilli en tout sens. (Voyez Broderies, Doubles, Variations, Passages.)

Foible, *adj.* Temps *foible*. (Voyez Temps.)

Fondamental, *adj.* Son *fondamental* est celui qui sert de fondement à l'accord (voyez Accord), ou au ton (voyez Tonique). Basse-*fondamentale* est celle qui sert de fondement à l'harmonie. (Voyez Basse-fondamentale.) Accord *fondamental* est celui dont la basse est *fondamentale*, et dont les sons sont arrangés selon l'ordre de leur génération : mais comme cet ordre écarte extrêmement les parties, on les rapproche par des combinaisons ou renversements ; et pourvu que la basse reste la même, l'accord ne laisse pas pour cela de porter le nom de *fondamental;* tel est, par exemple, cet accord *ut mi sol*, renfermé dans un intervalle de quinte : au lieu que dans l'ordre de sa génération *ut sol mi*, il comprend une dixième et même une dix-septième, puisque l'*ut fondamental* n'est pas la quinte de *sol*, mais l'octave de cette quinte.

FORCE, *s. f.* Qualité du son, appelée aussi quelquefois *intensité*, qui le rend plus sensible et le fait entendre de plus loin. Les vibrations plus ou moins fréquentes du corps sonore sont ce qui rend le son aigu ou grave; leur plus grand ou moindre écart de la ligne de repos est ce qui le rend fort ou foible; quand cet écart est trop grand et qu'on force l'instrument ou la voix (voyez FORCER), le son devient bruit, et cesse d'être appréciable.

FORCER la voix, c'est excéder en haut ou en bas son diapason, ou son volume, à force d'haleine; c'est crier au lieu de chanter. Toute voix qu'on *force* perd sa justesse : cela arrive même aux instruments où l'on force l'archet ou le vent; voilà pourquoi les François chantent rarement juste.

FORLANE, *s. f.* Air d'une danse du même nom, commune à Venise, surtout parmi les gondoliers. Sa mesure est à $\frac{6}{8}$; elle se bat gaiement, et la danse est aussi fort gaie. On l'appelle *forlane* parce qu'elle a pris naissance dans le Frioul, dont les habitants s'appellent *Forlans*.

FORT, *adv.* Ce mot s'écrit dans les parties pour marquer qu'il faut forcer le son avec véhémence, mais sans le hausser; chanter à pleine voix, tirer de l'instrument beaucoup de son : ou bien il s'emploie pour détruire l'effet du mot *doux* employé précédemment.

Les Italiens ont encore le superlatif *fortissimo*, dont on n'a guère besoin dans la musique françoise; car on y chante ordinairement *très-fort*.

FORT, *adj*. Temps *fort*. (Voyez TEMPS.)

FORTE-PIANO. Substantif italien composé, et que les musiciens devroient franciser, comme les peintres ont francisé celui de *chiaro-scuro*, en adoptant l'idée qu'il exprime. Le *forte-piano* est l'art d'adoucir et renforcer les sons dans la mélodie imitative, comme on fait dans la parole qu'elle doit imiter. Non seulement quand on parle avec chaleur on ne s'exprime point toujours sur le même ton, mais on ne parle pas toujours avec le même degré de force. La musique, en imitant la variété des accents et des tons, doit donc imiter aussi les degrés intenses ou remisses de la parole, et parler tantôt doux, tantôt fort, tantôt à demi-voix; et voilà ce qu'indique en général le mot *forte-piano*.

FRAGMENTS. On appelle ainsi à l'Opéra de Paris le choix de trois ou quatre actes de ballet, qu'on tire de divers opéra, et qu'on rassemble, quoiqu'ils n'aient aucun rapport entre eux, pour être représentés successivement le même jour, et remplir, avec leurs entr'actes, la durée d'un spectacle ordinaire. Il n'y a qu'un homme sans goût qui puisse imaginer un pareil ramassis, et qu'un théâtre sans intérêt où l'on puisse le supporter.

Frappé, *adj. pris subst.* C'est le temps où l'on baisse la main ou le pied, et où l'on frappe pour marquer la mesure. (Voyez Thésis.) On ne frappe ordinairement du pied que le premier temps de chaque mesure ; mais ceux qui coupent en deux la mesure à quatre frappent aussi le troisième. En battant de la main la mesure, les François ne frappent jamais que le premier temps, et marquent les autres par divers mouvements de main : mais les Italiens frappent les deux premiers de la mesure à trois, et lèvent le troisième ; ils frappent de même les deux premiers de la mesure à quatre, et lèvent les deux autres. Ces mouvements sont plus simples et semblent plus commodes.

Fredon, *s. m.* Vieux mot qui signifie un passage rapide et presque toujours diatonique de plusieurs notes sur la même syllabe ; c'est à peu près ce que l'on a depuis appelé *roulade*, avec cette différence que la roulade dure davantage et s'écrit, au lieu que le *fredon* n'est qu'une courte addition de goût, ou, comme on disoit autrefois, une *diminution* que le chanteur fait sur quelque note.

Fredonner, *v. n. et a.* Faire des *fredons*. Ce mot est vieux, et ne s'emploie plus qu'en dérision.

Fugue, *s. f.* Pièce ou morceau de musique où l'on traite, selon certaines règles d'harmonie et de modulation, un chant appelé *sujet*, en le faisant passer successivement et alternativement d'une partie à une autre.

Voici les principales règles de la *fugue*; dont les unes lui sont propres, et les autres communes avec l'imitation.

I. Le sujet procède de la tonique à la dominante, ou de la dominante à a tonique, en montant ou en descendant.

II. Toute *fugue* a sa réponse dans la partie qui suit immédiatement celle qui a commencé.

III. Cette réponse doit rendre le sujet à la quarte ou à la quinte, et par mouvement semblable, le plus exactement qu'il est possible; procédant de la dominante à la tonique, quand le sujet s'est annoncé de la tonique à la dominante, *et vice versâ*. Une partie peut aussi reprendre le même sujet à l'octave ou à l'unisson de la précédente; mais alors c'est répétition plutôt qu'une véritable réponse.

IV. Comme l'octave se divise en deux parties inégales, dont l'une comprend quatre degrés en montant de la tonique à la dominante, et l'autre seulement trois en continuant de monter de la dominante à la tonique, cela oblige d'avoir égard à cette différence dans l'expression du sujet, et de faire quelque changement dans la réponse, pour ne pas quitter les cordes essentielles du mode. C'est autre chose quand on se propose de changer de ton; alors l'exactitude même de la réponse prise sur une autre corde produit les altérations propres à ce changement.

V. Il faut que la fugue soit dessinée de telle sorte que la réponse puisse entrer avant la fin du premier chant, afin qu'on entende en partie l'une et l'autre à la fois, que par cette anticipation le sujet se lie pour ainsi dire à lui-même, et que l'art du compositeur se montre dans ce concours. C'est se moquer que de donner pour *fugue* un chant qu'on ne fait que promener d'une partie à l'autre, sans autre gêne que de l'accompagner ensuite à sa volonté: cela mérite tout au plus le nom d'imitation. (Voyez IMITATION.)

Outre ces règles qui sont fondamentales, pour réussir dans ce genre de composition, il y en a d'autres qui, pour n'être que de goût, n'en sont pas moins essentielles. Les *fugues*, en général, rendent la musique plus bruyante qu'agréable; c'est pourquoi elles conviennent mieux dans les chœurs que partout ailleurs. Or, comme leur principal mérite est de fixer toujours l'oreille sur le chant principal ou sujet, qu'on fait pour cela passer incessamment de partie en partie, et de modulation en modulation, le compositeur doit mettre tous ses soins à rendre toujours ce chant bien distinct, ou à empêcher qu'il ne soit étouffé ou confondu parmi les autres parties. Il y a pour cela deux moyens. L'un, dans le mouvement qu'il faut sans cesse contraster : de sorte que si la marche de la *fugue* est précipitée, les autres parties procèdent posément par des notes longues ; et, au contraire, si la *fugue* marche gravement, que les accompagnements travaillent davantage. Le second moyen est d'écarter l'harmonie, de peur que les autres parties, s'approchant trop de celle qui chante le sujet, ne se confondent avec elle, et ne l'empêchent de se faire entendre assez nettement; en sorte que ce qui seroit un vice partout ailleurs devient ici une beauté.

Unité de mélodie ; voilà la grande règle commune qu'il faut souvent pratiquer par des moyens différents. Il faut choisir les accords, les intervalles, afin qu'un certain son, et non pas un autre, fasse l'effet principal : *unité de mélodie*.

Il faut quelquefois mettre en jeu des instruments ou des voix d'espèce différente, afin que la partie qui doit dominer se distingue plus aisément : *unité de mélodie*. Une autre attention non moins nécessaire est, dans les divers enchaînements de modulations qu'amène la marche et le progrès de la *fugue*, de faire que toutes ces modulations se correspondent à la fois dans toutes les parties, de lier le tout dans son progrès par une exacte conformité de ton, de peur qu'une partie étant dans un ton et l'autre dans un autre, l'harmonie entière ne soit dans aucun, et ne présente plus d'effet simple à l'oreille, ni d'idée simple à l'esprit : *unité de mélodie*. En un mot, dans toute *fugue*, la confusion de mélodie et de modulation est en même temps ce qu'il y a de plus à craindre et de plus difficile à éviter ; et le plaisir que donne ce genre de musique étant toujours médiocre, on peut dire qu'une belle *fugue* est l'ingrat chef-d'œuvre d'un bon harmoniste.

Il y a encore plusieurs autres manières de *fugues* ; comme les *fugues perpétuelles*, appelées *canons*, les *doubles fugues*, les *contre-fugues*, ou *fugues renversées*, qu'on peut voir chacune à son mot, et qui servent plus à étaler l'art des compositeurs qu'à flatter l'oreille des écoutants.

Fugue, du latin *fuga*, *fuite* ; parce que les parties, partant ainsi successivement, semblent se fuir et se poursuivre l'une l'autre.

FUGUE RENVERSÉE. C'est une *fugue* dont la réponse se fait par un mouvement contraire à celui du sujet. (Voyez CONTRE-FUGUE.)

FUSÉE *s. f.* Trait rapide et continu qui monte ou descend pour joindre diatoniquement deux notes à un grand intervalle l'une de l'autre. (Voyez *Pl.* 9, *fig* 3.) A moins que la *fusée* ne soit notée, il faut, pour l'exécuter, qu'une des deux notes extrêmes ait une durée sur laquelle on puisse passer la *fusée* sans altérer la mesure.

G.

G *re sol*, G *sol re ut*, ou simplement G. Cinquième son de la gamme diatonique, lequel s'appelle autrement *sol*. (Voyez Gamme.)

C'est aussi le nom de la plus haute des trois clefs de la musique. (Voyez Clef.)

Gai, *adv*. Ce mot, écrit au-dessus d'un air ou d'un morceau de musique, indique un mouvement moyen entre le vite et le modéré; il répond au mot italien *allegro*, employé pour le même usage. (Voyez Allegro.)

Ce mot peut s'entendre aussi du caractère d'une musique, indépendamment du mouvement.

Gaillarde. *s. f.* Air à trois temps gais d'une danse de même nom. On la nommoit autrefois *romanesque*, parce qu'elle nous est, dit-on, venue de Rome, ou du moins d'Italie.

Cette danse est hors d'usage depuis long-temps. Il en est resté seulement un pas appelé *pas de gaillarde*.

Gamme, gamm'ut, ou gamma-ut. Table ou échelle inventée par Gui Arétin, sur laquelle on apprend à nommer et entonner juste les degrés de l'octave par les six notes de musique, *ut re mi fa sol la*, suivant toutes les dispositions qu'on peut leur donner; ce qui s'appelle *solfier*. (Voyez ce mot.)

La *gamme* a aussi été nommée *main harmonique*, parce que Gui employa d'abord la figure d'une main, sur les doigts de laquelle il rangea ses notes, pour montrer les rapports de ses exacordes avec les cinq tétracordes des Grecs. Cette main a été en usage pour apprendre à nommer les notes jusqu'à l'invention du *si* qui a aboli chez nous les nuances, et par conséquent la *main* harmonique qui sert à les expliquer.

Gui Arétin ayant, selon l'opinion commune, ajouté au diagramme des Grecs un tétracorde à l'aigu, et une corde au grave, ou plutôt, selon Meibomius, ayant, par ces additions, rétabli ce diagramme dans son ancienne étendue, il appela cette corde grave *hypoproslambanomenos*, et la marqua par le Γ des Grecs; et comme cette lettre se trouva ainsi à la tête de l'échelle, en plaçant dans le haut des sons graves, selon la méthode des anciens, elle a fait donner à cette échelle le nom barbare de *gamme*.

Cette *gamme* donc, dans toute son étendue, étoit composée de vingt cordes ou notes, c'est-à-dire de deux octaves et d'une sixte majeure. Ces cordes étoient représentées par des lettres et par des syllabes. Les lettres désignoient invariablement chacune une corde déterminée de l'échelle, comme elles font encore aujourd'hui; mais comme il n'y avoit d'abord que six lettres, enfin que sept, et qu'il falloit recommencer d'octave en octave, on distinguoit ces octaves par les figures des lettres. La première octave se marquoit par des lettres capitales de cette manière : T. A. B., etc.; la seconde, par les caractères courants *g. a. b.*; et pour la sixte surnuméraire, on employoit des lettres doubles, *gg. aa. bb.*, etc.

Quant aux syllabes, elles ne représentoient que les noms qu'il falloit donner aux notes en les chantant. Or, comme il n'y avoit que six noms pour sept notes, c'étoit une nécessité qu'au moins un même nom fût donné à deux différentes notes; ce qui se fit de manière que ces deux notes *mi fa* ou *la fa*, tombassent sur les semi-tons : par conséquent, dès qu'il se présentoit un dièse ou un bémol qui amenoit un nouveau semi-ton, c'étoient encore des noms à changer; ce qui faisoit donner le même nom à différentes notes, et différents noms à la même note, selon le progrès du chant; et ces changements de noms s'appeloient *muances*.

On apprenoit donc ces muances par la *gamme*. A la gauche de chaque degré on voyoit une lettre qui indiquoit la corde précise appartenant à ce degré; à la droite, dans les cases, on trouvoit les différents noms que cette même note devoit porter en montant ou en descendant par bécarre ou par bémol, selon le progrès.

Les difficultés de cette méthode ont fait faire en divers temps plusieurs changements à la *gamme*. La *figure* 2, *Pl.* 2, représente cette *gamme* telle qu'elle est actuellement usitée en Italie. C'est à peu près la même chose en Espagne et en Portugal, si ce n'est qu'on trouve quelquefois à la dernière place la colonne du bécarre, qui est ici la première, ou quelque autre différence aussi peu importante.

Pour se servir de cette échelle, si l'on veut chanter au naturel, on applique *ut* à T de la première colonne, le long de laquelle on monte jusqu'au *la*; après quoi, passant à droite dans la colonne du *b* naturel, on nomme *fa*; on monte au *la* de la même colonne, puis on retourne dans la précédente à *mi*, et ainsi de suite; ou bien on peut commencer par *ut* au C de la seconde colonne; arrivé au *la*, passer à *mi* dans la première colonne, puis repasser dans l'autre colonne au *fa*. Par ce moyen l'une de ces transitions forme toujours un semi-ton, savoir *la fa*; et l'autre toujours un ton, savoir, *la mi*. Par bémol, on peut commencer à l'*ut* en c ou *f*, et faire les transitions de la même manière, etc.

En descendant par bécarre on quitte l'*ut* de la colonne du milieu pour passer au *mi* de celle par bécarre, ou au *fa* de celle par bémol; puis descendant jusqu'à l'*ut* de cette nouvelle colonne, on en sort par *fa* de gauche à droite, par *mi* de droite à gauche, etc.

Les Anglais n'emploient pas toutes ces syllabes, mais seulement les quatre premières, *ut re mi fa*, changeant ainsi de colonne de quatre en quatre notes, ou de trois en trois par une méthode semblable à celle que je viens d'expliquer, si ce n'est qu'au lieu de *la fa* et de *la mi*, il faut muer par *fa ut* et par *mi ut*.

Les Allemands n'ont point d'autre *gamme* que les lettres initiales qui marquent les sons fixes dans les autres *gammes*, et ils solfient même avec ces lettres de la manière qu'on pourra voir au mot Solfier.

La *gamme* françoise, autrement dite *gamme* du *si*, lève les embarras de toutes ces transitions. Elle consiste en une simple échelle de six degrés sur deux colonnes, outre celle des lettres. (Voyez *Pl.* 2, *fig.* 3.) La première colonne à gauche est pour chanter par bémol, c'est-à-dire avec un bémol à la clef; la seconde, pour chanter au naturel. Voilà tout le mystère de la *gamme* françoise, qui n'a guère plus de difficulté que d'utilité, attendu que toute autre altération qu'un bémol la met à l'instant hors d'usage. Les autres *gammes* n'ont par-dessus celle-là que l'avantage d'avoir aussi une colonne pour le bécarre, c'est-à-dire pour un dièse à la clef; mais sitôt qu'on y met plus d'un dièse ou d'un bémol (ce qui ne se faisoit jamais autrefois), toutes ces *gammes* sont également inutiles. Aujourd'hui que les musiciens françois chantent tout au naturel, ils n'ont que faire de *gamme*. C *sol ut*, *ut*, et C, ne sont pour eux que la même chose. Mais, dans le système de Gui, *ut* est une chose, et C en est une autre fort différente; et quand il a donné à chaque note une syllabe et une lettre, il n'a pas prétendu en faire des synonymes, ce qui eût été doubler inutilement les noms et les embarras.

GAVOTTE, *s. f.* Sorte de danse dont l'air est à deux temps, et se coupe en deux reprises, dont chacune commence avec le second temps et finit sur le premier. Le mouvement de la *gavotte* est ordinairement gracieux, souvent gai, quelquefois aussi tendre et lent. Elle marque ses phrases et ses repos de deux en deux mesures.

GÉNIE, *s. m.* Ne cherche point, jeune artiste, ce que c'est que le *génie*. En as-tu, tu le sens en toi-même. N'en as-tu pas, tu ne le connoîtras jamais. Le *génie* du musicien soumet l'univers entier à son art; il peint tous les tableaux par des sons; il fait parler le silence même; il rend les idées par des sentiments, les sentiments par des accents; et les passions qu'il exprime, il les excite au fond des cœurs: la volupté, par lui, prend de nouveaux charmes; la douleur qu'il fait gémir arrache des cris; il brûle sans cesse, et ne se consume jamais: il exprime avec chaleur les frimas et les glaces; même en peignant les horreurs de la mort, il porte dans l'ame ce sentiment de vie qui ne l'abandonne point, et qu'il communique aux cœurs faits pour le sentir: mais, hélas! il ne sait rien dire à ceux où son germe n'est pas, et ses prodiges sont peu sensibles à qui ne les peut imiter. Veux-tu donc savoir si quelque étincelle de ce feu dévorant t'anime; cours, vole à Naples écouter les chefs-d'œuvre de Leo, de Durante, de Jomelli, de Pergolèse. Si tes yeux s'emplissent de larmes, si tu sens ton cœur palpiter, si des tressaillements t'agitent, si l'oppression te suffoque dans tes transports, prends le Métastase et travaille; son *génie* échauffera le tien, tu créeras à son exemple; c'est là ce que fait le *génie*, et d'autres yeux te rendront bientôt les pleurs que les maîtres t'ont fait verser. Mais si les charmes de ce grand art te laissent tranquille, si tu n'as ni délire ni ravissement, si tu ne trouves que beau ce qui transporte, oses-tu demander ce qu'est le *génie*? Homme vulgaire, ne profane point ce nom sublime. Que t'importeroit de le connoître? tu ne saurois le sentir : fais de la musique françoise.

GENRE, *s. m.* Division et disposition du tétracorde, considéré dans les intervalles des quatre sons qui le composent. On conçoit que cette définition, qui est celle d'Euclide, n'est applicable qu'à la musique grecque, dont j'ai à parler en premier lieu.

La bonne constitution de l'accord du tétracorde, c'est-à-dire l'établissement d'un *genre* régulier, dépendoit des trois règles suivantes, que je tire d'Aristoxène.

La première étoit que les deux cordes extrêmes du tétracorde devoient toujours rester immobiles, afin que leur intervalle fût toujours celui d'une quarte juste ou du diatessaron. Quant aux deux cordes moyennes, elles varioient à la vérité; mais l'intervalle du lichanos à la mèse ne devoit jamais passer deux *tons*, ni diminuer au-delà d'un *ton*, de sorte qu'on avoit précisément l'espace d'un *ton* pour varier l'accord du lichanos : et c'est la seconde règle. La troisième étoit que l'intervalle de la parhypate, ou seconde corde à l'hypate, n'excédât jamais celui de la même parhypate au lichanos.

Comme en général cet accord pouvoit se diversifier de trois façons, cela constituoit trois principaux *genres*; savoir, le diatonique, le chromatique, et l'enharmonique. Ces deux derniers *genres*, où les deux premiers intervalles faisoient toujours ensemble une somme moindre que le troisième intervalle, s'appeloient, à cause de cela, *genres épais ou serrés*. (Voyez Épais.)

Dans le diatonique, la modulation procédoit par un semi-ton, un *ton*, et un autre *ton*, *si ut re mi*, et comme on y passoit par deux *tons* consécutifs, de là lui venoit le nom de *diatonique*. Le chromatique procédoit successivement par deux semi-tons et un hémiditon ou une tierce mineure, *si, ut, ut* dièse, *mi*; cette modulation tenoit le milieu entre celles du diatonique et de l'enharmonique, y faisant, pour ainsi dire, sentir diverses nuances de sons, de même qu'entre deux couleurs principales on introduit plusieurs nuances intermédiaires ; et de là vient qu'on appeloit ce *genre* chromatique ou coloré. Dans l'enharmonique, la modulation procédoit par deux quarts de *ton*, en divisant, selon la doctrine d'Aristoxène, le semi-ton majeur en deux parties égales, et un diton ou une tierce majeure, comme *si, si* dièse enharmonique, *ut,* et *mi;* ou bien, selon les pythagoriciens, en divisant le semi-ton majeur en deux intervalles inégaux, qui formoient l'un le semi-ton mineur, c'est-à-dire notre dièse ordinaire, et l'autre le complément de ce même semi-ton mineur au semi-ton majeur, et ensuite le diton, comme ci-devant, *si, si* dièse ordinaire, *ut, mi.* Dans le premier cas, les deux intervalles égaux du *si* à l'*ut* étoient tous deux enharmoniques ou d'un quart de *ton;* dans le second cas, il n'y avoit d'enharmonique que le passage du *si* dièse à l'*ut,* c'est-à-dire la différence du semi-ton mineur au semi-ton majeur, laquelle est le dièse appelé *de Pythagore,* et le véritable intervalle enharmonique donné par la nature.

Comme donc cette modulation, dit M. Burette, se tenoit d'abord très-serrée, ne parcourant que de petits intervalles, des intervalles presque insensibles, on la nommoit *enharmonique,* comme qui diroit *bien jointe*, bien assemblée, *probè coagmentata*.

Outre ces *genres* principaux, il y en avoit d'autres qui résultoient tous des divers partages du tétracorde, ou de façons de l'accorder différentes de celles dont je viens de parler. Aristoxène subdivise le *genre* diatonique en syntonique et diatonique mol (voyez Diatonique), et le *genre* chromatique en mol, hémolien et tonique (voyez Chromatique), dont il donne les différences comme je les rapporte à leurs articles. Aristide Quintilien fait mention de plusieurs autres *genres* particuliers, et il en compte six qu'il donne pour très-anciens, savoir, le lydien, le dorien, le phrygien, l'ionien, le myxolydien, et le syntonolydien. Ces six *genres*, qu'il ne faut pas confondre avec les tons ou modes de mêmes noms, différoient par leurs degrés ainsi que par leur accord; les uns n'arrivoient pas à l'octave, les autres l'atteignoient, les autres la passoient, en sorte qu'ils participoient à la fois du *genre* et du mode. On en peut voir le détail dans le *Musicien grec*.

En général le diatonique se divise en autant d'espèces qu'on peut assigner d'intervalles différents entre le semi-ton et le *ton*.

Le chromatique, en autant d'espèces qu'on peut assigner d'intervalles entre le semi-ton et le dièse enharmonique.

Quant à l'enharmonique, il ne se subdivise point.

Indépendamment de toutes ces subdivisions, il y avoit encore un *genre* commun dans lequel on n'employoit que des sons stables qui appartiennent à tous les *genres*, et un *genre* mixte qui participoit du caractère de deux *genres* ou de tous les trois. Or, il faut bien remarquer que dans ce mélange des *genres*, qui étoit très-rare, on n'employoit pas pour cela plus de quatre cordes, mais on les tendoit ou relâchoit diversement durant une même pièce ; ce qui ne paroît pas trop facile à pratiquer. Je soupçonne que peut-être un tétracorde étoit accordé dans un *genre*, et un autre dans un autre ; mais les auteurs ne s'expliquent pas clairement là-dessus.

On lit dans Aristoxène (Liv. 1, Part. II) que, jusqu'au temps d'Alexandre, le diatonique et le chromatique étoient négligés des anciens musiciens, et qu'ils ne s'exerçoient que dans le *genre* enharmonique, comme le seul digne de leur habileté ; mais ce *genre* étoit entièrement abandonné du temps de Plutarque, et le chromatique aussi fut oublié, même avant Macrobe.

L'étude des écrits des anciens, plus que le progrès de notre musique, nous a rendu ces idées perdues chez leurs successeurs. Nous avons comme eux le *genre* diatonique, le chromatique, et l'enharmonique, mais sans aucunes divisions, et nous considérons ces *genres* sous des idées fort différentes de celles qu'ils en avoient ; c'étoient pour eux autant de manières particulières de conduire le chant sur certaines cordes prescrites : pour nous, ce sont autant de manières de conduire le corps entier de l'harmonie, qui forcent les parties à suivre les intervalles prescrits par ces *genres* : de sorte que le *genre* appartient encore plus à l'harmonie qui l'engendre, qu'à la mélodie qui le fait sentir.

Il faut encore observer que, dans notre musique, les *genres* sont presque toujours mixtes, c'est-à-dire que le diatonique entre pour beaucoup dans le chromatique, et que l'un et l'autre sont nécessairement mêlés à l'enharmonique. Une pièce de musique tout entière dans un seul *genre* seroit très-difficile à conduire et ne seroit pas supportable; car dans le diatonique, il seroit impossible de changer de ton; dans le chromatique, on seroit forcé de changer de ton à chaque note; et dans l'enharmonique il n'y auroit absolument aucune sorte de liaison. Tout cela vient encore des règles de l'harmonie, qui assujettissent la succession des accords à certaines règles incompatibles avec une continuelle succession enharmonique ou chromatique, et aussi de celles de la mélodie, qui n'en sauroit tirer de beaux chants. Il n'en étoit pas de même des *genres* des anciens : comme les tétracordes étoient également complets, quoique divisés différemment dans chacun des trois systèmes, si dans la mélodie ordinaire un *genre* eût emprunté d'un autre d'autres sons que ceux qui se trouvoient nécessairement communs entre eux, le tétracorde auroit eu plus de quatre cordes, et toutes les règles de leur musique auroient été confondues.

M. Serre, de Genève, a fait la distinction d'un quatrième *genre*, duquel j'ai parlé dans son article. (Voyez DIACOMMATIQUE.)

GIGUE, *s. f.* Air d'une danse de même nom, dont la mesure est à six-huit et d'un mouvement assez gai. Les opéra françois contiennent beaucoup de *gigues*, et les *gigues* de Corelli ont été long-temps célèbres : mais ces airs sont entièrement passés de mode; on n'en fait plus du tout en Italie, et l'on n'en fait plus guère en France.

GOUT, *s. m.* De tous les dons naturels le *goût* est celui qui se sent le mieux et qui s'explique le moins : il ne seroit pas ce qu'il est si l'on pouvoit le définir, car il juge des objets sur lesquels le jugement n'a plus de prise, et sert, si j'ose parler ainsi, de lunette à la raison.

Il y a dans la mélodie des chants plus agréables que d'autres, quoique également bien modulés; il y a dans l'harmonie des choses d'effet et des choses sans effet, toutes également régulières; il y a dans l'entrelacement des morceaux un art exquis de faire valoir les uns par les autres, qui tient à quelque chose de plus fin que la loi des contrastes; il y a dans l'exécution du même morceau des manières différentes de le rendre, sans jamais sortir de son caractère : de ces manières, les unes plaisent plus que les autres, et loin de les pouvoir soumettre aux règles, on ne peut pas même les déterminer. Lecteur, rendez-moi raison de ces différences, et je vous dirai ce que c'est que le *goût*.

Chaque homme a un *goût* particulier par lequel il donne aux choses qu'il appelle belles et bonnes un ordre qui n'appartient qu'à lui. L'un est plus touché des morceaux pathétiques; l'autre aime mieux les airs gais : une voix douce et flexible chargera ses chants d'ornements agréables; une voix sensible et forte animera les siens des accents de la passion : l'un cherchera la simplicité dans la mélodie; l'autre fera cas des traits recherchés : et tous deux appelleront élégance le *goût* qu'ils auront préféré. Cette diversité vient tantôt de la différente disposition des organes, dont le goût enseigne à tirer parti, tantôt du caractère particulier de chaque homme, qui le rend plus sensible à un plaisir ou à un défaut qu'à un autre, tantôt de la diversité d'âge ou de sexe, qui tourne les désirs vers des objets différents : dans tous ces cas, chacun n'ayant que son *goût* à opposer à celui d'un autre, il est évident qu'il n'en faut point disputer.

Mais il y a aussi un *goût* général sur lequel tous

les gens bien organisés s'accordent; et c'est celui-ci seulement auquel on peut donner absolument le nom de *goût*. Faites entendre un concert à des oreilles suffisamment exercées et à des hommes suffisamment instruits, le plus grand nombre s'accordera, pour l'ordinaire, sur le jugement des morceaux et sur l'ordre de préférence qui leur convient. Demandez à chacun raison de son jugement, il y a des choses sur lesquelles ils la rendront d'un avis presque unanime : ces choses sont celles qui se trouvent soumises aux règles; et ce jugement commun est alors celui de l'artiste ou du connoisseur : mais de ces choses qu'ils s'accordent à trouver bonnes ou mauvaises, il y en a sur lesquelles ils ne pourront autoriser leur jugement par aucune raison solide et commune à tous; et ce dernier jugement appartient à l'homme de *goût*. Que si l'unanimité parfaite ne s'y trouve pas, c'est que tous ne sont pas également bien organisés; que tous ne sont pas gens de *goût*, et que les préjugés de l'habitude ou de l'éducation changent souvent, par des conventions arbitraires, l'ordre des beautés naturelles. Quant à ce *goût*, on en peut disputer, parce qu'il n'y en a qu'un qui soit le vrai : mais je ne vois guère d'autre moyen de terminer la dispute que celui de compter les voix, quand on ne convient pas même de celle de la nature. Voilà donc ce qui doit décider de la préférence entre la musique françoise et l'italienne.

Au reste, le génie crée, mais la *goût* choisit ; et souvent un génie trop abondant a besoin d'un censeur sévère qui l'empêche d'abuser de ses richesses. Sans *goût* on peut faire de grandes choses; mais c'est lui qui les rend intéressantes. C'est le *goût* qui fait saisir au compositeur les idées du poète; c'est le *goût* qui fait saisir à l'exécutant les idées du compositeur; c'est le *goût* qui fournit à l'un et à l'autre tout ce qui peut orner et faire valoir leur sujet; et c'est le *goût* qui donne à l'auditeur le sentiment de toutes ces convenances. Cependant le *goût* n'est point la sensibilité : on peut avoir beaucoup de *goût* avec une ame froide; et tel homme transporté des choses vraiment passionnées est peu touché des gracieuses. Il semble que le *goût* s'attache plus volontiers aux petites expressions, et la sensibilité aux grandes.

Gout-du-chant. C'est ainsi qu'on appelle en France l'art de chanter ou de jouer les notes avec les agréments qui leur conviennent, pour couvrir un peu la fadeur du chant françois. On trouve à Paris plusieurs maîtres de *goût-du-chant*, et ce *goût* a plusieurs termes qui lui sont propres; on trouvera les principaux au mot Agréments.

Le *goût-du-chant* consiste aussi beaucoup à donner artificiellement à la voix du chanteur le timbre, bon ou mauvais, de quelque acteur ou actrice à la mode ; tantôt il consiste à nasillonner, tantôt à canarder, tantôt à chevrotter, tantôt à glapir : mais tout cela sont des grâces passagères qui changent sans cesse avec leurs auteurs.

GRAVE ou GRAVEMENT. Adverbe qui marque lenteur dans le mouvement, et de plus une certaine gravité dans l'exécution.

GRAVE, *adj.*, est opposé à *aigu*. Plus les vibrations du corps sonore sont lentes, plus le son est *grave*. (Voyez SON, GRAVITÉ.)

GRAVITÉ, *s. f.* C'est cette modification du son par laquelle on le considère comme *grave* ou *bas* par rapport à d'autres sons qu'on appelle *hauts* ou *aigus*. Il n'y a point dans la langue françoise de corrélatif à ce mot, car celui d'*acuité* n'a pu passer.

La *gravité* des sons dépend de la grosseur, longueur, tension des cordes, de la longueur et du diamètre des tuyaux, et en général du volume et de la masse des corps sonores; plus ils ont de tout cela, plus leur *gravité* est grande : mais il n'y a point de *gravité* absolue, et nul son n'est grave ou aigu que par comparaison.

GROS-FA. Certaines vieilles musiques d'église, en notes carrées, rondes ou blanches, s'appeloient jadis du *gros-fa*.

GROUPE, *s. m.* Selon l'abbé Brossard, quatre notes égales et diatoniques, dont la première et la troisième sont sur le même degré, forment un *groupe*. Quand la deuxième descend et que la quatrième monte, c'est *groupe ascendant;* quand la deuxième monte et que la quatrième descend, c'est *groupe descendant* : et il ajoute que ce nom a été donné à ces notes à cause de la figure qu'elles forment ensemble.

Je ne me souviens pas d'avoir jamais ouï employer ce mot, en parlant, dans le sens que lui donne l'abbé Brossard, ni même de l'avoir lu dans le même sens ailleurs que dans son dictionnaire.

GUIDE, *s. f.* C'est la partie qui entre la première dans une fugue et annonce le sujet. (Voy. FUGUE.) Ce mot, commun en Italie, est peu usité en France dans le même sens.

GUIDON, *s. m.* Petit signe de musique, lequel se met à l'extrémité de chaque portée sur le degré où sera placée la note qui doit commencer la portée suivante : si cette première note est accompagnée accidentellement d'un dièse, d'un bémol, ou d'un bécarre, il convient d'en accompagner aussi le *guidon.*

On ne se sert plus de *guidons* en Italie, surtout dans les partitions, où chaque portée ayant toujours dans l'accolade sa place fixe, on ne sauroit guère se tromper en passant de l'une à l'autre. Mais les *guidons* sont nécessaires dans les partitions françoises, parce que, d'une ligne à l'autre, les accolades, embrassant plus ou moins de portées, vous laissent dans une continuelle incertitude de la portée correspondante à celle que vous avez quittée.

Gymnopédie, *s. f.* Air ou nome sur lequel dansoient à nu les jeunes Lacédémoniennes.

H.

Harmatias. Nom d'un nome dactylique de la musique grecque, inventé par le premier Olympe, Phrygien.

Harmonie, *s. f.* Le sens que donnoient les Grecs à ce mot dans leur musique est d'autant moins facile à déterminer, qu'étant originairement un nom propre il n'a point de racines par lesquelles on puisse le décomposer pour en tirer l'étymologie. Dans les anciens traités qui nous restent, l'*harmonie* paroît être la partie qui a pour objet la succession convenable des sons, en tant qu'ils sont aigus ou graves, par opposition aux deux autres parties appelées *rhythmica* et *metrica*, qui se rapportent au temps et à la mesure; ce qui laisse à cette convenance une idée vague et indéterminée qu'on ne peut fixer que par une étude expresse de toutes les règles de l'art; et encore, après cela, l'*harmonie* sera-t-elle fort difficile à distinguer de la mélodie, à moins qu'on n'ajoute à cette dernière les idées de rhythme et de mesure, sans lesquelles, en effet, nulle mélodie ne peut avoir un caractère déterminé; au lieu que l'*harmonie* a le sien par elle-même indépendamment de toute autre quantité. (Voy. Mélodie.)

On voit par un passage de Nicomaque et par d'autres qu'ils donnoient aussi quelquefois le nom d'*harmonie* à la consonnance de l'octave, et aux concerts de voix et d'instruments qui s'exécutoient à l'octave, et qu'ils appeloient plus communément *antiphonies*.

Harmonie, selon les modernes, est une succession d'accords selon les lois de la modulation. Longtemps cette *harmonie* n'eut d'autres principes que des règles presque arbitraires ou fondées uniquement sur l'approbation d'une oreille exercée, qui jugeoit de la bonne ou mauvaise succession des consonnances, et dont on mettoit ensuite les décisions en calcul. Mais le P. Mersenne et M. Sauveur ayant trouvé que tout son, bien que simple en apparence, étoit toujours accompagné d'autres sons moins sensibles qui formoient avec lui l'accord parfait majeur, M. Rameau est parti de cette expérience, et en a fait la base de son système harmonique, dont il a rempli beaucoup de livres, et qu'enfin M. d'Alembert a pris la peine d'expliquer au public.

M. Tartini, partant d'une autre expérience plus neuve, plus délicate, et non moins certaine, est parvenu à des conclusions assez semblables par un chemin tout opposé. M. Rameau fait engendrer les dessus par la basse; M. Tartini fait engendrer la basse par les dessus : celui-ci tire l'*harmonie* de la mélodie, et le premier fait tout le contraire.

Pour décider de laquelle des deux écoles doivent sortir les meilleurs ouvrages, il ne faut que savoir lequel doit être fait pour l'autre, du chant ou de l'accompagnement. On trouvera au mot SYSTÈME un court exposé de celui de M. Tartini. Je continue à parler ici dans celui de M. Rameau, que j'ai suivi dans tout cet ouvrage, comme le seul admis dans le pays où j'écris.

Je dois pourtant déclarer que ce système, quelque ingénieux qu'il soit, n'est rien moins que fondé sur la nature, comme il le répète sans cesse; qu'il n'est établi que sur des analogies et des convenances qu'un homme inventif peut renverser demain par d'autres plus naturelles ; qu'enfin, des expériences dont il le déduit, l'une est reconnue fausse, et l'autre ne fournit point les conséquences qu'il en tire. En effet, quand cet auteur a voulu décorer du titre de *démonstration* les raisonnements sur lesquels il établit sa théorie, tout le monde s'est moqué de lui; l'académie a hautement désapprouvé cette qualification obreptice; et M. Estève, de la société royale de Montpellier, lui a fait voir qu'à commencer par cette proposition, que, dans la loi de la nature, les octaves des sons les représentent et peuvent se prendre pour eux, il n'y avoit rien du tout qui fût démontré, ni même solidement établi dans sa sa prétendue démonstration. Je reviens à son système.

Le principe physique de la résonnance nous offre les accords isolés et solitaires; il n'en établit pas la succession. Une succession régulière est pourtant nécessaire. Un dictionnaire de mots choisis n'est pas une harangue, ni un recueil de bons accords une pièce de musique : il faut un sens, il faut de la liaison dans la musique ainsi que dans le langage; il faut que quelque chose de ce qui précède se transmette à ce qui suit, pour que le tout fasse un ensemble et puisse être appelé véritablement un.

Or la sensation composée qui résulte d'un accord parfait se résout dans la sensation absolue de chacun des sons qui le composent, et dans la sensation comparée de chacun des intervalles que ces mêmes sons forment entre eux : il n'y a rien au-delà de sensible dans cet accord ; d'où il suit que ce n'est que par le rapport des sons et par l'analogie des intervalles qu'on peut établir la liaison dont il s'agit, et c'est là le vrai et l'unique principe d'où découlent toutes les lois de l'*harmonie* et de la modulation. Si donc toute l'*harmonie* n'étoit formée que par une succession d'accords parfaits majeurs, il suffiroit d'y procéder par intervalles semblables à ceux qui composent un tel accord : car alors, quelque son de l'accord précédent se prolongeant nécessairement dans le suivant, tous les accords se trouveroient suffisamment liés, et l'*harmonie* seroit une, au moins en ce sens.

Mais, outre que de telles successions excluroient toute mélodie en excluant le genre diatonique qui en fait la base, elles n'iroient point au vrai but de l'art, puisque la musique, étant un discours, doit avoir comme lui ses périodes, ses phrases, ses suspensions, ses repos, sa ponctuation de toute espèce, et que l'uniformité des marches harmoniques n'offriroit rien de tout cela. Les marches diatoniques exigeoient que les accords majeurs et mineurs fussent entremêlés, et l'on a senti la nécessité des dissonances pour marquer les phrases et les repos. Or la succession liée des accords parfaits majeurs ne donne ni l'accord parfait mineur, ni la dissonance, ni aucune espèce de phrase, et la ponctuation s'y trouve tout-à-fait en défaut.

M. Rameau, voulant absolument, dans son système, tirer de la nature toute notre *harmonie*, a eu recours pour cet effet à une autre expérience de son invention, de laquelle j'ai parlé ci-devant, et qui est renversée de la première : il a prétendu qu'un son quelconque fournissoit dans ses multiples un accord parfait mineur au grave, dont il étoit la dominante ou quinte, comme il en fournit un majeur dans ses aliquotes, dont il est la tonique ou fondamentale. Il a avancé, comme un fait assuré, qu'une corde sonore faisoit vibrer dans leur totalité, sans pourtant les faire résonner, deux autres cordes plus graves, l'une à sa douzième majeure, et l'autre à sa dix-septième; et de ce fait, joint au précédent, il a déduit fort ingénieusement non seulement l'introduction du mode mineur et de la dissonance dans l'*harmonie*, mais les règles de la phrase harmonique et de toute la modulation, telles qu'on les trouve aux mots Accord, Accompagnement, Basse-fondamentale, Cadence, Dissonance, Modulation.

Mais premièrement l'expérience est fausse. Il est reconnu que les cordes accordées au-dessous du son fondamental ne frémissent point en entier à ce son fondamental, mais qu'elles se divisent pour en rendre seulement l'unisson, lequel conséquemment n'a point d'harmoniques en dessous : il est reconnu de plus que la propriété qu'ont les cordes de se diviser n'est point particulière à celles qui sont accordées à la douzième et à la dix-septième en dessous du son principal, mais qu'elle est commune à tous ses multiples; d'où il suit que les intervalles de douzième et dix-septième en dessous n'étant pas uniques en leur manière, on n'en peut rien conclure en faveur de l'accord parfait mineur qu'ils représentent.

Quand on supposeroit la vérité de cette expérience, cela ne lèveroit pas à beaucoup près les difficultés. Si, comme le prétend M. Rameau, toute l'*harmonie* est dérivée de la résonnance du corps sonore, il n'en dérive donc point des seules vibrations du corps sonore qui ne résonne pas. En effet, c'est une étrange théorie de tirer de ce qui ne résonne pas les principes de l'*harmonie* ; et c'est une étrange physique de faire vibrer et non résonner le corps sonore, comme si le son lui-même étoit autre chose que l'air ébranlé par ces vibrations. D'ailleurs le corps sonore ne donne pas seulement, outre le son principal, les sons qui composent avec lui l'accord parfait, mais une infinité d'autres sons, formés par toutes les aliquotes du corps sonore, lesquels n'entrent point dans cet accord parfait. Pourquoi les premiers sont-ils consonnants, et pourquoi les autres ne le sont-ils pas, puisqu'ils sont tous également donnés par la nature ?

Tout son donne un accord vraiment parfait, puisqu'il est formé de tous ses harmoniques, et que c'est par eux qu'il est un son : cependant ces harmoniques ne s'entendent pas, et l'on ne distingue qu'un son simple, à moins qu'il ne soit extrêmement fort ; d'où il suit que la seule bonne *harmonie* est l'unisson, et qu'aussitôt qu'on distingue les consonnances, la proportion naturelle étant altérée, l'*harmonie* a perdu sa pureté.

Cette altération se fait alors de deux manières. Premièrement, en faisant sonner certains harmoniques, et non pas les autres, on change le rapport de force qui doit régner entre eux tous, pour produire la sensation d'un son unique, et l'unité de la nature est détruite. On produit, en doublant ces harmoniques, un effet semblable à celui qu'on produiroit en étouffant tous les autres; car alors il ne faut pas douter qu'avec le son générateur on n'entendît ceux des harmoniques qu'on auroit laissés; au lieu qu'en les laissant tous, ils s'entre-détruisent et concourent ensemble à produire et renforcer la sensation unique du son principal. C'est le même effet que donne le plein jeu de l'orgue, l'orsqu'ôtant successivement les registres, on laisse avec le principal la doublette et la quinte; car alors cette quinte et cette tierce, qui restoient confondues, se distinguent séparément et désagréablement.

De plus, les harmoniques qu'on fait sonner ont eux-mêmes d'autres harmoniques, lesquels ne le sont pas du son fondamental : c'est par ces harmoniques ajoutés que celui qui les produit se distingue encore plus durement; et ces mêmes harmoniques qui font aussi sentir l'accord n'entrent point dans son *harmonie*. Voilà pourquoi les consonnances les plus parfaites déplaisent naturellement aux oreilles peu faites à les entendre, et je ne doute pas que l'octave elle-même ne déplût comme les autres, si le mélange des voix d'hommes et de femmes n'en donnoit l'habitude dès l'enfance.

C'est encore pis dans la dissonance, puisque, non seulement les harmoniques du son qui la donnent, mais ce son lui-même n'entre point dans le système harmonieux du son fondamental ; ce qui fait que la dissonance se distingue toujours d'une manière choquante parmi tous les autres sons.

Chaque touche d'un orgue, dans le plein-jeu, donne un accord parfait tierce majeure, qu'on ne distingue pas du son fondamental, à moins qu'on ne soit d'une attention extrême et qu'on ne tire successivement les jeux; mais ces sons harmoniques ne se confondent avec le principal qu'à la faveur du grand bruit et d'un arrangement de registres par lequel les tuyaux qui font résonner le son fondamental couvrent de leur force ceux qui donnent ces harmoniques. Or, on n'observe point et l'on ne sauroit observer cette proportion continuelle dans un concert, puisque, attendu le renversement de *l'harmonie*, il faudroit que cette plus grande force passât à chaque instant d'une partie à une autre ; ce qui n'est pas praticable, et défigureroit toute la mélodie.

Quand on joue de l'orgue, chaque touche de la basse fait sonner l'accord parfait majeur; mais parce que cette basse n'est pas toujours fondamentale, et qu'on module souvent en accord parfait mineur, cet accord parfait majeur est rarement celui que frappe la main droite ; de sorte qu'on entend la tierce mineure avec la majeure, la quinte avec le triton, la septième superflue avec l'octave, et mille autres cacophonies, dont nos oreilles sont peu choquées, parce que l'habitude les rend accommodantes; mais il n'est point à présumer qu'il en fût ainsi d'une oreille naturellement juste, et qu'on mettroit pour la première fois à l'épreuve de cette *harmonie*.

M. Rameau prétend que les dessus d'une certaine simplicité suggèrent naturellement leur basse, et qu'un homme ayant l'oreille juste et non exercée entonnera naturellement cette basse. C'est là un préjugé de musicien démenti par toute expérience. Non seulement celui qui n'aura jamais entendu ni basse ni *harmonie* ne trouvera de luimême ni cette *harmonie* ni cette basse, mais elles lui déplairont si on les lui fait entendre, et il aimera beaucoup mieux le simple unisson.

Quand on songe que de tous les peuples de la terre, qui tous ont une musique et un chant, les Européens sont les seuls qui aient une *harmonie*, des accords, et qui trouvent ce mélange agréable; quand on songe que le monde a duré tant de siècles, sans que de toutes les nations qui ont cultivé les beaux arts aucune ait connu cette *harmonie*; qu'aucun animal, qu'aucun oiseau, qu'aucun être dans la nature ne produit d'autre accord que l'unisson, ni d'autre musique que la mélodie; que les langues orientales, si sonores, si musicales; que les oreilles grecques, si délicates, si sensibles, exercées avec tant d'art, n'ont jamais guidé ces peuples voluptueux et passionnés vers notre *har-*

monie; que sans elle leur musique avoit des effets si prodigieux; qu'avec elle la nôtre en a de si foibles; qu'enfin il étoit réservé à des peuples du Nord, dont les organes durs et grossiers sont plus touchés de l'éclat et du bruit des voix que de la douceur des accents et de la mélodie des inflexions, de faire cette grande découverte et de la donner pour principe à toutes les règles de l'art; quand, dis-je, on fait attention à tout cela, il est bien difficile de ne pas soupçonner que toute notre *harmonie* n'est qu'une invention gothique et barbare, dont nous ne nous fussions jamais avisés si nous eussions été plus sensibles aux véritables beautés de l'art et à la musique vraiment naturelle.

M. Rameau prétend cependant que l'*harmonie* est la source des plus grandes beautés de la musique; mais ce sentiment est contredit par les faits et par la raison. Par les faits, puisque tous les grands effets de la musique ont cessé, et qu'elle a perdu son énergie et sa force depuis l'invention du contre-point; à quoi j'ajoute que les beautés purement harmoniques sont des beautés savantes, qui ne transportent que des gens versés dans l'art; au lieu que les véritables beautés de la musique étant de la nature, sont et doivent être également sensibles à tous les hommes savants et ignorants.

Par la raison, puisque l'*harmonie* ne fournit aucun principe d'imitation par lequel la musique, formant des images ou exprimant des sentiments, se puisse élever au genre dramatique ou imitatif, qui est la partie de l'art la plus noble et la seule énergique, tout ce qui ne tient qu'au physique des sons étant très-borné dans le plaisir qu'il nous donne, et n'ayant que très-peu de pouvoir sur le cœur humain. (Voyez MÉLODIE.)

HARMONIE. Genre de musique. Les anciens ont souvent donné ce nom au genre appelé plus communément *genre enharmonique*. (Voyez ENHARMONIQUE.)

HARMONIE DIRECTE est celle où la basse est fondamentale, et où les parties supérieures conservent l'ordre direct entre elles et avec cette basse.

HARMONIE RENVERSÉE est celle où le son générateur ou fondamental est dans quelqu'une des parties supérieures, et où quelque autre son de l'accord est transporté à la basse au-dessous des autres. (Voyez DIRECT, RENVERSÉ.)

HARMONIE FIGURÉE est celle où l'on fait passer plusieurs notes sur un accord. On *figure* l'*harmonie* par degrés conjoints ou disjoints. Lorsqu'on figure par degrés conjoints, on emploie nécessairement d'autres notes que celles qui forment l'accord, des notes qui ne sonnent point sur la basse, et sont comptées pour rien dans l'*harmonie* : ces notes intermédiaires ne doivent pas se montrer au commencement des temps, principalement des temps forts, si ce n'est comme coulés, ports-de-voix, ou lorsqu'on fait la première note du temps brève pour appuyer la seconde. Mais quand on figure par degrés disjoints, on ne peut absolument employer que les notes qui forment l'accord, soit consonnant, soit dissonant. L'*harmonie* se *figure* encore par des sons suspendus ou supposés. (Voy. SUPPOSITION, SUSPENSION.)

HARMONIEUX, *adj.* Tout ce qui fait de l'effet dans l'harmonie, et même quelquefois tout ce qui est sonore et remplit l'oreille dans les voix, dans les instruments, dans la simple mélodie.

HARMONIQUE, *adj.* Ce qui appartient à l'harmonie, comme les divisions *harmoniques* du monocorde, la proportion *harmonique*, le canon *harmonique*, etc.

HARMONIQUES, *s. des deux genres.* On appelle ainsi tous les sons concomitants ou accessoires, qui, par le principe de la résonnance, accompagnent un son quelconque et le rendent appréciable : ainsi toutes les aliquotes d'une corde sonore en donnent les *harmoniques*. Ce mot s'emploie au masculin quand on sous-entend le mot *son*, et au féminin quand on sous-entend le mot *corde*.

SONS HARMONIQUES. (Voyez SON.)

HARMONISTE, *s. m.* Musicien savant dans l'harmonie. *C'est un bon* harmoniste; *Durante est le plus grand* harmoniste *de l'Italie, c'est-à-dire du monde.*

HARMONOMÈTRE, *s. m.* Instrument propre à

mesurer les rapports harmoniques. Si l'on pouvoit observer et suivre à l'oreille et à l'œil les ventres, les nœuds, et toutes les divisions d'une corde sonore en vibration, l'on auroit un *harmonomètre* naturel très-exact ; mais nos sens trop grossiers ne pouvant suffire à ces observations, on y supplée par un monocorde que l'on divise à volonté par des chevalets mobiles; et c'est le meilleur *harmonomètre* naturel que l'on ait trouvé jusqu'ici. (Voyez Monocorde.)

Harpalice. Sorte de chanson propre aux filles parmi les anciens Grecs. (Voyez Chanson.)

Haut, *adj*. Ce mot signifie la même chose qu'*aigu*, et ce terme est opposé à *bas*. C'est ainsi qu'on dira que le ton est trop *haut*, qu'il faut monter l'instrument plus *haut*.

Haut s'emploie aussi quelquefois improprement pour *fort* : *Chantez plus* haut, *on ne vous entend pas.*

Les anciens donnoient à l'ordre des sons une dénomination tout opposée à la nôtre ; ils plaçoient en *haut* les sons graves, et en bas les sons aigus : ce qu'il importe de remarquer pour entendre plusieurs de leurs passages.

Haut est encore, dans celles des quatre parties de la musique qui se subdivisent, l'épithète qui distingue la plus élevée ou la plus aiguë. Haute-contre, Haute-taille, Haut-dessus. (Voyez ces mots.)

Haut-dessus, *s. m.* C'est, quand les dessus chantants se subdivisent, la partie supérieure. Dans les parties instrumentales on dit toujours *premier dessus* et *second dessus* ; mais dans le vocal on dit quelquefois *haut-dessus* et *bas-dessus*.

Haute-Contre, Altus ou Contra. Celle des quatre parties de la musique qui appartient aux voix d'hommes les plus aiguës ou les plus hautes, par opposition à la *basse-contre* qui est pour les plus graves ou les plus basses. (Voyez Parties.)

Dans la musique italienne, cette partie, qu'ils appellent *contr'alto* et qui répond à la *haute-contre*, est presque toujours chantée par des *bas-dessus*, soit femmes, soit castrati. En effet la *haute-contre* en voix d'hommes n'est point naturelle ; il faut la forcer pour la porter à ce diapason ; quoi qu'on fasse, elle a toujours de l'aigreur, et rarement de la justesse.

Haute-taille, tenor, est cette partie de la musique qu'on appelle aussi simplement *taille*. Quand la taille se subdivise en deux autres parties, l'inférieure prend le nom de *basse-taille* ou *concordant*, et la supérieure s'appelle *haute-taille*.

Hémi. Mot grec fort usité dans la musique, et qui signifie *demi* ou *moitié*. (Voyez Semi.)

Hémiditon. C'étoit, dans la musique grecque, l'intervalle de tierce majeure; diminué d'un semi-ton, c'est-à-dire la tierce mineure. L'*hémiditon* n'est point, comme on pourroit croire, la moitié du diton ou le *ton :* mais c'est le diton moins la moitié d'un *ton ;* ce qui est tout différent.

Hémiole. Mot grec qui signifie l'*entier et demi*, et qu'on a consacré en quelque sorte à la musique : il exprime le rapport de deux quantités dont l'une est à l'autre comme 15 à 10, ou comme 3 à 2 : on l'appelle autrement *rapport sesquialtère*.

C'est de ce rapport que naît la consonnance appelée *diapente* ou quinte ; et l'ancien rhythme sesquialtère en naissoit aussi.

Les anciens auteurs italiens donnent encore le nom d'*hémiole* ou *hémiolie* à cette espèce de mesure triple dont chaque temps est une noire. Si cette noire est sans queue, la mesure s'appelle *hemiolia maggiore*, parce qu'elle se bat plus lentement et qu'il faut deux noires à queue pour chaque temps. Si chaque temps ne contient qu'une noire à queue, la mesure se bat du double plus vite, et s'appelle *hèmiolia minore*.

Hémiolien, *adj*. C'est le nom que donne Aristoxène à l'une des trois espèces du genre chromatique dont il explique les divisions. Le tétracorde 30 y est partagé en trois intervalles, dont les deux premiers, égaux entre eux, sont chacun la sixième partie, et dont le troisième est les deux tiers : $5 + 5 + 20 = 30$.

Heptacorde, Heptaméride, Heptaphone, Hexacorde, etc. (Voyez Eptacorde; Eptaméride, Eptaphone, etc.)

Hermosménon. (Voyez Moeurs.)

Hexarmonien, *adj.* Nome ou chant d'une mélodie efféminée et lâche, comme Aristophane le reproche à Philoxène son auteur.

Homophonie, *s. f.* C'étoit dans la musique grecque cette espèce de symphonie qui se faisoit à l'unisson, par opposition à l'antiphonie qui s'exécutoit à l'octave. Ce mot vient de ὁμὸς, pareil, et de φωνή, son.

Hymée. Chanson des meuniers chez les anciens Grecs, autrement dite *épiaulie*. (Voyez ce mot.)

Hyménée. Chanson des noces chez les anciens Grecs, autrement dite *épithalame*. (Voyez Épithalame.)

Hymne, *s. f.* Chant en l'honneur des dieux ou des héros. Il y a cette différence entre l'*hymne* et le cantique, que celui-ci se rapporte plus communément aux actions, et l'*hymne* aux personnes. Les premiers chants de toutes les nations ont été des cantiques ou des *hymnes*. Orphée et Linus passoient chez les Grecs pour auteurs des premières *hymnes;* et il nous reste parmi les poésies d'Homère un recueil d'hymnes en l'honneur des dieux.

Hypate, *adj.* Épithète par laquelle les Grecs distinguoient le tétracorde le plus bas, et la plus basse corde de chacun des deux plus bas tétracordes; ce qui pour eux étoit tout le contraire, car ils suivoient dans leurs dénominations un ordre rétrograde au nôtre, et plaçoient en haut le grave que nous plaçons en bas. Ce choix est arbitraire, puisque les idées attachées aux mots *aigu* et *grave* n'ont aucune liaison naturelle avec les idées attachées aux mots *haut* et *bas*.

On appeloit donc *tétracorde hypaton*, ou des *hypates*, celui qui étoit le plus grave de tous et immédiatement au-dessus de la *proslambanomène* ou plus basse corde du mode; et la première corde du tétracorde qui suivoit immédiatement celle-là s'appeloit *hypate-hypaton*, c'est-à-dire, comme le traduisoient les Latins, la *principale* du tétracorde des *principales*. Le tétracorde immédiatement suivant du grave à l'aigu s'appeloit *tétracorde-méson*, ou des moyennes, et la plus grave corde s'appeloit *hypate-méson*, c'est-à-dire la principale des moyennes.

Nicomaque le Gérasénien prétend que ce mot d'*hypate*, *principale*, *élevée* ou *suprême*, a été donné à la plus grave des cordes du diapason par allusion à Saturne, qui des sept planètes est la plus éloignée de nous. On se doutera bien par là que ce Nicomaque étoit pythagoricien.

HYPATE-HYPATON. C'étoit la plus basse corde du plus bas tétracorde des Grecs, et d'un ton plus haut que la proslambanomène. (Voyez l'article précédent.)

Hypate-méson. C'étoit la plus basse corde du second tétracorde, laquelle étoit aussi la plus aiguë du premier, parce que ces deux tétracordes étoient conjoints. (Voyez Hypate.)

Hypatoïdes. Sons graves. (Voyez Lepsis.)

Hyperboléien, *adj.* Nome ou chant de même caractère que l'hexarmonien. (Voyez Hexarmonien.)

Hyperboléon. Le tétracorde *hyperboléon* étoit le plus aigu des cinq tétracordes du système des Grecs.

Ce mot est le génitif du substantif pluriel ὑπερϐόλαι, sommets, extrémités; les sons les plus aigus étant à l'extrémité des autres.

Hyper-diazeuxis. Disjonction de deux tétracordes séparés par l'intervalle d'une octave, comme étoient le tétracorde des hypates et celui des hyperbolées.

Hyper-dorien. Mode de la musique grecque, autrement appelé *mixo-lydien*, duquel la fondamentale ou tonique étoit une quarte au-dessus de celle du mode dorien. (Voyez Mode.)

On attribue à Pythoclide l'invention du mode *hyper-dorien.*

Hyper-éolien. Le pénultième à l'aigu des quinze modes de la musique des Grecs, et duquel la fondamentale ou tonique étoit une quarte au-dessus de celle du mode éolien. (Voyez Mode.)

Le mode *hyper-éolien,* non plus que l'hyberlydien qui le suit, n'étoient pas si anciens que les autres : Aristoxène n'en fait aucune mention, et Ptolomée, qui n'en admettoit que sept, n'y comprenoit point ces deux-là.

HYPER-IASTIEN, ou *mixo-lydien aigu*. C'est le nom qu'Euclide et plusieurs anciens donnent au mode appelé plus communément *hyper-ionien*.

HYPER-IONIEN. Mode de la musique grecque, appelé aussi par quelques-uns *hyper-iastien* ou *mixo-lydien aigu*, lequel avoit sa fondamentale une quarte au-dessus de celle du mode ionien. Le mode ionien est le douzième en ordre du grave à l'aigu, selon le dénombrement d'Alipius. (Voyez MODE.)

HYPER-LYDIEN. Le plus aigu des quinze modes de la musique des Grecs, duquel la fondamentale étoit une quarte au-dessus de celle du mode lydien. Ce mode, non plus que son voisin l'hyper-éolien, n'étoit pas si ancien que les treize autres; et Aristoxène, qui les nomme tous, ne fait aucune mention de ces deux-là. (Voyez MODE.)

HYPER-MIXO-LYDIEN. Un des modes de la musique grecque, autrement appelé *hyper-phrygien*. (Voyez ce mot.)

HYPER-PHRYGIEN, appelé aussi par Euclide *hyper-mixo-lydien*, est le plus aigu des treize modes d'Aristoxène, faisant le diapason ou l'octave avec l'hypo-dorien, le plus grave de tous. (Voyez MODE.)

Hypo-diazeuxis est, selon le vieux Bacchius, l'intervalle de quinte qui se trouve entre deux tétracordes séparés par une disjonction, et de plus par un troisième tétracorde intermédiaire. Ainsi il y a *hypo-diazeuxis* entre les tétracordes hypaton et diézeugménon, et entre les tétracordes synnéménon et hyperboléon. (Voyez Tétracorde.)

Hypo-dorien. Le plus grave de tous les modes de l'ancienne musique. Euclide dit que c'est le plus élevé ; mais le vrai sens de cette expression est expliqué au mot *hypate*.

Le mode *hypo-dorien* a sa fondamentale une quarte au-dessous de celle du mode dorien ; il fut inventé, dit-on, par Philoxène. Ce mode est affectueux, mai gai, alliant la douceur à la majesté.

Hypo-éolien. Mode de l'ancienne musique, appelé aussi par Euclide *hypo-lydien grave*. Ce mode a sa fondamentale une quarte au-dessous de celle du mode éolien. (Voyez Mode.)

Hypo-iastien. (Voyez Hypo-ionien.)

Hypo-ionien. Le second des modes de l'ancienne musique, en commençant par le grave. Euclide l'appelle aussi *hypo-iastien* et *hypo-phrygien grave*. Sa fondamentale est une quarte au-dessous de celle du mode lydien. (Voyez Mode.)

Hypo-lydien. Le cinquième mode de l'ancienne musique, en commençant par le grave. Euclide l'appelle aussi *hypo-iastien* et *hypo-phrygien grave*. Sa fondamentale est une quarte au-dessous de celle du mode lydien. (Voyez Mode.)

Euclide distingue deux modes *hypo-lydiens*, savoir : l'aigu, qui est celui de cet article; et le grave, qui est le même que l'hypo-éolien.

Le mode *hypo-lydien* étoit propre aux chants funèbres, aux méditations sublimes et divines : quelques-uns en attribuent l'invention à Polymneste de Colophon, d'autres à Damon l'Athénien.

Hypo-mixo-lydien. Mode ajouté par Gui d'Arezzo à ceux de l'ancienne musique : c'est proprement le plagal du mode mixo-lydien, et sa fondamentale est la même que celle du mode dorien. (Voyez Mode.)

Hypo-phrygien. Un des modes de l'ancienne musique dérivé du mode phrygien, dont la fondamentale est une quarte au-dessus de la sienne.

Euclide parle encore d'un autre mode hypo-phrygien au grave de celui-ci; c'est celui qu'on appelle plus correctement hypo-ionien. (Voyez ce mot.)

Le caractère du mode *hypo-phrygien* étoit calme, paisible, et propre à tempérer la véhémence du phrygien : il fut inventé, dit-on, par Damon, l'ami de Pythias et l'élève de Socrate.

Hypo-proslambanoménos. Nom d'une corde ajoutée, à ce qu'on prétend, par Gui d'Arezzo, un ton plus bas que la proslambanomène des Grecs, c'est-à-dire au-dessous de tout le système. L'auteur de cette nouvelle corde l'exprima par la lettre Γ de l'alphabet grec, et de là nous est venu le nom de la *gamme*.

HYPORCHEMA. Sorte de cantique sur lequel on dansoit aux fêtes des dieux.

HYPO-SYNAPHE est, dans la musique des Grecs, la disjonction des deux tétracordes séparés par l'interposition d'un troisième tétracorde conjoint avec chacun des deux, en sorte que les cordes homologues des deux tétracordes disjoints par *hypo-synaphe* ont entre elles cinq tons ou une septième mineure d'intervalle : tels sont les deux tétracordes *hypaton* et *synnéménon*.

I.

IALÈME. Sorte de chant funèbre jadis en usage parmi les Grecs, comme le *linos* chez le même peuple, et le *manéros* chez les Égyptiens. (Voyez CHANSON.)

IAMBIQUE, *adj.* Il y avoit dans la musique des anciens deux sortes de vers *iambiques*, dont on ne faisoit que réciter les uns au son des instruments, au lieu que les autres se chantoient. On ne comprend pas bien quel effet devoit produire l'accompagnement des instruments sur une simple récitation, et tout ce qu'on en peut conclure raisonnablement, c'est que la plus simple manière de prononcer la poésie grecque, ou du moins l'*iambique*, se faisoit par des sons appréciables, harmoniques, et tenoit encore beaucoup de l'intonation du chant.

IASTIEN. Nom donné par Aristoxène et Alipius au mode que les autres auteurs appellent plus communément *ionien*. (Voyez MODE.)

JEU, *s. m.* L'action de jouer d'un instrument. (Voyez JOUER.) On dit *plein-jeu*, *demi-jeu*, selon la manière plus forte ou plus douce de tirer les sons de l'instrument.

IMITATION, *s. f.* La musique dramatique ou théâtrale concourt à l'*imitation*, ainsi que la poésie et la peinture : c'est à ce principe commun que se rapportent tous les beaux arts, comme l'a montré M. Le Batteux. Mais cette *imitation* n'a pas pour tous la même étendue. Tout ce que l'imagination peut se représenter est du ressort de la poésie. La peinture, qui n'offre point ses tableaux à l'imagination, mais au sens et à un seul sens, ne peint que les objets soumis à la vue. La musique sembleroit avoir les mêmes bornes par rapport à l'ouïe ; cependant elle peint tout, même les objets qui ne sont que visibles : par un prestige presque inconcevable elle semble mettre l'œil dans l'oreille ; et la plus grande merveille d'un art qui n'agit que par le mouvement est d'en pouvoir former jusqu'à l'image du repos. La nuit, le sommeil, la solitude et le silence, entrent dans le nombre des grands tableaux de la musique. On sait que le bruit peut produire l'effet du silence, et le silence l'effet du bruit ; comme quand on s'endort à une lecture égale et monotone, et qu'on s'éveille à l'instant qu'elle cesse. Mais la musique agit plus intimement sur nous en excitant par un sens des affections semblables à celles qu'on peut exciter par un autre ; et, comme le rapport ne peut être sensible que l'impression ne soit forte, la peinture dénuée de cette force ne peut rendre à la musique les *imitations* que celle-ci tire d'elle. Que toute la nature soit endormie, celui qui la contemple ne dort pas, et l'art du musicien consiste à substituer à l'image insensible de l'objet celle des mouvements que sa présence excite dans le cœur du contemplateur : non seulement il agitera la mer, animera la flamme d'un incendie, fera couler les ruisseaux, tomber la pluie et grossir les torrents, mais il peindra l'horreur d'un désert affreux, rembrunira les murs d'une prison souterraine, calmera la tempête, rendra l'air tranquille et serein, et répandra de l'orchestre une fraîcheur nouvelle sur les bocages : il ne représentera pas directement ces choses, mais il excitera dans l'ame les mêmes mouvements qu'on éprouve en les voyant.

J'ai dit au mot HARMONIE qu'on ne tire d'elle aucun principe qui mène à l'*imitation* musicale, puisqu'il n'y a aucun rapport entre les accords et les objets qu'on veut peindre, ou les passions qu'on veut exprimer. Je ferai voir au mot MÉLODIE quel est ce principe que l'harmonie ne fournit pas, et quels traits donnés par la nature sont employés par la musique pour représenter ces objets et ces passions.

IMITATION, dans son sens technique, est l'emploi d'un même chant, ou d'un chant semblable dans plusieurs parties qui les font entendre l'une après l'autre, à l'unisson, à la quinte, à la quarte, à la tierce, ou à quelque autre intervalle que ce soit. L'*imitation* est toujours bien prise, même en changeant plusieurs notes, pourvu que ce même chant se reconnoisse toujours et qu'on ne s'écarte point des lois d'une bonne modulation. Souvent, pour rendre l'*imitation* plus sensible, on la fait précéder de silences ou de notes longues, qui semblent laisser éteindre le chant au moment que l'*imitation* le ranime. On traite l'*imitation* comme on veut; on l'abandonne, on la reprend, on en commence une autre à volonté; en un mot, les règles en sont aussi relâchées que celles de la fugue sont sévères : c'est pourquoi les grands maîtres la dédaignent, et toute *imitation* trop affectée décèle presque toujours un écolier en composition.

IMPARFAIT, *adj*. Ce mot a plusieurs sens en musique. Un accord *imparfait* est, par opposition à l'accord parfait, celui qui porte une sixte ou une dissonance ; et par opposition à l'accord plein, c'est celui qui n'a pas tous les sons qui lui conviennent et qui doivent le rendre complet. (Voyez Accord.)

Le temps ou mode *imparfait* étoit, dans nos anciennes musiques, celui de la division double. (Voyez Mode.)

Une cadence *imparfaite* est celle qu'on appelle autrement cadence irrégulière. (Voyez Cadence.)

Une consonnance *imparfaite* est celle qui peut être majeure ou mineure, comme la tierce ou la sixte. (Voyez Consonnance.)

On appelle, dans le plain-chant, *modes imparfaits* ceux qui sont défectueux en haut ou en bas, et restent en-deçà d'un des deux termes qu'ils doivent atteindre.

Improviser, *v. n.* C'est faire et chanter impromptu des chansons, airs et paroles, qu'on accompagne communément d'une guitare ou autre pareil instrument. Il n'y a rien de plus commun en Italie que de voir deux masques se rencontrer, se défier, s'attaquer, se riposter ainsi par des couplets sur le même air, avec une vivacité de dialogue, de chant, d'accompagnement, dont il faut avoir été témoin pour la comprendre.

Le mot *improvisar* est purement italien; mais, comme il se rapporte à la musique, j'ai été contraint de le franciser pour faire entendre ce qu'il signifie.

Incomposé, *adj.* Un intervalle *incomposé* est celui qui ne peut se résoudre en intervalles plus petits, et n'a point d'autre élément que lui-même, tel, par exemple, que le dièse enharmonique, le comma, même le semi-ton.

Chez les Grecs les intervalles *incomposés* étoient différents dans les trois genres, selon la manière d'accorder les tétracordes. Dans le diatonique le semi-ton et chacun des deux tons qui le suivent étoient des intervalles *incomposés*. La tierce mineure qui se trouve entre la troisième et la quatrième corde, dans le genre chromatique; et la tierce majeure qui se trouve entre les mêmes cordes dans le genre harmonique, étoient aussi des intervalles *incomposés*. En ce sens, il n'y a dans le système moderne qu'un seul intervalle *incomposé*, savoir, le semi-ton. (Voyez Semi-ton.)

Inharmonique, *adj.* Relation inharmonique est, selon M. Savérien, un terme de musique; et il renvoie, pour l'expliquer, au mot Relation auquel il n'en parle pas. Ce terme de musique ne m'est point connu.

Instrument, *s. m.* Terme générique sous lequel on comprend tous les corps artificiels qui peuvent rendre et varier les sons à l'imitation de la voix. Tous les corps capables d'agiter l'air par quelque choc, et d'exciter ensuite, par leurs vibrations, dans cet air agité, des ondulations assez fréquentes, peuvent donner du son; et tous les corps capables d'accélérer ou retarder ces ondulations peuvent varier les sons. (Voyez Son.)

Il y a trois manières de rendre des sons sur des *instruments;* savoir, par les vibrations des cordes, par celles de certains corps élastiques, et par la collision de l'air enfermé dans des tuyaux. J'ai parlé, au mot Musique, de l'invention de ces *instruments*.

Ils se divisent généralement en *instruments* à cordes, *instruments* à vent, *instruments* de percussion. Les *instruments* à cordes, chez les anciens, étoient en grand nombre; les plus connus sont les suivants : *lyra, psalterium, trigonium, sambuca, cithara, pectis, magas, barbiton, testudo, epigonium, simmicium, epandoron*, etc. On touchoit tous ces *instruments* avec les doigts, ou avec le *plectrum*, espèce d'archet.

Pour les principaux *instruments* à vent, ils avoient ceux appelés *tibia, fistula, tuba, cornu, lituus*, etc.

Les *instruments* de percussion étoient ceux qu'ils nommoient *tympanum, cymbalum, crepitaculum, tintinnabulum, crotalum*, etc. Mais plusieurs de ceux-ci ne varioient point les sons.

On ne trouvera point ici des articles pour ces *instruments* ni pour ceux de la musique moderne, dont le nombre est excessif. La partie instrumentale, dont un autre s'étoit chargé, n'étant pas d'abord entrée dans le plan de mon travail pour l'Encyclopédie, m'a rebuté, par l'étendue des connoissances qu'elle exige, de la remettre dans celui-ci.

INSTRUMENTAL. Qui appartient au jeu des instruments ; *tour de chant* instrumental ; *musique* instrumentale.

INTENSE, *adj.* Les sons *intenses* sont ceux qui ont le plus de force, qui s'entendent de plus loin : ce sont aussi ceux qui, étant rendus par des cordes fort tendues, vibrent par là même plus fortement. Ce mot est latin, ainsi que celui de *remisse* qui lui est opposé : mais dans les écrits de musique théorique on est obligé de franciser l'un et l'autre.

INTERCIDENCE. *s. f.* Terme de plain-chant. (Voy. DIAPTOSE.)

INTERMÈDE, *s. m.* Pièce de musique et de danse qu'on insère à l'Opéra, et quelquefois à la Comédie, entre les actes d'une grande pièce, pour égayer et reposer en quelque sorte l'esprit du spectateur attristé par le tragique et tendu sur les grands intérêts.

Il y a des *intermèdes* qui sont de véritables drames comiques et burlesques, lesquels coupant ainsi l'intérêt par un intérêt tout différent, ballottent et tiraillent, pour ainsi dire, l'attention du spectateur en sens contraire, et d'une manière très-opposée au bon goût et à la raison. Comme la danse en Italie n'entre point et ne doit point entrer dans la constitution du drame lyrique, on est forcé, pour l'admettre sur le théâtre, de l'employer hors-d'œuvre et détachée de la pièce. Ce n'est pas cela que je blâme ; au contraire, je pense qu'il convient d'effacer, par un ballet agréable, les impressions tristes laissées par la représentation d'un grand opéra, et j'approuve fort que ce ballet fasse un sujet particulier qui n'appartienne point à la pièce ; mais ce que je n'approuve pas, c'est qu'on coupe les actes par de semblables ballets qui, divisant ainsi l'action et détruisant l'intérêt, font, pour ainsi dire, de chaque acte une pièce nouvelle.

INTERVALLE, s. m. Différence d'un son à un autre entre le grave et l'aigu ; c'est tout l'espace que l'un des deux auroit à parcourir pour arriver à l'unisson de l'autre. La différence qu'il y a de l'*intervalle* à l'*étendue* est que l'*intervalle* est considéré comme indivisé, et l'étendue comme divisée. Dans l'*intervalle*, on ne considère que les deux termes ; dans l'étendue, on en suppose d'intermédiaires. L'étendue forme un système ; mais l'*intervalle* peut être incomposé.

A prendre ce mot dans son sens le plus général, il est évident qu'il y a une infinité d'*intervalles*; mais comme en musique on borne le nombre des sons à ceux qui composent un certain système, on borne aussi par là le nombre des *intervalles* à ceux que ces sons peuvent former entre eux : de sorte qu'en combinant deux à deux tous les sons d'un système quelconque, on aura tous les *intervalles* possibles dans ce même système ; sur quoi il restora à réduire sous la même espèce tous ceux qui se trouveront égaux.

Les anciens divisoient les *intervalles* de leur musique en *intervalles* simples ou composés, qu'ils appeloient *diastèmes*, et en *intervalles* composés, qu'ils appeloient *systèmes*. (Voyez ces mots.) Les *intervalles*, dit Aristoxène, diffèrent entre eux en cinq manières : 1º en étendue; un grand *intervalle* diffère ainsi d'un plus petit : 2º en résonnance ou en accord ; c'est ainsi qu'un *intervalle* consonnant diffère d'un dissonant : 3º en quantité, comme un *intervalle* simple diffère d'un *intervalle* composé : 4º en genre ; c'est ainsi que les *intervalles* diatoniques, chromatiques, enharmoniques, diffèrent entre eux : 5º en nature de rapport; comme l'*intervalle* dont la raison peut s'exprimer en nombres diffère d'un *intervalle* irrationnel. Disons quelques mots de toutes ces différences.

I. Le moindre de tous les *intervalles*, selon Bacchius et Gaudence, est le dièse enharmonique. Le plus grand, à le prendre à l'extrémité grave du mode hypo-dorien jusqu'à l'extrémité aiguë de l'hypo-mixo-lydien, seroit de trois octaves complètes; mais comme il y a une quinte à retrancher, ou même une sixte, selon un passage d'Adraste cité par Meibomius, reste la quarte par-dessus le dis-diapason, c'est-à-dire la dix-huitième, pour le plus grand *intervalle* du diagramme des Grecs.

II. Les Grecs divisoient, comme nous, les *intervalles* en consonnants et dissonants ; mais leurs divisions n'étoient pas les mêmes que les nôtres. (Voyez CONSONNANCE.) Ils subdivisoient encore les *intervalles* consonnants en deux espèces, sans y compter l'unisson, qu'ils appeloient *homophonie* ou parité de sons, et dont l'*intervalle* est nul. La première espèce étoit l'*antiphonie* ou opposition des sons, qui se faisoit à l'octave ou à la double octave, et qui n'étoit proprement qu'une réplique du même son, mais pourtant avec opposition du grave à l'aigu. La seconde espèce étoit la *paraphonie* ou distinction des sons, sous laquelle on comprenoit toute consonnance autre que l'octave et ses répliques, tous les *intervalles*, dit Théon de Smyrne, qui ne sont ni dissonants ni unisson.

III. Quand les Grecs parlent de leurs diastèmes ou *intervalles* simples, il ne faut pas prendre ce terme à toute rigueur : car le diésis même n'étoit pas, selon eux, exempt de composition ; mais il faut toujours le rapporter au genre auquel l'*intervalle* s'applique. Par exemple, le semi-ton est un *intervalle* simple dans le genre chromatique et dans le diatonique, composé dans l'enharmonique. Le *ton* est composé dans le chromatique, et simple dans le diatonique ; et le diton même, ou la tierce majeure, qui est un *intervalle* composé dans le diatonique, est incomposé dans l'enharmonique. Ainsi ce qui est système dans un genre peut être diastème dans un autre, et réciproquement.

IV. Sur les genres, divisez successivement le même tétracorde selon le genre diatonique, selon le chromatique, et selon l'enharmonique, vous aurez trois accords différents, lesquels, comparés entre eux, au lieu de trois *intervalles* vous en donneront neuf, outre les combinaisons et compositions qu'on en peut faire, et les différences de tous ces *intervalles* qui en produiront des multitudes d'autres. Si vous comparez, par exemple, le premier *intervalle* de chaque tétracorde dans l'enharmonique et dans le chromatique mol d'Aristoxène, vous aurez d'un côté un quart ou $\frac{3}{12}$ de ton, de l'autre un tiers ou $\frac{4}{12}$, et les deux cordes aiguës feront entre elle un *intervalle* qui sera la différence des deux précédents, ou la douzième partie d'un ton.

V. Passant maintenant aux rapports, cet article me mène à une petite digression.

Les aristoxéniens prétendoient avoir bien simplifié la musique par leurs divisions égales des *intervalles*, et se moquoient fort de tous les calculs de Pythagore. Il me semble cependant que cette prétendue simplicité n'étoit guère que dans les mots, et que si les pythagoriciens avoient un peu mieux entendu leur maître et la musique, ils auroient bientôt fermé la bouche à leurs adversaires.

Pythagore n'avoit pas imaginé le rapport des sons qu'il calcula le premier; guidé par l'expérience, il ne fit que prendre note de ses observations. Aristoxène, incommodé de tous ces calculs, bâtit dans sa tête un système tout différent; et comme s'il eût pu changer la nature à son gré, pour avoir simplifié les mots, il crut avoir simplifié les choses, au lieu qu'il fit réellement le contraire.

Comme les rapports des consonnances étoient simples et faciles à exprimer, ces deux philosophes étoient d'accord là-dessus : ils l'étoient même sur les premières dissonances, car il convenoient également que le *ton* étoit la différence de la quarte à la quinte : mais comment déterminer déjà cette différence autrement que par le calcul? Aristoxène partoit pourtant de là pour n'en point vouloir, et sur ce *ton*, dont il se vantoit d'ignorer le rapport, il bâtissoit toute sa doctrine musicale. Qu'y avoit-il de plus aisé que de lui montrer la fausseté de ses opérations et la justesse de celles de Pythagore? Mais, auroit-il dit, je prends toujours des doubles, ou des moitiés, ou des tiers; cela est plus simple et plus tôt fait que vos comma, vos limma, vos apotomes. Je l'avoue, eût répondu Pythagore; mais dites-moi, je vous prie, comment vous les prenez, ces doubles, ces moitiés, ces tiers. L'autre eût répliqué qu'il les entonnoit naturellement, ou qu'il les prenoit sur son monocorde. Eh bien, eût dit Pythagore, entonnez-moi juste le quart d'un ton. Si l'autre eût été assez charlatan pour le faire,

Pythagore eût ajouté : Mais est-il bien divisé votre monocorde ? montrez-moi, je vous prie, de quelle méthode vous vous êtes servi pour y prendre le quart ou le tiers d'un ton. Je ne saurois voir, en pareil cas, ce qu'Aristoxène eût pu répondre : car, de dire que l'instrument avoit été accordé sur la voix, outre que c'eût été tomber dans le cercle, cela ne pouvoit convenir aux aristoxéniens, puisqu'ils avouoient tous avec leur chef qu'il falloit exercer long-temps la voix sur un instrument de la dernière justesse pour venir à bout de bien entonner les *intervalles* du chromatique mol et du genre enharmonique.

Or, puisqu'il faut des calculs non moins composés, et même des opérations géométriques plus difficiles pour mesurer les tiers et les quarts de ton d'Aristoxène que pour assigner les rapports de Pythagore, c'est avec raison que Nicomaque, Boëce et plusieurs autres théoriciens préféroient les rapports justes et harmoniques de leur maître aux divisions du système aristoxénien, qui n'étoient pas plus simples, et qui ne donnoient aucun *intervalle* dans la justesse de sa génération.

Il faut remarquer que ces raisonnements qui convenoient à la musique des Grecs ne conviendroient pas également à la nôtre, parce que tous les sons de notre système s'accordent par des consonnances, ce qui ne pouvoit se faire dans le leur que pour le seul genre diatonique.

Il s'ensuit de tout ceci qu'Aristoxène distinguoit avec raison les *intervalles* en rationnels et irrationnels, puisque, bien qu'ils fussent tous rationnels dans le système de Pythagore, la plupart des dissonances étoient rationnelles dans le sien.

Dans la musique moderne on considère aussi les *intervalles* de plusieurs manières ; savoir, ou généralement comme l'espace ou la distance quelconque de deux sons donnés ; ou seulement comme celles de ces distances qui peuvent se noter, ou enfin comme celles qui se marquent sur des degrés différents. Selon le premier sens, toute raison numérique, comme est le comma, ou sourde, comme est le dièse d'Aristoxène, peut exprimer un *intervalle*. Le second sens s'applique aux seuls *intervalles* reçus dans le système de notre musique, dont le moindre est le semi-ton mineur, exprimé sur le même degré par un dièse ou par un bémol. (Voyez Semi-ton.) La troisième acception suppose quelque différence de position, c'est-à-dire un ou plusieurs degrés entre les deux sons qui forment l'*intervalle*. C'est à cette dernière acception que le mot est fixé dans la pratique, de sorte que deux *intervalles* égaux, tels que sont la fausse-quinte et le triton, portent pourtant des noms différents si l'un a plus de degrés que l'autre.

Nous divisons, comme faisoient les anciens, les *intervalles* en consonnants et dissonants. Les consonnances sont parfaites ou imparfaites. (Voyez

CONSONNANCE.) Les dissonances sont telles par leur nature, ou le deviennent par accident. Il n'y a que deux *intervalles* dissonants par leur nature; savoir, la seconde et la septième, en y comprenant leurs octaves ou répliques : encore ces deux peuvent-ils se réduire à un seul; mais toutes les consonnances peuvent devenir dissonantes par accident. (Voyez DISSONANCE.)

De plus, tout *intervalle* est simple ou redoublé. L'*intervalle* simple est celui qui est contenu dans les bornes de l'octave : tout *intervalle* qui excède cette étendue est redoublé, c'est-à-dire composé d'une ou plusieurs octaves, et de l'*intervalle* simple dont il est la réplique.

Les *intervalles* simples se divisent encore en directs et renversés. Prenez pour direct un *intervalle* simple quelconque, son complément à l'octave est toujours renversé de celui-là, et réciproquement.

Il n'y a que six espèces d'*intervalles* simples, dont trois sont compléments des trois autres à l'octave, et par conséquent aussi leurs renversés. Si vous prenez d'abord les moindres *intervalles*, vous aurez pour directs la seconde, la tierce et la quarte ; pour renversés, la septième, la sixte et la quinte : que ceux-ci soient directs, les autres seront renversés ; tout est réciproque.

Pour trouver le nom d'un *intervalle* quelconque il ne faut qu'ajouter l'unité au nombre des degrés qu'il contient: ainsi l'*intervalle* d'un degré donnera la seconde ; de deux, la tierce ; de trois, la quarte ; de sept, l'octave ; de neuf, la dixième, etc. Mais ce n'est pas assez pour bien déterminer un *intervalle*, car sous le même nom il peut être majeur ou mineur, juste ou faux, diminué ou superflu.

Les consonnances imparfaites et les deux dissonances naturelles peuvent être majeures ou mineures, ce qui, sans changer le degré, fait dans l'*intervalle* la différence d'un semi-ton. Que si d'un *intervalle* mineur on ôte encore un semi-ton, cet *intervalle* devient diminué. Si l'on augmente d'un semi-ton un *intervalle* majeur, il devient superflu.

Les consonnances parfaites sont invariables par leur nature : quand leur *intervalle* est ce qu'il doit être, elles s'appellent *justes* ; que si l'on altère cet *intervalle* d'un semi-ton, la consonnance s'appelle *fausse*, et devient dissonance ; *superflue*, si le semiton est ajouté ; *diminuée*, s'il est retranché. On donne mal à propos le nom de fausse-quinte à la quinte diminuée ; c'est prendre le genre pour l'espèce : la quinte superflue est tout aussi fausse que la diminuée, et l'est même davantage à tous égards.

On trouvera (*Pl.* 6, *fig.* 7) une table de tous les *intervalles* simples praticables dans la musique, avec leurs noms, leurs degrés, leurs valeurs et leurs rapports.

Il faut remarquer sur cette table que *l'intervalle* appelé par les harmonistes *septième superflue* n'est qu'une septième majeure avec un accompagnement particulier, la véritable septième superflue, telle qu'elle est marquée dans la table, n'ayant pas lieu dans l'harmonie, ou n'y ayant lieu que successivement comme transition enharmonique, jamais rigoureusement dans le même accord.

On observera aussi que la plupart de ces rapports peuvent se déterminer de plusieurs manières : j'ai préféré la plus simple, et celle qui donne les moindres nombres.

Pour composer ou redoubler un de ces *intervalles* simples, il suffit d'y ajouter l'octave autant de fois que l'on veut; et pour avoir le nom de ce nouvel *intervalle*, il faut au nom de l'*intervalle* simple ajouter autant de fois sept qu'il contient d'octaves. Réciproquement, pour connoître le simple d'un *intervalle* redoublé dont on a le nom, il ne faut qu'en rejeter sept autant de fois qu'on le peut; le reste donnera le nom de l'*intervalle* simple qui l'a produit. Voulez-vous une quinte redoublée, c'est-à-dire l'octave de la quinte, ou la quinte de l'octave ; à 5 ajoutez 7, vous aurez 12 : la quinte redoublée est donc une douzième. Pour trouver le simple d'une douzième, rejetez 7 du nombre 12 autant de fois que vous le pourrez, le reste 5 vous indique une quinte. A l'égard du rapport, il ne faut que doubler le conséquent ou prendre la moitié de l'antécédent de la raison simple autant de fois qu'on ajoute d'octaves, et l'on aura la raison de *l'intervalle* redoublé. Ainsi 2, 3 étant la raison de la quinte, 1, 3 ou 2, 6 sera celle de la douzième, etc. Sur quoi l'on observera qu'en terme de musique, composer ou redoubler un *intervalle*, ce n'est pas l'ajouter à lui-même, c'est y ajouter une octave; le tripler, c'est en ajouter deux, etc.

Je dois avertir ici que tous les *intervalles* exprimés dans ce dictionnaire par les noms des notes doivent toujours se compter du grave à l'aigu; en sorte que cet *intervalle*, *ut si*, n'est pas une seconde, mais une septième; et *si ut* n'est pas une septième, mais une seconde.

INTONATION, *s. f.* Action d'entonner. (Voyez ENTONNER.) L'*intonation* peut être juste ou fausse, trop haute ou trop basse, trop forte ou trop foible; et alors le mot *intonation*, accompagné d'une épithète, s'entend de la manière d'entonner.

INVERSE. (Voyez RENVERSÉ.)

IONIEN ou IONIQUE, *adj.* Le mode *ionien* étoit, en comptant du grave à l'aigu, le second des cinq modes moyens de la musique des Grecs. Ce mode s'appeloit aussi *iastien*, et Euclide l'appelle encore *phrygien grave*. (Voyez MODE.)

JOUER des instruments, c'est exécuter sur ces instruments des airs de musique, surtout ceux qui leur sont propres, ou les chants notés pour eux. On dit *jouer du violon, de la basse, du hautbois, de la flûte; toucher le clavecin, l'orgue; sonner de la trompette; donner du cor; pincer la guitare*, etc. Mais l'affectation de ces termes propres tient de la pédanterie : le mot *jouer* devient générique, et gagne insensiblement pour toutes sortes d'instruments.

JOUR. *Corde à jour.* (Voyez VIDE.)

IRRÉGULIER, *adj.* On appelle dans le plain-chant modes *irréguliers* ceux dont l'étendue est trop grande ou qui ont quelque autre irrégularité.

On nommoit autrefois cadence *irrégulière* celle qui ne tomboit pas sur une des cordes essentielles du ton ; mais M. Rameau a donné ce nom à une cadence particulière dans laquelle la basse fondamentale monte de quinte ou descend de quarte après un accord de sixte-ajoutée. (Voyez CADENCE.)

ISON, chant en *ison*. (Voyez CHANT.)

JULE, *s. f.* Nom d'une sorte d'hymne ou chanson parmi les Grecs en l'honneur de Cérès ou de Proserpine. (Voyez CHANSON.)

JUSTE, *adj.* Cette épithète se donne généralement aux intervalles dont les sons sont exactement dans le rapport qu'ils doivent avoir, et aux voix qui entonnent toujours ces intervalles dans leur justesse ; mais elle s'applique spécialement aux consonnances parfaites. Les imparfaites peuvent être majeures ou mineures ; les parfaites ne sont que justes : dès qu'on les altère d'un semi-ton elles deviennent fausses, et par conséquent dissonnances. (Voyez INTERVALLE.)

JUSTE est aussi quelquefois adverbe. *Chanter* juste, *jouer* juste.

L.

LA. Nom de la sixième note de notre gamme inventée par Gui Arétin. (Voyez GAMME, SOLFIER.)

LARGE, *adj.* Nom d'une sorte de note dans nos vieilles musiques, de laquelle on augmentoit la valeur en tirant plusieurs traits non seulement par les côtés, mais par le milieu de la note ; ce que Muris blâme avec force comme une horrible innovation.

LARGHETTO. (Voyez LARGO.)

LARGO, *adv.* Ce mot, écrit à la tête d'un air, indique un mouvement plus lent que l'*adagio*, et le dernier de tous en lenteur. Il marque qu'il faut filer de longs sons, étendre les temps et la mesure, etc.

Le diminutif *larghetto* annonce un mouvement un peu moins lent que le *largo*, plus que l'*andante*, et très-approchant de l'*andantino*.

LÉGÈREMENT, *adv.* Ce mot indique un mouvement encore plus vif que le *gai*, un mouvement moyen entre le gai et le vite ; il répond à peu près à l'italien *vivace*.

Lemme, *s. m.* Silence ou pause d'un temps bref dans le rhythme catalectique. (Voyez Rhythme.)

Lentement, *adv.* Ce mot répond à l'italien *largo*, et marque un mouvement lent; son superlatif, *très-lentement*, marque le plus tardif de tous les mouvements.

Lepsis. Nom grec d'une des trois parties de l'ancienne mélopée, appelée aussi quelquefois *euthia*, par laquelle le compositeur discerne s'il doit placer son chant dans le système des sons bas, qu'ils appellent *hypatoïdes*; dans celui des sons aigus, qu'ils appellent *nétoïdes*; ou dans celui des sons moyens, qu'ils appellent *mésoïdes*. (Voyez Mélopée.)

Levé, *adj. pris substantivement.* C'est le temps de la mesure où on lève la main ou le pied ; c'est un temps qui suit et précède le frappé ; c'est par conséquent toujours un temps foible. Les temps levés sont, à deux temps, le second; à trois, le troisième ; à quatre, le second et le quatrième. (Voyez Arsis.)

Liaison, *s. f.* Il y a *liaison* d'harmonie et *liaison* de chant.

La *liaison* a lieu dans l'harmonie lorsque cette harmonie procède par un tel progrès de sons fondamentaux, que quelques-uns des sons qui accompagnoient celui qu'on quitte demeurent et accompagnent encore celui où l'on passe : il y a *liaison* dans les accords de la tonique et de la dominante, puisque le même son fait la quinte de la première, et l'octave de la seconde : il y a *liaison* dans les accords de la tonique et de la sous-dominante, attendu que le même son sert de quinte à l'une et d'octave à l'autre : enfin il y a *liaison* dans les accords dissonants toutes les fois que la dissonance est préparée, puisque cette préparation elle-même n'est autre chose que la *liaison*. (Voyez Préparer.)

La *liaison* dans le chant a lieu toutes les fois qu'on passe deux ou plusieurs notes sous un seul coup d'archet ou de gosier, et se marque par un trait recourbé dont on couvre les notes qui doivent être liées ensemble.

Dans le plain-chant on appelle *liaison* une suite de plusieurs notes passées sur la même syllabe, parce que sur le papier elles sont ordinairement attachées ou liées ensemble.

Quelques-uns nomment aussi *liaison* ce qu'on nomme plus proprement syncope. (Voyez Syncope.)

Licence, *s. f.* Liberté que prend le compositeur, et qui semble contraire aux règles, quoiqu'elle soit dans le principe des règles ; car voilà ce qui distingue les licences des fautes. Par exemple, c'est une règle en composition de ne point monter de la tierce mineure ou de la sixte mineure à l'octave. Cette règle dérive de la loi de la liaison harmonique, et de celle de la préparation. Quand donc on monte de la tierce mineure ou de la sixte mineure à l'octave, en sorte qu'il y ait pourtant liaison entre les deux accords, ou que la dissonance y soit préparée, on prend une *licence*; mais s'il n'y a ni liaison ni préparation, l'on fait une faute. De même c'est une règle de ne pas faire deux quintes justes de suite entre les mêmes parties, surtout par mouvement semblable; le principe de cette règle est dans la loi de l'unité de mode. Toutes les fois donc qu'on peut faire ces deux quintes sans faire sentir deux modes à la fois, il y a *licence*, mais il n'y a point de faute. Cette explication étoit nécessaire parce que les musiciens n'ont aucune idée bien nette de ce mot de *licence*.

Comme la plupart des règles de l'harmonie sont fondées sur des principes arbitraires, et changent par l'usage et le goût des compositeurs, il arrive de là que ces règles varient, sont sujettes à la mode, et que ce qui est *licence* en un temps ne l'est pas dans un autre. Il y a deux ou trois siècles qu'il n'étoit pas permis de faire deux tierces de suite, surtout de la même espèce; maintenant on fait des morceaux entiers tout par tierces. Nos anciens ne permettoient pas d'entonner diatoniquement trois tons consécutifs; aujourd'hui nous en entonnons sans scrupule et sans peine autant que la modulation le permet. Il en est de même des fausses relations, de l'harmonie syncopée, et de mille autres accidents de composition, qui d'abord furent des fautes, puis des *licences*, et n'ont plus rien d'irrégulier aujourd'hui.

Lichanos, *s. m.* C'est le nom que portoit parmi les Grecs la troisième corde de chacun de leurs deux premiers tétracordes, parce que cette troisième corde se touchoit de l'index, qu'ils appeloient *lichanos*.

La troisième corde à l'aigu du plus bas tétracorde, qui étoit celui des hypates, s'appeloit autrefois *lichanos hypaton*, quelquefois *hypatondiatanos, enharmonios*, ou *chromatike*, selon le genre. Celle du second tétracorde, ou tétracorde des moyennes, s'appeloit *lichanos-méson*, ou *mésondiatonos*, etc.

Liées, *adj.* On appelle *notes liées* deux ou plusieurs notes qu'on passe d'un seul coup d'archet sur le violon et le violoncelle, ou d'un seul coup de langue sur la flûte et le hautbois, en un mot toutes les notes qui sont sous une même liaison.

Ligature, *s. f.* C'étoit, dans nos anciennes musiques, l'union par un trait de deux ou plusieurs notes passées, ou diatoniquement, ou par degrés disjoints sur une même syllabe. La figure de ces notes, qui étoit carrée, donnoit beaucoup de facilité pour les lier ainsi; ce qu'on ne sauroit faire aujourd'hui qu'au moyen du chapeau, à cause de la rondeur de nos notes.

La valeur des notes qui composoient la *ligature* varioit beaucoup selon qu'elles montoient ou descendoient, selon qu'elles étoient différemment liées, selon qu'elles étoient à queue ou sans queue, selon que ces queues étoient placées à droite ou à gauche, ascendantes ou descendantes, enfin selon un nombre infini de règles si parfaitement oubliées à présent, qu'il n'y a peut-être pas en Europe un seul musicien qui soit en état de déchiffrer des musiques de quelque antiquité.

Ligne, *s. f.* Les *lignes* de musique sont ces traits horizontaux et parallèles qui composent la portée, et sur lesquels, ou dans les espaces qui les séparent, on place les notes selon leurs degrés. La portée du plain-chant n'est que de quatre *lignes*; celle de la musique a cinq *lignes* stables et continues, outre les *lignes* postiches qu'on ajoute de temps en temps au-dessus ou au-dessous de la portée pour les notes qui passent son étendue.

Les *lignes*, soit dans le plain-chant, soit dans la musique, se comptent en commençant par la plus basse. Cette plus basse est la première; la plus haute est la quatrième dans le plain-chant, la cinquième dans la musique. (Voyez Portée.)

Limma, *s. m.* Intervalle de la musique grecque, lequel est moindre d'un comma que le semi-ton majeur, et, retranché d'un ton majeur, laisse pour reste l'apotome.

Le rapport du *limma* est de 243 à 256, et sa génération se trouve, en commençant par *ut*, à la cinquième quinte *si*; car alors la quantité dont ce *si* est surpassé par l'*ut* voisin est précisément dans le rapport que je viens d'établir.

Philolaüs et tous les pythagoriciens faisoient du *limma* un intervalle diatonique qui répondoit à notre semi-ton majeur : car, mettant deux tons majeurs consécutifs, il ne leur restoit que cet intervalle pour achever la quarte juste ou le tétracorde; en sorte que, selon eux, l'intervalle du *mi* au *fa* eût été moindre que celui du *fa* à son dièse. Notre échelle chromatique donne tout le contraire.

Linos., *s. m.* Sorte de chant rustique chez les anciens Grecs : ils avoient aussi un chant funèbre du même nom, qui revient à ce que les Latins ont appelé *nœnia*. Les uns disent que le *linos* fut inventé en Égypte; d'autres en attribuoient l'invention à Linus, Eubéen.

Livre ouvert, a livre ouvert, ou a l'ouverture du livre, *adv.* Chanter ou jouer *à livre ouvert*, c'est exécuter toute musique qu'on vous présente en jetant les yeux dessus. Tous les musiciens se piquent d'exécuter *à livre ouvert*; mais il y en a peu qui, dans cette exécution, prennent bien l'esprit de l'ouvrage, et qui, s'ils ne font pas des fautes sur la note, ne fassent pas du moins des contre-sens dans l'expression. (Voyez Expression.)

Longue, *s. f.* C'est, dans nos anciennes musiques, une note carrée avec une queue à droite, ainsi ▯. Elle vaut ordinairement quatre mesures à deux temps, c'est-à-dire deux brèves; quelquefois elle en vaut trois, selon le mode. (Voyez Mode.)

Muris et ses contemporains avoient des *longues* de trois espèces; savoir, la parfaite, l'imparfaite, et la double. La *longue parfaite* a, du côté droit, une queue descendante, ▯ ou ▰. Elle vaut trois temps parfaits; elle s'appelle parfaite elle-même, à cause, dit Muris, de son rapport numérique avec la Trinité. La *longue imparfaite* se figure comme la parfaite, et ne se distingue que par le mode : on l'appelle imparfaite parce qu'elle ne peut marcher seule, et qu'elle doit toujours être précédée ou suivie d'une brève. La *longue* double contient deux temps égaux imparfaits; elle se figure comme la *longue* simple, mais avec une double largeur, ▰. Muris cite Aristote pour prouver que cette note n'est pas du plain-chant.

Aujourd'hui le mot *longue* est le corrélatif du mot *brève*. (Voyez Brève.) Ainsi toute note qui précède une brève est une *longue*.

Loure, *s. f.* Sorte de danse dont l'air est assez lent, et se marque ordinairement par la mesure à $\frac{2}{4}$. Quand chaque temps porte trois notes, on pointe la première, et l'on fait brève celle du milieu. *Loure* est le nom d'un ancien instrument semblable à une musette, sur lequel on jouoit l'air de la danse dont il s'agit.

Lourer, *v. a.* et *n.* C'est nourrir les sons avec douceur, et marquer la première note de chaque temps plus sensiblement que la seconde, quoique de même valeur.

Luthier, *s. m.* Ouvrier qui fait des violons, des violoncelles, et autres instruments semblables. Ce nom, qui signifie *facteur de luths*, est demeuré par synecdoque à cette sorte d'ouvriers, parce qu'autrefois le luth étoit l'instrument le plus commun et dont il se faisoit le plus.

Lutrin, *s. m.* Pupitre de chœur sur lequel on met les livres de chant dans les églises catholiques.

Lychanos. (Voyez Lichanos.)

Lydien, *adj.* Nom d'un des modes de la musique des Grecs, lequel occupoit le milieu entre l'éolien et l'hyper-dorien. On l'appeloit aussi quelquefois mode barbare, parce qu'il portoit le nom d'un peuple asiatique.

Euclide distingue deux modes *lydiens ;* celui-ci proprement dit, et un autre qu'il appelle *lydien grave,* et qui est le même que le mode éolien, du moins quant à sa fondamentale. (Voyez Mode.)

Le caractère du mode lydien étoit animé, piquant, triste cependant, pathétique et propre à la mollesse; c'est pourquoi Platon le bannit de sa *République.* C'est sur ce mode qu'Orphée apprivoisoit, dit-on, les bêtes mêmes, et qu'Amphion bâtit les murs de Thèbes. Il fut inventé, les uns disent par cet Amphion, fils de Jupiter et d'Antiope; d'autres par Olympe, Mysien, disciple de Marsyas; d'autres enfin par Mélampides; et Pindare dit qu'il fut employé pour la première fois aux noces de Niobé.

LYRIQUE, *adj.* Qui appartient à la lyre. Cette épithète se donnoit autrefois à la poésie faite pour être chantée et accompagnée de la lyre ou cithare par le chanteur, comme les odes et autres chansons, à la différence de la poésie dramatique ou théâtrale, qui s'accompagnoit avec des flûtes par d'autres que le chanteur; mais aujourd'hui elle s'applique au contraire à la fade poésie de nos opéra, et, par extension, à la musique dramatique et imitative du théâtre. (Voyez IMITATION.)

LYTIERSE, chanson des moissonneurs chez les anciens Grecs. (Voyez CHANSON.)

FIN DU TOME PREMIER DU DICTIONNAIRE DE MUSIQUE.

www.ingramcontent.com/pod-product-compliance
Lightning Source LLC
Chambersburg PA
CBHW072109220426
43664CB00013B/2053